靠近我 温暖你

一位心理教师的专业成长之路

舒暖 / 著

中国文联出版社

图书在版编目（CIP）数据

靠近我　温暖你：一位心理教师的专业成长之路/
舒暖著. — 北京：中国文联出版社，2023.3
ISBN 978-7-5190-5114-3

Ⅰ.①靠… Ⅱ.①舒… Ⅲ.①心理健康—健康教育—
中小学 Ⅳ.①G444

中国国家版本馆CIP数据核字（2023）第057683号

著　　者　舒　暖
责任编辑　刘　旭
责任校对　秀点校对
装帧设计　刘贝贝　李　娜

出版发行　中国文联出版社有限公司
社　　址　北京市朝阳区农展馆南里10号　　邮编　100125
电　　话　010-85923025（发行部）　　010-85923091（总编室）
经　　销　全国新华书店等
印　　刷　北京四海锦诚印刷技术有限公司

开　　本　710毫米×1000毫米　　1/16
印　　张　16.75
字　　数　290千字
版　　次　2023年3月第1版第1次印刷
定　　价　58.00元

前 言
FOREWORD

我的专业成长故事

> 知否知否，应是绿肥红瘦。
>
> ——《只有芸知道》

参加国培时，室友请我去长沙国金中心看了巨幕电影《只有芸知道》，这是我的国王梦，但是我不能确定她是不是我游戏中的天使。贺岁篇，特别唯美，网络评价它是一个阶段一个朋友的回溯。我的脑海里突然浮现了一个人。

他是谁？初恋？爱人？都不是。说来话长，2011年湘西州民族中学招聘心理教师，我应邀担任评委。招聘过程中，印象最深的是在永顺颗砂中学张校长试教和面试后，时任民中校长王斌对他说的那段话："你本是校长，学校管理得不错，现在却选择上心理课这个最不适合你做的事"。看着应聘者失落的样子，7尺男儿眼底微微泛起的泪光，作为主考，我内心很是不忍。后来，湘西州民族中学向我抛来了橄榄枝。我面临了选择的难题，一边可谓前途一片光明，我在原单位是工作了20多年的建校元老，中层干部，教育心理学5级教师。一边可谓前途未卜，新单位是湘西基础教育名校，人才济济，45岁的我以普通教师的身份面对全新的工作，一切需要从零开始。如果是你，会怎么选择？

站在职业发展的十字路口，我开始思考"一名教师如何发展才更有价值？"首先，我想到了彭××。她是我早年的一名学生，在幼师三年级实习前的钢琴考核时，她因为压力太大，精神崩溃。我永远忘不了那段时间，无论谁跟她说话，她都

1

没有回应。白天不吃不喝，晚上不休不眠。她哭肿了双眼，双肩不断抖动，用僵硬的双手，在键盘上一遍又一遍地敲击着。我白天上课，晚上守着她，一夜又一夜地听着不成调子的"瑶族舞曲"，却给不了她任何专业的帮助。彭××最后失学，成为我心中永远的痛。那以后，毕业于学前教育专业的我，开启了心理学的深度学习之旅，不断积累各种知识。2003年，我参加了湖南省第一批心理咨询师培训，在许多同龄人不知如何开启电脑主机的年代，就成为湘西州教师心理教育远程培训教师。研究生课程班等知识的沉淀与积累，为专业的开展工作提供了保障。

我想到了落聘的张校长。专业发展的起点在基于对自己有正确认知的前提下，选准发展方向。我具备心理教师的基本素养，进入湘西州民族中学，可以在这个更高的平台，助力更多的教师，找到恰当的职业发展之路。教师的良好发展，必然影响到更多的学生和他们背后的家庭。

同时，我想到父亲常说的一句话："人这一辈子，要有感恩之心，要有点精神追求。"湘西州民族中学是我的母校，母校哺育我六年，我对母校，像女儿眷恋母亲一样，满怀深情。母校自建校以来，人才辈出，中国科学院院士肖纪美、著名导演吴天忍等优秀学子数不胜数，他们用给母校带来荣耀的方式，感恩母校的教育。是啊，孟宗感恩母亲哭竹，庚黔娄感恩父亲尝秽，丛飞勇于承担责任感恩社会，黄轲用不平凡的旅程感恩人性的善举，我拿什么感谢你，我的母校？我想，回到母校，尽职尽责做好分内的事是我感恩母校哺育的方式。如果我是一根小草，我愿为校园添一丝新绿，如果我是一缕清风，我愿为校园增些许清新。

回到母校后，我既是战士又是指挥员。每周每班1节课，编了校本教材1册，原创课件30余个。个体咨询2000余人次，宏志班约三分之一的同学，接受过面询。国培省培，下县送教，各级各类讲座200余场，撰写发表学术论文20余篇。11年来，为方便学生咨询我没有睡过一次午觉，没有按时吃过一次午餐。这些年，为备课为写作为各种资料的汇报总结，没有一个晚上12点以前入睡。有一次，到龙山送培心理教师，在冰天雪地高速全封闭的情况下，爱人连夜开车送我按时到达，也曾经周末白天在湖南宋祖英助学基金会加班，晚上赶到学校为高三学子做考前减压团体辅导。疫情期间，不仅带领湘西州民族中学及经开区校区的心理教师，还率领湘西州39名心理志愿者，开展"心抗疫·新康愈"线上心理援助。付出终有回报，我们对学校宏志班学生心理帮扶与物质资助结合的经验，得到湖南省文明办的高度评价。"心抗疫·新康愈"团队得到湖南宋祖英助学基金会、湘西州文明办、湘西州教育和体育局联合通报表扬。心理健康教育助力教育高质量发展的做法在全省乃至全国都有一定的影响。学校被教育部认定并命名为心理健康教育特色学校，被湖南省教育厅评为心理健康教育特色示范学校。我因为心理健康教育工作出色，被评为国家心理健康教育卓越人才，被湘西州委组织部人才办、湘西州教育和体育局，评为湘西州武陵人才支持计划首个心理健康首席名师工作室领衔人。由最初的一个人战斗，发展到三人团队，学校专门开设了"心理健康·生涯教育"教研组，我担任教研组长。由单个学校推进，到现在带领40名正式成员、58名辐射成员的团队，通过舒暖名师工作室带动全州70多所中小学校开展心理健康教育工作，惠及更多的人。所有的成绩，都是干出来的，有为才有位。

如果说，选择回母校是我选择的绿肥，那么我还有一个梦想，那就是靠近我，温暖你，带动更多的普通人成为幸福的人。筑梦离不开科学的选择，离不开不懈的努力。追梦路上，家人、爱你的人，是为你插翅的天使。圆梦，需要机会、平台，以及团队支持。

一位教师，眼界有多宽，目标就有多远，情怀有多高，对事业的爱就有多深。心怀梦想，敢于开创，再小的帆也能远航！愿你我同行，一起成长为专业的人，用专业的方式，温暖更多的人，同时成就自己，一起成为幸福的普通人。这，应该是我此生的价值所在和毕生追求。

感谢各位读者，感谢各位朋友！

舒 暖

2022年8月

目 录
CONTENTS

第一辑　深入的行动研究

湘西州民族中学湖南省心理健康教育特色学校复评报告 ……………………… 2

论心理帮扶制度在贫困生心理健康发展中的作用

　　——以湘西州民族中学为例 ………………………………………………… 11

论湘西民族文化在学前教育校本课程开发中的作用

　　——以吉首大学师范学院为例 ……………………………………………… 18

人文以明德　规划方达才

　　——湖南省长沙市明达中学生涯规划教育实践 …………………………… 24

连片开发地区高中家庭经济困难学生心理救助研究 ………………………… 30

湖南省湘西州中小学生心理健康情况调研报告 ……………………………… 39

论家长在校园危机事件管控中的作用 ………………………………………… 46

湖南省湘西州民族中学生涯规划教育情况调研报告 ………………………… 51

《新时代学校心理健康教研运行机制研究》研究报告 ……………………… 58

春风化雨润万物　成风化人育心魂 …………………………………………… 64

第二辑　温暖的心理帮扶

启智润心

　　——心理维护小贴士 ………………………………………………………… 70

点亮心灯

　　——心理助孤在行动 ………………………………………………………… 76

开展"351"心理救助　推进教育精准扶贫 …………………… 79

浅谈新时代留守儿童的心理健康教育 ……………………… 86

考试焦虑学生的心理咨询案例报告 ………………………… 91

与青春期孩子沟通三技巧

　　——家庭教育个案指导 …………………………………… 94

从"心理"视角入手，促"五项管理"落实 …………………… 98

对突发死亡事件恐惧的应激心理干预 ……………………… 105

用"心"赋能，为"蓝朋友"健康心理护航 ………………… 109

湘西州未成年人心理援助活动工作案例 …………………… 113

第三辑　创新的课堂教学

心理健康辅导活动课实施及评价 …………………………… 120

湘西州民族中学生涯规划教育工作三年规划 ……………… 125

新学期实施《高中生生涯规划导与学》课堂教学的论证 …… 134

湘西州民族中学关于加强新时代学生心理健康教育的实施方案 …… 139

科学实施中小学学生心理测评 ……………………………… 145

湘西州民族中学生涯教育选修课程教学计划 ……………… 149

运用团体辅导　培训朋辈心理辅导员 ……………………… 152

项目式学习在心理健康教育与信息技术深度融合中的运用 …… 157

第四辑　多彩的教育活动

湘西州民族中学第一届至第八届"5·25"心理文化节 ……… 162

"青春之心灵　青春之少年"

　　——2021年湘西州民族中学世界精神卫生周系列活动 …… 183

2022年推进湘西州深入开展"5·25"活动 ………………… 189

培根铸魂、放飞梦想 ………………………………………… 196

春华秋实满园香系列教育活动 ……………………………… 201

心理健康教育助力综合素质教育活动纪实 ………………… 212

湘西州优秀家长示范学校
　　——湘西州民族中学家长学校 …………………………… 219
湘西州第一届高中心理健康教育教师专业能力竞赛在学校举行 ………… 224
湖南省中小学教师心育故事大赛点评
　　——以手书心，以言达意 ……………………………………… 226

第五辑　广泛地培训送教

班主任心理健康教育培训 ……………………………………… 230
《班主任团体辅导基本技能》工作坊培训 ……………………… 232
湘西州民族中学全体教师心理健康教育专题讲座 ……………… 235
送教湘西　情系心育
　　——聂振伟教授湘西州民族中学圆梦行 …………………… 237
湘西州：立德树人　心育花开 ………………………………… 239
湘西州"武陵人才支持计划"心理健康首席名师工作室2022年研修
　活动 …………………………………………………………… 241
国培计划（A350）湘西州心理健康教育骨干教师培训 ………… 247

附　录 …………………………………………………………… 250

第一辑
深入的行动研究

善于发现并解决具体实践问题，确立课题开展深入研究，是教师专业发展的必由之路。坚持有价值的教育写作，撰写课题报告，凝练研究成果，是提升教师专业化水平的重要途径。行动研究，是适合广大教育工作者以解决实际问题为目的的科学研究方法。在实际工作中，以问题为导向，从需要出发，通过发现问题、合作探讨、反馈优化、验证总结，最后解决问题。重要特征包括情境、合作、参与性以及自我评价性。独行快而众行远，联合行政领导、专业教师以及其他教育工作者开展课题研究，在课程开发、心理救助、家庭教育、制度管理等研究中，充分发挥集体智慧和力量，行动落实、研究深入，从教育实际中来又回到实际中去，赋予了研究的指导意义。

湘西州民族中学湖南省心理健康
教育特色学校复评报告

一、复评自评工作情况

按照《关于开展湖南省中小学心理健康教育特色学校复评和第五批特色学校创建工作的通知》（湘教通〔2022〕3号）要求，湘西州民族中学依据《湖南省中小学心理健康教育特色学校评估指标（试行）》，展开了严谨有序的自查自评工作。

二、复评自评结果

复评自评结果总结

学校名称	建设批次	复评自评分数	复评自评等次
湘西土家族苗族自治州民族中学	第一批	依据《湖南省中小学心理健康教育特色学校评估指标（试行）》自评得分：99 教师配备不足	优秀

三、主要成绩

学校自2015年10月被教育部认定并命名为国家首批中小学心理健康教育特色学校以来，一直严格按照国家和湖南省中小学心理健康教育特色学校评估指标开展相关工作。

对标自查，湘西州民中作为第一批湖南省中小学心理健康教育特色学校，严格组织管理，创设软、硬件条件保障，实施课堂教学，开展学生、老师和家长的心理健康教育与心理服务，深入科研，广泛宣传。经过丰富的实践探索，提出"贫困生心理帮扶"概念，构建了心理帮扶教育机制，形成了有助于学生、教师和学校发展的"268"和"351"心育模式及一系列心理疏导专业策略，形成了课堂教学、辅导服务、教育预防、科学研究、宣传推广"五位一体"的心理健康教育工作格局。对贫困生经济、心理共同帮扶，物质、精神双重资助的做法，成为湘西州学生资助工作和心理教育工作的金色名片。积极推进心育区域性发展，将未成年人心理辅导站建成全州中小学心理疏导学习、培训基地。打造湘西州"武陵人才支持计划"心理健康首席名师工作室，开创线上线下同频共振的教育教学教研新局面，进一步发挥教育部心理健康教育特色学校、湖南省心理健康教育示范学校的示范引领作用，促进了湘西州中小学心理健康教育水平同步提高。

（一）组织管理

学校对心理健康教育的定位准确，并体现在人才培养目标中。2011—2022年，学校整体教育发展规划有心理健康内容，有工作目标和举措，有心理健康教育学期工作计划和总结。

2011年，创建了湘西州中小学首个心理访谈室。湘西州民族中学把心理健康教育工作纳入"十二五"发展规划，引进教育心理学高级讲师舒暖任专职教师开展专项工作。建立了在校长领导下，以专职心理教师为核心，以班主任和兼职心理教师为骨干，全体教职员工共同参与的心理健康教育工作机制，分工负责，各司其职。学校有心理健康教育工作指导机构，每学年至少召开1次专题工作会议，有会议纪要；有明确的心理健康教育工作责任部门，相关工作档案比较完整。建立了学校、家庭、社会心理健康教育网络和协作机制。

不断完善制度建设。建立起《湘西州民族中学心理健康教育工作制度》，包括保障制度、心理健康教育工作的组织实施、检查督导、评估评价等规章制度、心理危机预警、处置预案和干预制度等制度或办法以及规范健全的心理辅导值班值勤、档案管理、学生转介等伦理制度，形成了"育人"先"育心"的长效机制。开展心理普查和心理测评，建立一生一档，并将学生的家庭情况、成长环境与经历等纳入心理普查建档的内容。一案一策，将家庭教育、家校沟通等纳入心理预警体系的组成部分。

（二）条件保障

2013年8月20日，"湘西州民族中学心理健康辅导中心"验收合格，宣告了湘西土家族苗族自治州首个中小学心理健康辅导中心落成并开始运转。学校根据中央文明办未成年人心理健康辅导工作集中调研座谈会的统一部署和湖南省文明办未成年人心理健康辅导工作的具体要求，依据教育部《中小学心理辅导室建设指南》结合本校实际建成的标准化心理辅导室。该心理健康辅导中心位于州民族中学诚毅教学楼，总面积达300平方米，总投入30余万元，设有"六室一网一线"，即办公接待室、沙盘游戏室、团体心理辅导室、心理宣泄室、个体咨询测量室、音乐放松阅读室，开通热线电话、网络平台，并配备相关专业设施设备开展工作。每周开放10小时以上，覆盖全体学生，面向全州18周岁以下的未成年人开放。

学校将心理健康教育列入师资培训内容，每学期至少组织1次全体教师的心理健康教育培训，教师参与度高，班主任培训专业化水平高。心理教师专业培训每年不少于40学时。在关注全体教师心理健康，调适教师心理等方面做了全体教师心理教育专题培训、教师个体咨询、教师子女团体辅导等工作。

学校目前专职心理教师在编在岗1名，不在编在岗1名。为弥补师资不足的问题，配有3名兼职心理教师。学校对专兼职心理教师的工作量计算有明确规定，将教师开展心理健康课程教学、教育活动、心理辅导、危机干预等计入工作量。

心理教师在评先评优、工资待遇、职务评聘等方面享受班主任同等待遇。设立心理健康教育专项经费，纳入学校年度经费预算，年生均经费不低于10元。

（三）教育实施

2011年即为学校开展心理健康教育做顶层设计。高考综合改革实施以来，制定《州民中高考综合改革生涯规划教育实施方案》。教育部、中共湖南省委办公厅、湖南省人民政府办公厅联合印发《关于加强新时代学生心理健康教育的意见》等文件下发后，制定《湘西州民族中学关于加强新时代学生心理健康教育的意见》等。

学校开设心理健康·生涯教育课程，列入课程表，高一高二每班每两周1课时。高三以主题班会和讲座形式开展教育。有体系完整的心理健康教育活动辅导课，有教学计划、教学大纲、教案与课件等。每周一次集体备课、听评课活动，每学期1次公开课。信息技术与心理健康教育深度融合，音体美等学科教学与心理健康教学融合均有优秀案例，挖掘课程教材蕴含的心理要素充分。专业教师培训班主任，班主任利用周日晚自习开展心育主题班会，班主任每学期至少有1节以心理健康教育为主题的班团队会，有计划、有活动、有记录。

心理教师是学校德育工作小组成员，参加例会、参与活动、进行团体辅导。

学生个别辅导记录完整，及时归档，积累典型个案逾百例。团体辅导有方案，针对性强，"压力管理与健康促进"等成为重要的主题。定期进行心理普查与测评，对学生心理健康档案进行分析研究，对个案有总结，有追踪。对个别有严重心理疾病的学生，及时识别、评估并转介到相关专业机构。

充分利用社会资源，为学生发展和家庭教育指导搭建多元的服务平台。聘请优质师资为家长学校兼职教师，时任湖南省心理健康教研员曾到校送教。心理危机预防、辅导转化及转介等系统有效运作。运用团体辅导应对"PTSD"有成功经验和案例。通过家长学校、家长委员会和州、校关工委，开展家庭教育指导。家长学校开设校长论坛，职场人士进校园、家校对口交流等，展示了学校的教育教学管理和服务水平及学生的精神风貌。与社区、检察院、公安局等社会机构建立协作共建关系，聘请湘西州荣复医院精神科主治医生、湘西州教育科学技术院院长宋泱、湘西州教体局心理健康专家指导委员会顾问李想、乾州派出所干警罗婴等为家长学校兼职教师。构建家校社区心理健康教育合作共同体，自编州民中《家长学校读本》，每学期1次心理健康教育讲座或宣传活动，线下有家长读本，线上有家庭教育视频，帮助家长了解和掌握孩子成长的特点、规律以及教育方法。建立了学校、家庭、社区三位一体的心理健康协作机制，形成有利于学生成长的心理教育环境。

校园文化建设符合心理健康教育要求。定期开展心理健康专项活动，共举办八届5·25心理文化节和两次10·10精神卫生周活动。2015年州民中举办首届心理文化节，从绘制心理海报，到心理漫画，生涯彩虹图、情景剧展演、职场人士进校园、房树人、心理魔法壶，亲子关系抖音，心愿树，到2021年承办全州中小学5·25"党建+心育+家庭教育"活动，做到了一年一个主题，每个五月都为学生提供一次不一样的体验。2022年，学校又以爱为主线，以"理性教育有效陪伴"为主题开展了系列活动。其中，2021年湘西州5·25心理健康节活动由湘西州教体局主办，州民中及州民中经开区校区溶江中学承办。州民中拟定《湘西自治州教育和体育局关于开展2021年湘西州中小学"心理健康月"活动的通知》，培训教师，组织活动。无论是曼陀罗画展，还是理解、沟通、支持团体辅导，无论女生防性侵教育还是泸溪、花垣心理教师送教，都做到了专家指导、教师打磨。不仅提升了学校师生的心理素质和心理调适能力，营造了形式多样、健康向上、格调高雅的校园文化氛围，还通过校园教学开放日，学生心理作品展、父母寄语等，为家长了解孩子、孩子理解家长搭建了交流的平台，沟通的桥梁。活动得到社会各界高度重视，湘西州关工委、州妇联、州检察院未成年人办公室、团州委、8县市教体局等多部门参与，学生、家长、心理教师广泛参加。州县校三级联动、中小学牵手高校、线上线下同步进行，得到媒体深度宣传，红网时刻刊登舒暖的通讯报道：湘西州开展"中小学党建+心理健康教育+家校共育"活动，点击浏览量达2.4万。契合学生需求和学校实际，定期开展学校朋辈辅导员培训。2020年、2021年完成10·10世界精神卫生日（周）线上线下宣传等相关活动。均做到了有方案、有计划、有活动、有记录、有总结。

心理健康·生涯教育教研组定期完成教科室月工作汇报，学校考核等级多次为优秀。做到了每年度都有心理健康教育课题立项，校级或参与省级以上心理健康教育研究项目共10个。其中，校级课题"武陵山湘西片区高中贫困生心理救助研究"、湖南学生资助研究会课题"连片开发地区高中贫困生心理救助研究"、省教育学会学校心理教育专委会课题"州民中弱势学生焦虑厌学心理疏导研究"、省教育规划课题"湘西民族地区贫困学生焦虑厌学心理疏导研究"结题获得优秀。

专职心理教师舒暖撰写心理健康教育论文50余篇，《心理帮扶制度在贫困生心理健康发展中的作用——以湘西州民族中学为例》等5篇文稿在《中小学心理健康教育》发表，《延边教育学院学报》发表1篇，《科技新报》《新湖南》《湖南学生资助》《团结报》《红湘西》《民中校报》等刊物发表多篇。编写州民中高中心理健康·生涯教育校本教材《高中生生涯规划与指导》，参加湖南省生涯规划教育教学教研实践，参与编写、审编的《生涯发展指导课堂实录》《生涯发展指导学案》，经民主与建设出版社出版发行，参加《我国中小学心理健康教育发展特色》等书卷编写编审，由开明出版社出版。撰写论文《论家庭经济困难学生心理帮扶机制的构建》被《新时期资助育人工作探索与创新：湖南省学生资助研究优秀论文集》一书收录。多次获湖南省教育厅、湖南省教育科学院、湖南省教师发展中心、湖南省电教馆、中国高等教育学会教师教育分会、湖南学生资助研究会、湖南省教育学会学校心理健康教育专委会论文评比、教学设计、心理录像课一、二等奖。《理性冲刺高考》在湘西自治州中小学"一师一优课"获心理健康一等奖。在湖南省中小学教师培训"最佳培训方案设计"征集活动中《2015—2017年湘西州学校心理健康教育培训项目工作方案》，被评为一等奖。心理健康教育案例在省、州进行主题研讨，多次获省一、二等奖。

宣传推广有力度。总结学校心理辅导中心推动引领湘西州中小学深入开展心理健康·生涯教育所做的工作，在全民健心网、湘西红网、州教体局官网、州民中校园网、学校公众号等媒体刊发《加强学校心理健康教育，州教体局履职结硕果》等新闻文稿多篇。"用心抗疫"等文在新湖南刊发，"延迟开学，如何缓解焦虑情绪""2020高考生如何调整焦虑情绪"等文在校园网刊发。《幸而有你，岁月静好》在学习强国、团结报影视中心等广泛宣传。总结联校教研组活动、指导特色校申报工作，名师工作室研修活动等，制成美篇、微视、抖音，在家长微信群、微信公众号等网络平台推广。舒暖为共青团湘西州委微信公众号撰写2021年高三学子考前减压文稿。参加拍摄湘西州教体局安全教育宣传片，阐述校园欺凌的原因、危害和预防等，湘西电视台推广播出，辐射全州、全省乃至全国。

（四）教育成效

多年来，学校在学科融合、课程开发、主题活动的组织、个体与团体辅导、心理危机预防与干预、品牌特色建设等方面齐头并进；倡导人人都是心育工作者，加强心理辅导教师、全体教师、班主任、学生心理委员队伍建设，加强家长教育指导能力的培养；开展课题研究，总结经验，打造科研支撑；营造温馨校园育心环境，浸润学生心灵，广泛参与社会心育活动，注重全民健心。州民中线上线下结合施教，心理健康教育与传统民族文化和德育的深度融合，对贫困生经济、心理共同帮扶，探索出"268"和"351"心理教育一贯制教育教学教研活动的新路径，形成了课堂教学、辅导服务、教育预防、科学研究、宣传推广"五位一体"的心育工作新格局，成为突出的特色。打造了湘西州未成年人心理辅导站、湘西州"武陵人才支持计划"心理健康首席名师工作室等心理健康教育品牌项目，不仅为州民中，也为湘西州未成年人及其监护人提供了专业、规范、科学的心理健康教育与服务。

经过十余年的踏实实践，州民中全体师生对心理健康教育的知晓度达100%，实施完成各学年教学工作，学生评教优秀，反响良好。师生精神面貌积极向上，教师、学生、家长和社区对心理健康教育的满意度高。

学校心理健康教育定期为社区、其他学校提供指导服务。例如，组织州民中教育集团：州民中、州溶江中学、谷韵民族实验小学等校开展联校教研组线上线下活动，每周四上午定为教研组活动时间，指导州溶江中学开展首届、第二届心理文化节，各项活动圆满成功。又如2020年，州教体局在接到湖南省教育厅《关于深入开展湖南省中小学心理健康教育特色学校建设暨第四批特色学校创建工作的通知》的第一时间，局党组书记、局长田勇就签批指示，推广州民中经验，加强心理健康教育，争取立项。学校专职心理教师舒暖，建立了湖南省第四批中小学心理健康教育特色校迎评工作微信群，通过网络平台与州教体局基教科科长田清寿、湘西州中小学心理健康教育专家指导委员会顾问李想等一同指导各校做好申报准备。通过州教体局高度重视心理健康教育深度履职和湘西心理健康教育工作者们的集体智慧，州溶江中学等5所学校受到省教育厅确认表彰，继湘西州民族中学确认为首批湖南省中小学心理健康教育特色学校及示范校以来，湘西州中小学共有9所学校获此殊荣。此次审评，为湘西州中小学心理健康教育工作展示、宣传和推介提供了机遇。

学校在湘西州、湖南省乃至全国发挥示范引领作用，形成良好的社会效益。新冠病毒来袭并迅速蔓延全国各地，对心理教育和服务提出了全新要求。州民中心理辅导中心负责人舒暖应湘西州教育和体育局、湘西州文明办、湖南宋祖英助学基金会三家共同呼吁发起了"心抗疫·新康愈"心理援助行动。紧急成立线上湘西州未成年人心理辅导中心，与州中小学心理健康教育专家指导委员会顾问李想一起，率领全州八县市各级各类学校的39名志愿者，积极投身到行动中，面向全州未成年人及其监护人（家长），开展应对疫情的心理危机干预和网络心理辅导服务。工作成效显著，"心抗疫·新康愈"团队得到上级联合通报表扬一次。

组织州民中第一、二、三届家长委员会成立大会和参加社会心理帮扶教育活动。受州关工委邀请为"全国优秀儿童之家"永顺首车小学教师进行团辅送教,受湘西经开区妇联邀请,参加心理帮扶进社区联合走访活动。2018—2021年,完成吉首大学教育部国培计划示范校集中培训项目专家授课4次。2014年起,参加香港乐群慈善基金会湘西州心理教师培训项目,送教到县到校,担任国培项目县、省培送教专家送培多次,涵盖长沙、怀化、湘西州等地区,初、高中学段学生,幼儿园至高校教师与管理者,家长,儿童督导员、儿童主任以及企事业单位人员,讲座逾百场,线上线下惠及数万人。参加一年两次湖南宋祖英助学基金会理事会活动,完成方案制定、资料审核、招聘人员、送教下乡、制作简报等工作。参加湘西共青团为高考学子线上送"备考宝典",以及《科教新报》"把握情绪关键点,助你轻松应考"等心理教师为学子支招等活动。

加强心理教师培训培养工作。舒暖通过青蓝工程培养经开区校区周林立、左田清等两名心理教师,担任吉首大学教育硕士徐海燕、罗云芸的校外指导教师。受州教育技术科学院委托,完成湘西州"一师一优课"心理健康教育课程评优工作。做湘西州管理员,组织心育骨干、班主任和德育骨干共57名教师,参加2020教育部"三类"网络研修示范班培训。做国培A350项目领队,率湘西州骨干心理教师赴湖南师范大学参加培训。通过舒暖名师工作室,推进项目式学习,做好本校教师培训、班主任团体辅导培训等工作基础上,率领工作室98名正式成员和辐射成员,建设8个工作站,一个基地校,边研习边实施心理健康月活动,研习成果丰硕,活动各具特色,影响辐射广,社会反响好。

多年来,湘西州民族中学心理辅导中心引领一个又一个团队,为州民中等各级各类学校、湘西州未成年人及其家长以及企事业单位人员,提供了线上线下心理健康教育和服务,累计受益数万余人次。仅疫情停学期间,就召开微信工作会议13次,形成会议记录13个。开发了4个主题共30期推文,共计48600字左右。制作10个美篇、2个抖音、12堂微课,撰写新闻稿件4篇,办工作简报1期,干预并解决了大部分致电咨询的求助问题,有效地开展了心理热线帮扶和心理健康教育。名师工作室第一、二次研修活动,积累了10个"5·25"活动方案,8个读书音频,10余个美篇,10余个阶段总结,数个微视、抖音作品。工作得到了学校、上级主管部门和社会的广泛肯定,得到了红网、新湖南、红湘西等多家媒体多次宣传报道。

依据2020年6月15日,中共湖南省委办公厅、湖南省人民政府办公厅联合印发《关于加强新时代学生心理健康教育的意见》文件精神，拟定《湘西州关于加强新时代学生心理健康教育的意见》供湘西州州委、州政府决策参考。2021年10月22日，中共湘西自治州委教育工作领导小组依此下发州教小组通〔2021〕5号：中共湘西自治州委教育工作领导小组关于印发《学习推广"衡南经验"加强新时代学生心理健康教育的实施意见》的通知。执笔回复州政协提案2次。提交州委："湘西州开学季学生心理教育实施情况"调研报告1份。提交州教体局中小学心理健康状况调研报告2份。

心理辅导中心建成以来，接待各级各类学校、企事业单位众多人员来访。国家级文明校园第三方评估领导小组亲临心理辅导中心指导工作，省州委宣传部、省州文明办领导多次视察心理辅导中心，对工作均给予了高度评价。

因为教育成效突出，2015年6月30日湘西州民族中学被评为湖南省心理健康特色学校，2015年10月被教育部认为全国中小学心理健康教育特色学校。湘西州民中被中央精神文明建设指导委员会授予"全国未成年人思想道德建设工作先进单位"。被省教育规划课题授予"贫困生心理疏导研究优秀实验基地"。被湖南宋祖英助学基金会授予"心理教育进学励志"先进校。学校连续多年获得省教育学会学校心理教育先进单位。连续多年获得湖南省教育厅、湖南省教育科学院等教育行政主管部门一、二等奖表彰。

四、存在的问题和不足

心理健康教师队伍建设有待完善。

五、下一阶段建设与改进思路

由学校统筹安排建设心理健康教师队伍。

未来将继续努力，进一步提升学校心理健康教育、教学、教研水平，全面推动心理健康教育工作的深入发展，引领带动湘西州中小学心理健康教育工作不断前行。

论心理帮扶制度在贫困生心理健康发展中的作用

——以湘西州民族中学为例

党和国家高度重视对民族地区贫困学生的教育，"西部开发助学工程"就是一项重要的举措。中宣部、中央文明办、国家教育部联合实施"西部开发助学工程"，在中西部21个省市开办宏志班，从中央文化事业建设费中，为宏志班每位学生统一支出三年的学习生活费用，共21300元，以保证贫困学子不因家庭经济原因失学。贫困生在物质得到保障的同时，因特殊的地域环境、贫困的成长环境，背负了比一般高中生更多的心理压力，表现出较为突出的心理问题。加强高中学生的心理健康教育，消除其心理障碍，实施积极有效的心理干预，是当前高中学生教育过程中的关键而紧要的任务。湘西州民中在心理健康教育工作中建设心理帮扶制度，为贫困生心理发展全程护航，促进了民族地区高级中学的心理健康教育深入开展。

一、加强民族地区贫困学生心理健康教育的背景

现代社会迅猛发展，我国处于社会发展转型，物质极大丰富，冲击着人们的原有心理观念。职业竞争日益激烈、信息量超速积累，造成失落、愤怒、焦虑、抑郁等消极情绪较为普遍。2014年度中央机关及其直属机构录用公务员考试，最热岗位竞争比达7192∶1；公务员队伍中超6成的人感觉"生活高压、工作高压、舆论高压"；富士康的"十二"跳；中小学及高校学生"自杀"事件等典型案例都反映出升学就业、工作婚恋、住房、人际交往等问题，成为现代

社会人们压力的来源，重压之下如何"育心、护心"，让心灵保鲜成为亟待解决的问题。

党的十八大报告中明确提出要"注重人文关怀和心理疏导"。2013年，湖南省委书记徐守盛强调，全面建成小康社会要求物质文明与精神文明的"比翼齐飞"，精神文明建设就是要从"心"关注满足人民群众的内在需求。2013年5月1日《中华人民共和国精神卫生法》正式施行，标志着中国进入了全民健心时代。

早在1999年中共中央、国务院《关于深化教育改革全面推进素质教育的决定》中就指出："加强学生的心理健康教育，培养学生坚忍不拔的意志、艰苦奋斗的精神，增强青少年适应社会生活的能力。"随后，教育部下发了《关于加强中小学心理健康教育的若干意见》，2012年教育部又印发了《中小学心理健康教育指导纲要（2012年修订）》。经过10余年的努力，虽然学校的心理学普及和教育取得一些成效，但是湘西土家族苗族自治州（以下简称"湘西州"）经济文化尚不发达，中小学心理健康教育更是严重滞后，民族贫困地区心理健康教育仍处于初级阶段，民族贫困学生心理现状尤其令人担忧。

湘西土家族苗族自治州位于湖南省西北部，地处湘鄂渝黔四省市交界处，总人口290万，其中以土家族、苗族为主的少数民族占78%，是典型的"老、少、边、山、库、穷"地区。湘西州民中是湘西州唯一一所州直省级示范性高级中学，学生来自全州七县一市。目前，学校少数民族学生占学生总数的88%，寄宿生占学生总数的54.1%，家庭经济困难学生占学生总数的30%。调查发现，家庭经济困难学生（贫困生）在入学、分科、学考和高考时表现出来的焦虑、厌学、社会适应不良等心理及行为，比一般学生强烈，个别学生的心理困惑严重，以至于不能顺利完成学业。

为使湘西州学校心理健康教育迎头赶上，有效解决贫困学生的心理问题，湘西州民中从建立心理帮扶制度入手，为学生心理健康发展全程护航。

二、构建心理帮扶教育机制，对贫困生心理健康予以全程指导

学生心理问题绝非一朝一夕形成的，正所谓冰冻三尺非一日之寒。学生心理问题形成的原因，包括学生自身的因素和生活的外部环境因素，心理问题和行为是个人、家庭、学校、社会多年来共同作用的结果。

湘西州民中在心理健康教育中提出了"心理帮扶"的概念。构建心理帮扶

教育机制，由学校带动家庭、社会全员参与心理健康教育，创设学校心理帮扶制度、家庭心理帮扶制度、社会力量帮扶制度，使学校心理健康教育有别于思想政治工作又不等同于专业医疗，营造出以学校教育为主导、以家庭教育为基础、以社会教育为依托的心理健康教育大环境，对贫困学生的心理健康教育予以全程关注和指导。

（一）家庭心理帮扶制度

家庭是一个人成长的第一环境，贫困学生来源于贫困家庭，家庭的物质贫乏使得家长疲于在经济社会中拼搏，无暇顾及必要的家庭教育，一切任由孩子发展。大量农村留守儿童家庭，父母根本无从了解孩子的情感活动，无法保证对子女进行正常的教育。有些贫困家庭，家长不具备教育指导子女成长的能力。物质和精神生活的双重贫乏，让贫困生产生偏激、自卑、孤僻等心理问题。家庭教育对青少年的心理影响很大，在人的身心发展过程中所起的重要作用是学校教育和社会教育所不能替代的。家庭教养方式是否得当，直接影响到贫困生对学习、生活的积极态度，影响到他们是否能建立良好的人际关系，是否能形成科学的人生观。所以只有做好家庭心理帮扶，才能在源头上解决问题，切实帮助学生健康成长。

由于心理问题产生的首要因素是家庭教育的失败，家长是学生的第一任教师，显然建立家庭心理帮扶制度，改善家庭教育应是心理健康教育工作的第一步。一个成功的家长应该懂一些心理学。首先，为有预约的家长开放湘西州民中心理辅导中心。利用湘西州民中心理辅导中心温馨的环境感染来访家长，与家长共享心理学知识，为家长提供具有实践性和可操作性的教育建议，以提高家长教育和监护孩子的水平。其次，为家长提供心理帮扶平台。建立家长QQ群，开通热线电话，与学校家校通后台管理员建立了密切的联系，利用家校通信息平台，为学生家长每周发布一条消息，帮助家长树立科学的教育观念，与家长共享心理保健知识，探讨心理问题的疏导与心理行为的矫正。通过对学生家长进行心理帮扶，提高家长心理健康教育的能力。同时，加强对孩子家长或监护人的教育、培训。定期召开家长会，举行座谈会，举办专题讲座"怎样成为好家长"等，开辟校园网（www.××zmz.com）"家教指导""子女心理"专栏，通过网络平台帮助家长了解学生心理状况，向远离孩子的家长们传授心理调节方法，指导家庭以正确的内容、良好的行为、恰当的方法影响和教育孩子。

（二）社会力量帮扶制度

民族地区贫困学生心理问题产生的家庭背景，更多的是一种社会问题。社会转型、体制变迁所引发的社会动荡和思想冲击是客观的，贫困生心理问题的形成过程中，社会环境因素是一个不容回避的现实问题。全州各县市优秀学子由民族聚集地转到州府非民族聚集地学习与生活，现实生活环境与理想生活的强烈反差，使他们承受着巨大的文化差异的心理冲击。贫困学生因家庭经济的窘困，学习环境的艰难使他们少与外人往来，在人际交往过程中每遇矛盾冲突，便产生强烈的排他性，出现严重的交往障碍，最终性格越来越封闭，孤僻、偏激，无法适应集体生活。"5＜2"说的是学校五天的教育效果不如社会上两天的教育效果，而贫困学子远离父母求学，课余普遍存在的"无地方可去，无东西可学，无项目可玩"的"三无"局面，无疑也给贫困学生问题心理的形成埋下了社会影响的隐患，要达成理想的教育效果必须营造出良好的社会氛围。

近年来，随着社会的发展，经济文化发达地区已经开始倡导"全民健心"，《中华人民共和国精神卫生法》规定：各级人民政府、用人单位、各类各级学校、媒体、社区、家庭都要关注精神卫生问题，共同维护和促进心理健康。

湘西州民中向湖南省文明办、湘西州文明办汇报湘西州民族中学创建湘西州中小学校首个心理访谈室、开展心理健康教育工作的实情，取得政府行政有关部门和单位对学校心理健康教育工作的关心、支持和重视，以奖代拨建设未成年人心理辅导站。学校主动争取关工委、文明办等有关部门，以及社会爱心人士、优秀企业家、道德模范等，除了在经济上对贫困学生进行帮助外，还对贫困学生及其家长施以心理帮扶。不定期邀请关工委、文明办、妇联举行讲座，通过谈心、通信帮助学生走出心理阴影，引导学生形成健康心理。

借助湖南省教育学会学校心理教育专业委员会、州教育学会心理健康专业委员会、湘西自治州心理健康教育专家团、湘西心理QQ群等平台，由专业心理咨询师及热心于心理教育的教育工作者，积极开展心理帮扶活动，保证了心理帮扶的专业化、科学化、规范化。

同时，利用校园网、湘西教育E网、全民健心网、《团结报》、地区电视台宣讲心理健康知识，推广心理健康研究成果，创建有利于学生身心健康成长注重身心和谐发展的良好社会环境。

（三）学校心理帮扶制度

如前所述，心理问题产生的家庭背景，更多的是一种社会问题，仅凭教师个人甚至是学校是无能为力的。但在现实中，解决心理问题的重任，却天然地落在学校的肩上。因为学校是育人的主战场，作为教育工作者而言，家庭、学校、社会三个因素，唯有学校因素最为可控。学校硬软件配套高标准打造专业辅导中心，专门安排300平方米的场地，投入资金40余万元，建成"六室一网一线"，由湘西州教育心理学学科带头人主持工作。2013年8月，"湘西州民族中学心理健康辅导中心"成立，研讨、指导、组织实施学校心理健康教育。学校开展的心理帮扶包括团体辅导、班级辅导、个别辅导三个层次。按教育、预防在先，疏导、矫正在后的原则，完成进行知识教育、开展心理健康活动、心理疏导，调整学生认知、情感态度和心理行为的辅导目标。

1. 团体心理辅导

团体心理辅导针对性强，辅导面广，效果理想，是学校开展心理健康教育的切入点。以集中讲座疏导为主要形式，以专家讲座为导向，指导学生学会在学习生活中充实自己，培养高中生积极的生命态度，树立正确的生命观和人生观，学习规划美好的人生。如高一举办"扬起自信的风帆""从民中走向成功"专题讲座，帮助学生树立自信心、增强团队凝聚力；高二举行"换位思考轻松生活""让生活更美好"团体辅导，为全体学生做心理调适、人际关系调整；高三备考，专题举办"开心快乐好人缘，幸福生活每一天""展开腾飞的翅膀"等，减轻学生学习压力、调整高考心态，对学生考试焦虑进行调适。通过对不同年级学生有针对性的指导，全面增强学生学习的有效性及自信心。

进行团体辅导善抓契机，高考百日誓师、学生成人礼、高校自主招生面试，以及每年5月心理健康月，都是促进教育成效的契机。每年为参加清华北大面试推荐的贫困生做面试辅导，帮助学生轻松应试卓有成效。满足学生的特殊需求，如对突发死亡事件恐惧的应急心理干预。高三×班一女生在家沐浴因煤气中毒不幸身亡，另有一男生暑假溺水身亡，遭受两次死亡事件冲击的部分同班学生表现出情绪受挫、饮食障碍、恐惧独行、夜不能寐等现象。及时运用叙事谈话和"突发事件应急会谈"（CISD）法进行团体疏导，引导学生宣泄，给予学生强大的心理支撑，帮助学生勇敢坚强地走出事件的阴影。扎实有效地提高了学生的心理健康水平，维护了其身心健康。

2. 班集体疏导

班级是学生心理健康教育的主阵地。州民中宏志班学生个个来自少数民族贫困家庭，心理健康问题相对集中，对宏志生从高一入校至高三毕业予以全程关注，每期进行两次班级辅导。学生高一入校，即为全体宏志生进行心理健康筛查普测，建立心理及测量档案。帮助高一新生尽快适应新环境、树立自信心，进行"树立自信迈步成功"的班级辅导；指导高二学生用发展的眼光看待自己，最大限度地减少分科造成的心理不平衡，"做个秀外慧中的人""认识自我幸福生活"是为高二学子专门准备的辅导内容；当高考、学业水平考试来临时，"放飞梦想自由翱翔"以消除学习焦虑、调整心态为心理帮扶目标。学科教学中充分利用湘西丰富的民族文化资源，既增强了学生的民族自豪感，又传承创新了民族文化，同时达到了良好的心理放松效果。将苗族拳术等民间体育项目与心理学放松术结合起来，将土家族摆手舞、苗族鼓舞与营造快乐心情结合起来，这样的各种活动对调动学生进行自我教育，帮助学生建构心理自助效果显著。利用班集体创造宽松和谐的班级心理环境，举办"师生一家亲"等心理主题班会、心理健康教育专题板报、诵读活动与竞赛、开展心理素质拓展训练活动等，帮助学生建立团体合作、友爱互助的人际关系，增强良性竞争意识、锻炼意识，形成积极向上的健康心理。指导学生正确认识自己，增强自我调控、承受挫折和适应环境的能力。宏志生毕业之后，对进行过心理辅导的学生进行效果评估及去向跟踪。

3. 个体心理辅导

针对个体进行差异化研究。在"湘西州民族中学贫困学生焦虑、厌学心理疏导研究"的课题研究中，运用"Zung氏焦虑自评量表系统（SAS）"设定焦虑一测、二测量表，编制高中生厌学情况调查量表，对全校贫困生进行测查；进行湘西州民中学生价值观调查、女生生活调查。心理健康辅导老师根据问卷调查结论，建立个体心理档案，采用"随机有目的性抽样"方法从研究对象中确定最终的研究个体，进行统计与分析。把课题研究目标"消除焦虑情绪、矫正厌学行为"与培养学生良好心理素质的工作目标融合在一起，心理健康活动开展以学生为本，个体咨询时间、预约时间以学生为主，以学生的课余时间为工作时间，一般定于中午或者课外活动时间。同时，运用生—家—生—校心理疏导策略，情景假设—体验顿悟—行为指导—行为改变（知情意行）策略，充分借助沙盘游戏室、心理访谈室、心理宣泄室、个体咨询测量室、音乐放松阅读室等功能作用，有针对性地做学生心理危机干预，引导学生宣泄，缓解学生焦虑情绪，给予学生强大的心理支撑。

同时，在学生会成立心理健康部，部长一名副部长两名，制订了心理健康部工作总则和宗旨，规定了一名副部长必须由宏志生担任，以进一步增强对贫困生心理辅导的实效性，促进朋辈心理咨询的积极开展。

湘西州民中注重个别疏导，培养个体形成良好的心理素质，强调班级辅导以点带面，在宏志班做过团体辅导之后，利用周末讲座和晚自习时间，以主题讲座的形式面向州民中全体学生推广实施，增强了工作的主动性和实效性。

通过心理健康教育，为施教者提供了一种新的角度，去认识、理解和看待受教育者及其心理行为问题，使我们的工作能够从一种人性的角度去注重、发现并合理满足学生行为背后的心理需要，使我们能够给学生更多的接纳、尊重与积极的关注。学校、家庭、社会已经认识到注重心理健康教育的现实意义和深远的历史影响，民族地区贫困学子在心理帮扶教育保障机制的护佑下，由学校带动家庭、社会全员参与心理健康的全程教育，必能悦纳自我，适应社会，健康快乐，幸福成长。

参考文献

［1］刘利民.全面推进中小学心理健康教育工作为青少年健康成长奠基
　　　［J］.人民教育，2013（2）.

［2］李琨煜，张瑾，朱金富.高中生父母教养方式及其对成就动机的影响
　　　［J］.新乡医学院学报，2012，29（11）.

［3］侯玉波.社会心理学［M］.北京：北京大学出版社，2008.

［4］曹能秀，王凌.少数民族地区的学校教育和民族文化传承［J］.云南师
　　　范大学学报（哲学社会科学版），2007（2）.

［5］郭念锋.心理咨询师（基础知识）［M］.民族出版社，2005.

［6］［美］卡尔·R.罗杰斯，等.当事人中心治疗：实践、运用和理论
　　　［M］.李孟潮，李迎潮，译.北京：中国人民大学出版社，2004.

［7］韩进之主编.教育心理学纲要［M］.北京：人民教育出版社，2003.

［8］周维龙.高中学生心理健康教育对策研究［J］.宁波大学学报（教育科
　　　学版）2003，2（1）.

论湘西民族文化在学前教育校本
课程开发中的作用

——以吉首大学师范学院为例

先问何为文化？文化就是吾人生活之所依靠。文化应包含经济、政治、教育学术三大部分。中国传统文化博大精深，根植了中国人血脉相传的民族性格、思想根源和社会心态。文化是民族的血脉，文化建设要传承和弘扬优秀传统文化。民族文化的传承发展离不开民族教育。教育的主阵地是学校，学校主要通过课程设置完成教学任务从而达成教育目的。学校与地区都是学生幸福成长的摇篮，是他们实践与体验生活的基地。从民族地区传统文化中汲取营养，将学前教育和民族文化传承有机结合起来，对于学前教育的民族本土化具有深远意义。

"校本课程"是一个外来语，最先出现于英、美等国。关于"校本"（school-based）的含义，华东师范大学教育学博士郑金洲在《走向校本》中这样解释：所谓校本，一是为了学校，二是在学校中，三是基于学校。校本课程（school-based curriculum）即以学校为本位、由学校自己确定的课程，它与国家课程、地方课程相对应。校本课程的出现在国际上有三种看法，其中一种观点认为，校本课程真正出现在1973年爱尔兰阿尔斯特丹大学召开的"校本课程开发"国际研讨会上，至此，校本课程在英、美等发达国家受到广泛重视。我国通过开发校本课程改变"校校同课程、师师同教案、生生同书本"的局面，在学校本土生成的校本课程，使课程具有多层次满足社会发展和学生需求的能力。

一、学前教育校本课程开发背景

（一）校本课程开发的依据

学校的办学理念、学生的兴趣与需要、地区经济与文化的发展，是校本课程开发的重要依据。吉首大学师范学院是湘西州唯一——所州立州建州管的高等师范学院，是吉首大学的二级学院。2001年6月，经湖南省人民政府批准，由原湘西民族教育学院和吉首民族师范学校合并组建而成。吉首民族师范学校始创于1936年，湘西民族教育学院始创于1980年，至今，学院开办师范教育已经78周年。创建史可追溯至明代的"溪溪书院"。五百多年前，明代理学家王阳明的得意门生、苗族教育家吴鹤在所里（今吉首市）创办"溪溪书院"，开苗疆教育之先河，鳌峰成为湘西地区办学育人的最早之地。"以科学发展观统领改革发展全局，全面贯彻党的教育方针，坚持质量立校和人才强校，以育人为目标，以教学为中心、学科建设为龙头、队伍建设为重点、教师教育为特色、改革创新为动力，全面提升综合办学实力和社会影响力，为湘西地区培养高素质、创新型师资和各类应用型专门人才"是学院的办学指导思想。为达到上述目标，着重抓好以课程建设为中心，构建科学合理的专业知识体系和课程体系；以学生实践操作能力培养为中心，构建新型的实践教学体系等七个方面的工作。湘西历史上就是土家族和苗族的主要聚居地，民族文化源远流长、资源丰富、厚重独特，民族文化生态优势显著。学院通过研发"学前教育专业手工艺术"校本课程，利用湘西州民族传统文化中的有益元素，例如苗族扎染、蜡染、银饰刺绣，土家族织锦等开发学前教育课程资源，力图实现"以质量求生存、以特色求发展、以充实内涵求提高"的办学理念，在提升学前教育师范生艺术修养的同时，促进民族文化的传承与创新，凸显学院学前教育（本、专科）专业在湘西地区的不可替代性。

（二）开发校本课程，构建学院特色

学校办学思想反映的是学校的个性，体现的是学校的特色。评价一所学校是否具有特色，关键看这个学校有没有标志性的课程。校本课程的开发，主要是针对国家课程开发，以学校为基地进行地方性、特色性等课程的开发。它是学校课程管理的组成部分，需要领导支持、专家指导、教师参与，需要得到全社会的理解、支持和评价。可以说，校本课程的开发，应该作为学校特色构建

的一部分。

吉首大学是一所省属综合性大学，目前正力争进入湖南省属高水平大学建设单位，由教学型大学向教学研究型大学转型。作为吉首大学的二级学院，学院始终坚持服务湘西、服务教育、服务基层的办学定位，重点发展教育学科和为义务教育、学前教育服务的师范类专业。要与吉首大学本部差异性发展，必须在课程开发上狠下功夫，研发"学前教育专业手工艺术"校本课程，一要突出"师"字特色，二要彰显民族文化，以突出办学特色。吉首大学师范学院整体规划课程建设，以尊重学生兴趣、满足学生发展需要，彰显民族特色着眼传承创新作为课程开发基本原则，科学论证"学前教育专业手工艺术"校本课程开发方案，树立以学生为本的课程观，充分挖掘具有地方特点、学校特色、民族特征的课程资源内容，以课程文化特点构建独特的学校文化特色。

二、学前教育专业手工艺术的校本课程开发与实践

（一）树立开放的大课程观

首先树立开放的大课程观。构建一个开放的大课程体制，包括学科课程、综合化课程和潜隐形课程等课程。"手工制作"是融美术欣赏、创新意识、绘画技能、手工制作技能于一体的课程教学。学前教育专业学生在幼儿园进行美术教学、环境创设和手工制作的能力培养，在民间艺术鉴赏、民间工艺品制作等方面艺术素养的发展，是学院学前教育专业手工艺术校本课程的出发点和归宿。学科课程、潜隐形课程、综合化课程都以学生为本围绕学生主体进行，充分运用潜隐形课程，组织学生到花垣吉卫等苗区采风，参加湘西地区赶秋、赶乡场等相关民俗活动，欣赏苗族刺绣、搜集苗族老绣片；走访泸溪踏虎、龙山里耶，感受踏虎凿花、泸溪数纱、土家剪纸等湘西民间美术传统文化，提高感受美、体验美、鉴赏美的能力。学科课程实施以学生实践操作能力培养为中心，通过综合的艺术教育，开展系列综合实践活动，帮助学生在课堂教学中学习民族工艺品制作方法，在参与"女生巧手大赛"手工艺品比赛等艺术活动过程中，提升传承美、表现美、创新美的能力。目前，学前教育所受到的社会关注越来越大，湘西民族地区学前教育师范生所承担的社会责任越来越多。明确大课程理念，在学前教育专业手工课程教学中融入优秀的湘西民间美术，帮助学生找到提高自我艺术素养的方法与途径，培养具有民族文化素养、创新意识

和实践能力的幼儿教育师资，以促进民族地区教育事业的发展，从而达成服务湘西、服务教育、服务基层的办学目的。

（二）以学习与制作苗族银饰刺绣为突破，丰富学科课程内容和形式

秦汉以来，苗族的银饰文明一脉相承。黔东和湘西地区的苗族服饰精彩纷呈，青年妇女常常是头戴银冠、项挂银圈、身穿银衣、手配银镯、脚系银链，以多为美，以重显富。日常家珍饰银、存银又是苗家富有的象征。至今，湘黔边区的苗族同胞用银数量有增无减。有人在凤凰、花垣等边远县份做了调查，一般家庭在改革开放前为新娘送银在四五十两，近年来增至一二百两。总之，"以银为结，以银为彩，以银为荣，以银为贵"成为苗族区别于其他民族的重要标志。在苗族，银饰作为崇拜物，它把祖祖孙孙联系在一起；作为婚姻标志，它给人们的婚恋生活带来良好的秩序；作为巫术器物，它又从心理上给人们提供生活的安全感。因此，苗族银饰品，它所象征的不仅仅是一种文化载体，更是一种民族信仰。苗绣是指苗族民间传承的刺绣技艺，2006年，"苗绣"入选《第一批国家级非物质文化遗产名录》。苗族服饰的刺绣工艺有其独特性，苗绣针法很多，以五色彩线织成，最讲究对称美、充实美和艳丽美。苗族没有自己的文字，苗族女人们就把心情与民族审美绣成瑰丽的绣片，制成绣衣穿在身上。因此，人们将苗绣形容为"绣在身上的史诗"。由于现代文明和生活方式的冲击，很多年青一代的苗族女孩，尤其是受过教育的女孩已不再学刺绣，而老人们眼花、手抖，越来越拿不动绣花针了，一些古老的苗绣针法濒临失传。这使得苗绣精品越来越少，苗绣生存的土壤越来越贫瘠。

真正致力于少数民族文化传承的年轻人很少。为了民族文化的传承、保护和弘扬，可以在两个方面做更多的工作：一是把让民族文化走进校园；二是加强少数民族地区风景区的文化宣传。在学前教育手工制作校本课程建设中，不断补充鲜活的本土文化资源，充实手工制作教学内容，以课堂综合实践为主要教学模式，学习与制作苗族银饰刺绣，以感受民俗、开设手工教室、举办活动竞赛等形式，丰富学科形式、优化课程结构，以把苗绣与银饰制作结合起来的方式为突破，搭建非物质文化传承与创新的平台，继承和发扬优秀的民间艺术。一方面，在讲解苗族银饰刺绣制作的过程中，先传授苗绣成品制作工艺，或者收集合适的老绣片。同时学习运用锤打、编结、刻花等银饰工艺方法，将合适的绣品通过镶嵌工艺，制成镶有苗绣的银耳坠、银戒指、银项链、银手镯、银发箍等银饰。艳丽的苗绣改变了银饰的色彩单一性，将洁白的银映衬得更为高贵华美。另一方面，制作或者选择恰当的绣片和银片，加以钉缀串连，制成苗绣绣片与99纯银完美结合的毛衣挂坠等新作品，通过挖掘古老的苗绣和银饰的现代价值，完成了苗绣与苗银制品的传承与创新。

苗族刺绣与银饰的结合，已经在湘西银饰世界里绘制出惊人的时尚画面。生活的艺术化彰显了民族文化特色，民艺的时尚化又为促进湘西经济发展提供了可能。民间工艺产品制作技艺通过学校教育途径得到一定程度的巩固和传承，同时，开创民族手工饰品实体店、原创苗绣坊微店销售手工打制的一批苗绣银饰，让更多的人认识苗绣、喜爱苗绣，让更多的人体会到传统与时尚结合的美妙。植根湘西，通过绣品与银饰的学习、制作、创新，打磨出精湛的全手工艺术品。源于苗绣，通过生产与销售苗绣银饰手工作品，让学习者在传承传统技艺和文化的同时告别贫穷，让她们得益于苗绣银饰。当前，苗绣银饰的生存和发展已然成为当地的经济亮点和人文景观。

（三）促进教师专业成长，成就民间工艺大师

在课程资源开发与利用的实践中，教师的专业水平不断成长和发展，不断由初始状态向新状态过渡。可以开发的课程资源的无限性决定了教师的专业成长和发展也是无止境的。吉首大学师范学院充分挖掘学校潜力，发挥教师特长，选派事业心责任感强的教师担任学前教育专业手工制作校本课程研发工作。要求专业教师成为能教学会教研，能讲授会制作，能传承会创新，能生产会推广的多面手。中国工艺美术学会会员、湖南省作家协会会员、湘西州工艺美术学会副秘书长、湘西州民间工艺大师、吉首大学师范学院高级讲师关洁借助学前教育手工制作校本教程开发平台，无论专业理论水平还是教育教学教研能力以及制作工艺等方面都得到了长足发展。

多年来，关洁潜心于苗绣、银饰制作等手工工艺制作的教学、研发与创造，独创蛋绣工艺，在葫芦雕刻上的独到之处，使得吉首大学师范学院在湘西州工艺美术、湖南省工艺美术乃至中国工艺美术界占有了一席之地。完成的"指尖生花"系列作品，老绣片和老银片的融合，件件都有被时光打磨的质感和深厚的文化底蕴；在鹅蛋壳上用苗绣技法制作的绣品，从京剧脸谱到傩面具，从珠绣带绣到数纱苗绣件件巧夺天工，彩蛋绣画作品堪称湘西一绝。在湖南省工艺美术精品博览会、四省边区工艺美术等展览会上屡获嘉奖，"傩面具蛋绣"还在中国工艺美术乡土奖评比中获得银奖。作为美术学科带头人，为湘西非物质文化遗产的传承身体力行，参加乾州古城非遗作品展示，运用微博、微信等新媒体手段进行广泛宣传与推广以及关联服务，为湘西传统文化的继承与创新，为培养湘西地区学生审美能力、动手能力、创造能力，为湘西民众享受民间工艺带给生活的乐趣，做出了一定的贡献。

每个民族和地区都有其独特的社会文化背景，这种影响形成了一定的民族心理特征和地域特点。苗族刺绣与苗族银饰是湘西传统服饰文化，以超越语言的方式去理解生命与生活。对于湘西地区的学生来说，学习民族传统文化和掌握民族传统工艺制作技法，在心理层面上具有特殊的意义，能够增强民族认同感、民族自信心，找到适合于自己的心灵的慰藉。在少数民族地区，用民族传统文化丰富校本课程开发资源，用教育传承和创新民族传统文化，打造名师引领民族文化发展，促进教育民族本土化、促使民族文化内涵多元化，可以事半功倍、一举多得。

参考文献

[1] 梁漱溟.中国文化的命运（珍藏版）[M].北京：中信出版社，2013.

[2] 曹能秀，王凌.论民族文化传承与教育的关系 [J].云南民族大学学报（哲学社会科学版），2009（5）.

[3] 刘旭东，张宁娟，马丽.校本课程与课程资源开发 [M].北京：中国人事出版社，2022.

[4] 丁晓景.高职学前教育专业《手工制作》课程改革初尝 [J].中小企业管理与科技（下旬刊），2012（5）.

[5] 许卓娅.学前儿童艺术教育 [M].上海：华东师范大学出版社，2008.

[6] 罗雪梅.高师学前教育专业美术手工课程教学改革刍议——以阿坝师专为例 [J].艺术教育，2012（8）.

[7] 段兆兵.论课程资源开发与教师专业成长 [D].兰州：西北师范大学，2003.

人文以明德　规划方达才

——湖南省长沙市明达中学生涯规划教育实践

　　生涯规划教育是新时期中学教育的重要内容，是促进中学生健康发展的先导性工程，是实施素质教育的有效手段，是培养个性化人才的重大举措，是发掘学生潜力引导其积极向上的重要途径。

　　湖南省长沙市明达中学是直属长沙市教育局的一所民办学校，创办于2008年，现有教学班82个，学生3800名，集高复、高中、初中于一体，全日制封闭式管理。学校秉承坚苦真诚的校训和磨血育人的办学精神，养笃实、无我之校风，行敬业、乐群之教风。坚持人文明德、山水达材的办学理念，涵泳自然·人文·生命的教育情怀，坚持走素质人文教育之路、优质特色办学之路、科学持续发展之路，致力于培养明辨、致用的新时代学生。

　　学校领导班子高度重视生涯规划教育。2015年筹谋企划，成立了校长曹建新，书记吴莉等主要领导挂帅的生涯规划教育领导小组，下设生涯规划教育办公室。2016年完成了生涯规划师师资队伍的培训培养。2017年生涯规划教育进课堂正式纳入课表。经过两年多的实践与探索，学校的生涯规划教育得到了长足的发展，形成了"123456"生涯规划教育模式。一是坚持一个办学理念。"人文明德，山水达才"指的是以人文教育涵养学生，在山水天地之间培养学生成为有用之才，为学生终身幸福和生涯发展奠基。二是基于两个需要切实培养学生选择与决策的能力。新高考改革要求学生、家长和学校能够科学选课、选专业和选择大学，新时代人才培养要求受教育者既综合素养全面，还需要有能力长板。三是力图达成三个目的。研究初高中生职业生涯规划教育衔接，促进学生兴趣和人格的长远发展；全员参与生涯规划教育，人人争当导师，促进教师专业发展个人成长；生涯规划融入教育全过程，形成学校新的办学特色。四是切实开展了"四化"工程。师资专业化、渠道多样化、基地建设持久化、实践研究理论化。五是完成了五项具体任务：培养了一支有专业水平的生涯规划导师队伍；开发了一套完整的课程；建设了一批生涯基地；开展了一系列课题研究；编写了一本正式出版发行的教材。六是形成了目标建设特色、师资管理特色、课程全案建设特色、市场服务特色、研学旅行特色、生涯规划民办教育第一校六个鲜明特色。

具体谈谈生涯规划教育"四化"工程和六个鲜明特色。

一、四化工程

（一）师资队伍建设专业化

开展定期出国培训、全国培训、省级培训以及校级培训等多层次培训，不断提高团队教育实践的专业化水平。2015年起，每学期两次外派主管副校长率领团队成员赴广州、江苏、浙江、成都等地观摩、学习、培训，共计200余人次，张双等25名老师经过培训考核，均获得全国"生涯规划师"岗位能力证书。

特别邀请中国高等教育学会教师教育分会学校执行理事长陈虹等国内知名专家教授50余人次来校送培，开展"了解学生心理、应用积极语言、共建师生幸福"等专题讲座，为全体教职员工树立生涯规划教育理念，普及了专业知识。

聘请全国生涯规划师、国家心理健康教育卓越人才、教育心理学高级讲师舒暖对学校开展生涯规划课题研究和实践活动予以指导、示范，确保了学校生涯规划教育团队专业、科学推进工作。

（二）生涯教育途径多样化

学校内引外联，不断拓宽学生的生涯教育渠道。

1. 安排多种形式的职业体验活动

（1）校外设立多种职业生涯体验基地。例如，农业有汨罗高家坊农业基地、帅好农业科技园、九道湾农业产业园基地、浏阳市榕园桂花树基地等；工业有中南汽车城广本4S店；酒店餐饮业有五韵同城主题驿站酒店；金融业有沪商银行星沙网点、交通银行黄兴镇网点；医药行业有旺旺医院；公安武警有黄兴镇消防部队，等等。与学科教学相关的基地，有长沙市首批地理研学基地——浏阳榕园研学基地；历史研学基地有黄兴故居纪念馆、平江起义纪念馆、雷锋纪念馆……每月一次，带领学生到基地开展实践活动，组织学生进行银行职员、酒店服务、医院导诊、消防队员等多种职业体验。

（2）在校内，积极为学生搭建丰富多彩的生涯教育体验平台。组织开展"茶艺""校园乐队""学生社团""跳蚤市场""关注孤儿关注慈善""寒假实践践行者分享会""献爱心义卖活动""出国留学咨询会"等主题活动。学生自主管理校园电视台，在校即可拥有播音员、采访、编导等职业岗位的体验，编导、拍摄并录播校园新闻类节目《明达纪事》。寒暑假，开启初、高中生成长体验之冬令营、夏令营活动，先后组织200余名同学赴美国、香港开展活动，同学们走进美国加州州立理工大学、走进香港大学，感受大学氛围、接轨世界前沿。

2. 开设名人讲坛

职业名人讲坛、学生大讲坛、教师论坛、家长论坛。家长积极参与生涯规划教育，热情分享职场体验，C1602班家长的超轻黏土、茶艺等课程给学生们留下了深刻的印象。职业生涯教育专家进校开设讲座60余次。湖南大学岳麓书院教授、厦门大学博士李兵，北京尚领教育丁可老师，郭巧云教授等纷纷做客学校，为学生为老师为家长献上内涵丰富的生涯教育课程。职业达人以各自的视角带领孩子们认知世界，广泛开展职业生涯人物访谈20余次。邀请皮肤科专家贺太平、著名主持人张丹丹等职场人士，为同学们畅聊人生经历与职业规划。张丹丹通过讲述自己的亲身经历，从"我们和自己的关系、我们和别人的关系、我们和生活的关系"三个方面诠释中学生在职业生涯规划上所应该把握的关键，祝福每个人都应活成世上绝无仅有的一枝花。

3. 生涯规划课程进课堂

（1）在心理健康教育中渗透生涯教育理念。初、高中以及高复部定期开展个体咨询、团体辅导，户外拓展活动、"5·25"等专题活动，以面询、课堂教学、专题讲座等多种形式，帮助学生认识自我，认识专业，认识大学。课堂教学包括我的梦想、生涯彩虹、性格能力、兴趣、价值观、职业观、我的大学、助你成功八项内容，目前高一成长必修课、高二成长选修课以及社团课程教材已初步成型。

（2）开设生涯规划课程，向系统化、特色化方向发展。2017年9月起，分年级分梯次，以激发学科兴趣和职业体验为宗旨，为学生开设每两周一节的生涯规划课。教师团队每人按教材专讲一个主题，舒暖老师的"我有一个梦想"、黄果老师的"我的未来我做主"、张双老师的"生涯角色大碰撞"、张璐老师的"我的兴趣岛"等课程，内容涵盖了人文素养、科技素养、国际视野、生命和道德、健美人生等多个领域，每学期10—20课时，学生可自主选择课程，便于对多种学科和多种职业进行深度探索。

（三）基地建设持久化

1. 构建研学旅行基地

学校将课程移至室外，带领学生边游边学，边学边研。走进机关单位、著名企业、国内外大学，丰富各种职业体验。通过研学旅行形成了北上广，深圳香港澳门，美国研学旅行网络，与武汉大学、香港大学、美国加州州立理工大学等多所大学结对，成为长期友好单位。

2. 社会机构服务合作常态化

中国教育学会家庭教育专业委员会常务副理事长孙云晓、湖南省教育学会高考研究专家蔡晓辉等，定期来校指导家长和学生进行生涯规划及志愿填报。长沙市"锦宏教育"等知名服务机构，定期为学校学子及家长，提供职业兴趣、能力倾向测评，高考志愿填报及咨询等服务。

（四）生涯规划教育实践理论化

开展湖南省教育科学规划课题"中学生生涯规划教育的实践与研究"课题研究，取得阶段性成果，提出"123456"教育模式，总结教育实践提炼成文，正式出版发行《高中生涯规划》教材，编写了《明达津梁》、汇编了《求是笃行》等职业生涯教育刊物。

二、六个方面鲜明的特色

"大学之道，在明明德。"学校开展生涯规划教育以来，我们弘扬明德，致力于使学生得到更新的发展，达到更好的境界，取得了六个方面的鲜明特色。

（一）目标建设特色——规划方达才

没规划的人生叫拼图，有规划的人生才叫蓝图；没目标的人生叫流浪，有目标的人生就叫航行。生涯规划教育中我们着力于师生共同成长，培养了一批新高考志愿咨询专业化辅导人才。生涯规划师能够运用高考志愿杠杆和生涯规划，激发学生学习动力，指导学生进行学业规划，提升高考成绩，精准预测高考分数及定位高校专业。帮助学生认知自己的生涯使命和定位。科学选择适合自己的专业、大学，对而立之年的自己，对自己一生最高的成就形成良好愿景。知道有规划的人生，方能成长为有用之才。

（二）课程全案建设特色——人文以明德

开展生涯教育全案实践活动。以学校内部、外部环境为基础，调配师资、课程资源，教职员工全员参与，生涯教育与教育教学教研全面融合，通过最大限度的学科渗透，校园文化建设融合，来涵养学生人文的素质。建立多层次立体化生涯规划教育体系，从综合考试能力、健美阳光气质、综合实践能力、思想人文素养、理学创新能力、国际视野胸襟六个维度，来提升学生明德的境界。

（三）师资管理特色——"走教制"

"他山之石，可以攻玉。"盘活师资，让队伍流动起来，走出去，请进来，提高全体教师专业化水平。相对于学生的走班，我们尝试教师的"走教"。聘请业内优秀教育工作者进行"走教"引领；校长曹建新身先士卒，带领团队教师每人打造一堂精品课程，不固定班级"走教"授课，确保学生可以接受最优化的主题教育。

长沙市明达中学生涯规划导师课程安排

第n讲	课题	负责人
1	"我的梦想是什么"	舒 暖
2	"我喜欢做什么"	张 璐
3	"我的性格适合做什么"	黄 果
4	"我擅长做什么"	袁春香
5	"我看重什么"	张 双
6	"社会需要我做什么"	李 迁
7	"家庭期望我做什么"	余 畅
8	"高校与专业选择"	曹建新
9	"生涯决策与规划"	李仲文
10	"通往理想之路"	代子顺

（四）市场服务特色——"大数据"

依托市场服务，为学生提供大数据。为专业定位和发展方向提供兴趣、性格、能力等测评结果，为填报高考志愿聚焦大学专业信息，为选择专业、高校、地域以及选择的平衡提供高招参考数据。

（五）研学旅行特色

构架覆盖国内外的研学旅行目的地网络，涵盖20个行业诸多职业的生涯体验基地，保证学生进入基地就能感受不同的职业特点，了解不同的大学、专业以及就业方向。

（六）生涯规划民办教育第一校

学校学生刘雨欣参加世界城市旅游形象大赛，成功晋级中国赛区前十佳，这样的例子数不胜数。关于民办学校，俗话说北有衡水、南有明达，现在我们可以骄傲地说，在生涯规划教育领域，明达中学率先迈出了一步，当之无愧地成为民办教育第一校。我们的学生迈出校门的时候，可以骄傲地说："我已经为理想大学做好了准备、为合格公民做好了准备、为职业选择做好了准备、为精神成长与个性发展做好了准备。"

人文以明德，规划方达才！长沙市明达中学践行生涯规划教育，取得了突出的成绩。2017年承办了湖南省首次普通高中学生生涯规划教育研讨会，全省14个地州市教科院院长及普通高中校长、副校长等共200余名领导和老师参加了研讨会。学校所作的经验介绍和展示课，得到了与会者一致肯定。当然，进入新高考改革实施阶段后，生涯规划教育还需要从学生对学业、专业、职业的精细化体验多做研究与实践，以便真正为学生的终身幸福奠基。

参考文献

［1］刘静.高考改革背景下高中生涯规划教育的重新审视［J］.教育发展研究，2015（10）.

［2］刘敬云.普通高中职业生涯规划教育问题及其对策［J］.教育实践与研究（B），2016（1）.

连片开发地区高中家庭经济困难
学生心理救助研究

一、研究背景

随着时代进步、经济发展，国家、教育和社会对集中连片开发区家庭经济困难学生在救助政策方面大力倾斜，国家资助经费由2003年18亿提高到2010年510亿，经济救助机制已经相对完善。《国家中长期教育改革和发展规划纲要（2010—2020年）》提出要"切实解决少数民族和民族地区教育事业发展面临的特殊困难和突出问题"。所以，积极开展一种既具有普遍指导意义，又切合当地实际的贫困生心理救助理论和实践研究，是一项十分紧迫而重要的任务。

湘西州、张家界、怀化地区历来是少数民族聚居地，湘西州民中等学校集中了大批优秀特困高中学生，通过对他们心理健康状况与救助机制的研究，着重于民族立人、立本教育，培养适宜于区域发展的人才，对大湘西的教育、经济发展都有重要的现实意义。

国内外教育理论与现实的研究表明，直接以普通高中贫困学生心理救助问题研究为题的现有成果散见于各种文献之中，尤其是对连片开发地区高中家庭经济困难学生心理救助的研究，缺乏系统的理论、成熟的运作机制、适当的心理疏导策略与方法。

二、研究方法与步骤

（一）研究方法

采用调查研究法、行动研究法、个案分析法，辅以统计归纳法、经验总结法将量化研究与质性研究有机结合起来，达到了一个较理想的研究水平。

（二）研究步骤

1. 准备阶段（2014.12—2015.01）

组建队伍，开展培训。研究成员涵盖湘西州、张家界、怀化心理健康专职教师及有关部门人员，阵容强大结构合理，实践与研究能力雄厚，并通过多种形式培训提高研究成员的综合素质、心理帮扶专业化水平和科学研究能力。

2. 调查研究阶段（2015.02—2015.06）

确定调查对象，编制连片开发地区高中贫困生心理健康状况调查问卷和访谈提纲，据调查结果及影响因素的分析，制定救助策略和实施方案。

（1）调查了解现状。州民中进行了多项调查。社会实践调查显示州民中少数民族学生占学生总数的88%，贫困生约占1/3，部分学生存在焦虑厌学现象。以447宏志班为切入点，后推广至全校贫困生，作"Zung氏焦虑自评量表系统（SAS）"普测。分析焦虑自评量表系统（SAS）数据，发现1194名受测学生中焦虑标准分50分以上的549名，46%学生有不同程度的焦虑现象。对参加清华北大推荐的同学进行心理健康情况测试问卷调查，这一特别品学兼优的群体焦虑高达60%。高中生厌学情况调查等情况调查中受试学生厌学、怠学情况较严重，个别同学有逃学、辍学现象，社会适应不良等心理及行为也比一般学生强烈。

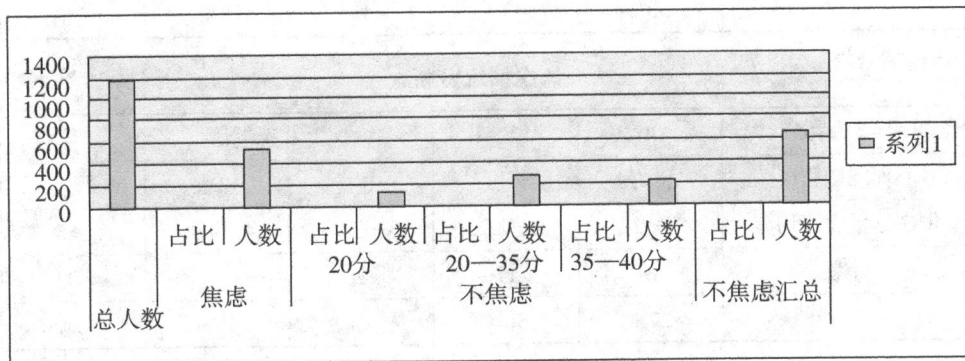

弱势学生焦虑测评统计（一）

（2）确定研究对象。据调查有效问卷结果分析，建立心理档案162份，采用"随机有目的性抽样"方法从中确定30个研究样本。对包含样本在内的1194名同学施以教育和引导，两学期后进行对比测试。焦虑标准分50分以上人数为

382名，所占比例由46%下降为32%。

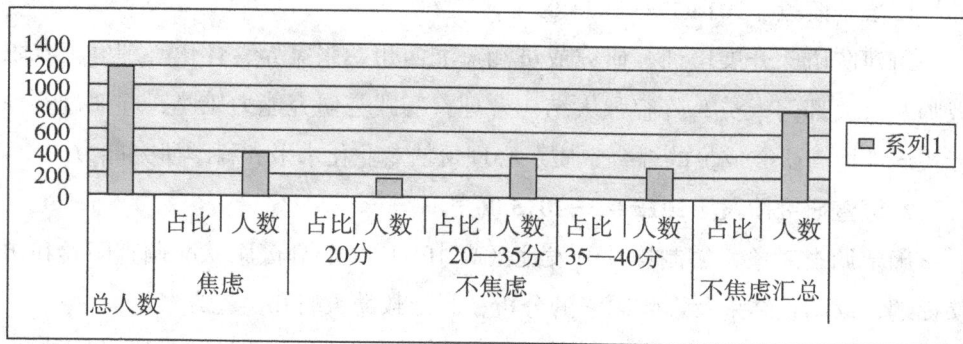

弱势学生焦虑测评统计（二）

（3）推广调查研究。在吉首丹青中学随机抽取30名农村学生进行中学生心理健康情况调查普查与分析。数据汇总分析如下：

总体情况分析

样本总数	30				
心理问题程度	良好	轻度	中等	较重	严重
总表平均分	<2	2—2.99	3—3.99	4—4.99	≥5
计数	15	13	1	1	0
占比	50%	43%	3%	3%	0%

焦虑情况分析

样本总数	30				
心理问题程度	良好	轻度	中等	较重	严重
焦虑分量表平均分	<2	2—2.99	3—3.99	4—4.99	≥5
计数	8	17	2	3	0
占比	27%	56%	7%	10%	0%

分析普查数据，该校学生心理健康程度良好的占50%，有轻度问题的占43%，问题中等的占3%，问题比较重的占3%，严重的占0%。焦虑情况分析结果为良好的占27%，轻度焦虑的占56%，中等焦虑的占7%，比较重的占10%，严重的占0%，反映出湘西其他中学民族学生存在心理问题的情况达到73%，有心理帮扶的必要。

3. 实践研究阶段（2015.07—2015.10）

通过实践，总结出"351"心理救助的有效策略，调整方案，建立健全行政管理指导、基地提供服务、专业学会引领的科学救助机制，撰写论文，为湘西民族贫困地区高中学生获得身心和谐发展提供了基本认识和有效策略。

（1）教育行政主管部门主导课题的研究实施。课题组起草《湘西自治州中小学心理健康教育工作实施方案》，州局依此制定下发了《关于印发〈湘西自治州中小学心理健康教育工作实施方案〉的通知》（州教通〔2013〕188号）。主持人制定《2015—2017年湘西州学校心理健康教育培训项目工作方案》，州局依此制定下发《关于实施2015—2017年全州中小学心理健康教育教师培训项目的通知》。湘西州教育局成立湘西州中小学心理教育指导委员会，加强对全州中小学心理健康教育工作的规划指导、组织及管理工作。

（2）州民中创建"351"，以辅导中心为基地，提供心理帮扶服务。州民中在校长王斌领导下，2011年创建湘西州中小学校首个心理访谈室，引进湘西州第二届教育学学科带头人舒暖主持专项工作。2013年建成州民中心理健康辅导中心（湘西州未成年人心理辅导站——心灵驿站）。2014年构建"351"心理救助机制。研发了《高中阶段心理健康教育校本课程标准》，制定了《湘西州民族中学心理健康教育校本课程开发纲要》和《课程实施方案》，形成了每班每周一课时《心理健康教育课程》校本课程体系。2015年在全州、全省乃至全国形成了广泛影响。

"351"由学校带动家庭、社会三方面各实施"五个一"心灵工程，以确保学生心理健康发展。学校"五个一"即：创设一个心理帮扶教育机制；开展一系列课题研究；打造一个心理辅导中心；探寻一个民族文化传承与心理健康教育的契合点；上好一堂心理辅导课。同时，举办"5·25"心理文化节、心理主题黑板报和作文竞赛等专项活动，创建州民中学生会心理健康部、女生部，开展心理拓展，培训朋辈心理辅导员，不断提高学生心理自助的能力。家庭"五个一"即：开展一系列家长心育活动；提供一个家长心理咨询服务窗口；建立一个家庭心理教育网络平台；参加一项家庭教育研究活动；成立一个家长委员会，完善家委会章程、制度、公约，争取了家庭对学校教育的配合。社会"五个一"即：在全州进行一场心理健康知识普及教育；把辅导中心建成湘西州中小学心理疏导、学习培训及社会各界参观的基地；州民中对贫困生经济、心理共同帮扶，物质、精神双重资助的做法，已成为湘西州学生资助工作乃至州委州政府扶贫工作的一面旗帜；做好全州"助孤"教育心理帮扶工作，广泛送教，培养一支心理教育师资队伍；创建一个注重身心健康的社会环境，利用网络媒体、报纸杂志，建立起多维度、立体式的学校、家庭、社会协同的心理教育网络。

（3）专业学会引领"351"，边验证边修订边推广。在湖南学生资助研究会、湖南教育学会学校心理教育专业委员会专业引领下，进行校、州、省三级课题管理，"351"得到了有效验证。

宏志班入学即建立心理档案，予以全程心理关注，从2015年9月入校到2016年6月，共进行20次班级辅导，每次课后认真研讨作行动研究，调整施教方案增强班级辅导的针对性。4××宏志班有心理咨询经历的同学高考录取情况见表，反映了心理救助颇具成效。

有心理咨询经历高考录取情况

姓名	第一次咨询时间及原因分析	处理结果	录取学校
符××	2012年10月31日，强迫症	2转介+5	北京语言大学
杨××	2013年4月26日，学习压力、厌学、苦恼，要求休学	2	重庆第二师范学院
伍××	2013年8月27日，人际关系、自我意识	5转介+3	中南财经政法大学
周×	2013年9月16日，学习焦虑	1	广东工业大学
向××	2013年9月16日，人际交往	1	上海金融学院
梅×	2014年2月12日，"腾飞计划"面试前情绪调整	3	广西大学
麻××	2014年2月21日，焦虑失眠	3	浙江财经大学
向××	2014年2月21日，考试焦虑面试指导	2	华东理工大学

州民中实施"351"由实验班推广到所有宏志班，2016届51名宏志生参加高考，40人考取重点本科，其中2人分别考取北京大学、清华大学；11人考取二本，本科上线率为100%。由宏志班逐步向全体学生推广，为来访学生建立心理档案、开展"351"心理帮扶，辐射到全校教师和家长，促进了学生发展、教师成长，形成了学校新的办学特色。

心育培训由课题组成员、心理健康教师推广为全体老师以及家长和社会全员。借助香港乐群慈善基金肖庄夫妇资助项目，全州资助专干、心理教师共2000余名接受通知培训，87名参加国家三级心理咨询师培训，66名考取资格证。同时，广泛送教，在全州企事业单位举办"幸福人生"等多场专题讲座，惠及几千名家长，为心理教育在湘西的普及营造了良好的社会氛围。

州内多所中小学前来学习借鉴，"351"心理帮扶模式，对帮助湘西州中小学校乃至更大范围的学校达成理想的教育效果，为推进民族地区教育精准扶贫工作提供了借鉴。

4. 课题总结阶段（2015.11—2015.12）

研究形成阶段性优秀成果，此后修订研究方案，边研究边推广，边实施边验证，得出研究结论，完成研究报告和论文集。

三、研究结论

本课题研究，分析了连片开发地区高中家庭经济困难学生心理健康状况，探索了运用差别化原则进行精准补偿完成对民族地区家庭经济困难学生的发展性救助的理论体系，提出了教育行政部门主导管理、基地提供服务、专业学会引领的科学救助机制和"351"心理帮扶模式，优化了对学生进行物质、精神双重补偿，经济、心理共同帮扶的心理疏导策略与方法，主要得出以下结论。

结论一：通过对样本调查数据的统计分析，连片开发地区高中家庭经济困难学生尤其需要心理疏导。

在家庭经济困难学生焦虑普查和焦虑、厌学专项测查中，统计分析结果呈显著性，说明整个家庭经济困难学生的情绪特征焦虑特点明显。随后开展的各项情况调查，结果反映受测学生比对照组焦虑情绪比例高，厌学行为更常见。对州民中参加北大清华面试推荐生的群体进行焦虑倾向主观感受测试，结果显示：完全镇定的没有一名学生；适度焦虑占40%；中度焦虑占35%；严重焦虑占25%，一名学生分值高达73.75，焦虑情况严重。调查发现州民中贫困生不同程度的焦虑高达46%，特别品学兼优的群体达到60%，厌学、社会适应不良等心理及行为也比一般学生强烈。对吉首丹青中学学生进行的调查研究推广，发现湘西其他中学民族学生焦虑情况达到73%。调查前对课题组成员进行的测试培训，保证了调查的科学化和专业性。使用的测查技术工具"Zung氏焦虑自评量表系统（SAS）""中学生心理健康量表"，有中国常模，其信度效度都经过验证。"高中生厌学情况调查量表"系课题主持人编制，有效性有待进一步验证。调查结果统计分析借助现代媒体软件技术进行，提高了统计速度和分析的精确性。调查及验证说明，民族地区学生自卑封闭，民族和地区认同感强，大量贫困生和留守儿童存在心理疏导的必要。调查数据，为学校和本地区制定预案推进心理健康教育工作深入开展提供了参考依据。

结论二：学校带动家庭和社会共同参与心理教育实施"351"心理帮扶，是连片开发地区家庭经济困难学生心理救助的根本途径。

阿德勒认为，个体心理健康发展不仅要求有父母和子女共同生活在一起的完整家庭，还需要良好的社会环境。湘西州留守儿童等家庭经济困难学生经常面对亲情缺位，在独力处理各种事件时容易出现心理困惑。连片开发地区土家族、苗族居民，在历代传承中形成了自卑等民族性格的集体缺陷。个体在本民族区域内生活时，民族群体心理接纳能让个体获得归属感。一旦离开原住地，高度的民族认同感降低，影响到个体的心理发展。湘西州青少年由偏远山区的农村走进城市，由民族零散分居地转到民族集中聚集地学习与生活，贫困的生活、艰辛的学习与追求理想的环境与文化的巨大反差，使之更容易产生较多的心理问题。消除个体心理问题仅凭学校、教师是无能为力的，这决定了中小学心理健康教育工作是一个系统工程，必然涉及学校、家庭和社会的联动。但在现实中，解决心理问题的重任，却天然地落在学校的肩上。对于教育工作者而言，家庭、学校、社会三个因素，唯有学校因素最为可控。只有由学校带动家庭和社会共同参与心理教育、开展心理健康活动，才能更好地矫正其行为、舒缓其情感、调整学生的认知。

结论三：通过个案分析、行动研究验证了环境策略、生—家—生—校心理疏导策略、情景假设—体验顿悟—行为指导—行为改变策略等心理疏导策略与方法，确保了没有一例学生因心理问题失学。

学校班级氛围、心理咨询功能室环境、家长的心育能力以及所处地区心育环境都直接影响心理教育的效果。州民中"心理访谈室"两年接待来访学生168人，进行个别辅导258人次。心理健康辅导中心落成仅一年，接待来访学生265人，个别辅导323人次，多次接待各级各类个人及组织来访。可见，环境温馨、格调高雅，功能室硬件设施设备建设对来访者数量有影响。心理辅导中心向社会开放，利用温馨的环境感染来访者，令人们心情愉悦。放松自然的心情，在家庭里相互感染，家长愉快，孩子快乐。通过营造以学校教育为主导、以家庭教育为基础、以社会教育为依托的心理健康教育良好环境，对学生的心理教育就在无形中产生了效果。

运用个案分析法进行个别心理疏导策略与方法研究。谷方×个案，来访者因强迫思维带来焦虑情绪并畏惧学习。依据罗杰斯心理学视角的厌学对策，通过个别辅导来访者，然后辅导来访者家长，再辅导来访者形成一种相互理解和支持的环境，解除了来自外部的威胁，学生就会以不同的方式接受经验，增强自我，使学习取得进展。生—家—生—校的策略说明罗杰斯的对策更有利于克服厌学情绪。钟宁×个案，来访者因突发事件导致应激而焦虑、厌学。情景假设—体验顿悟—行为指导—行为改变策略，强调刺激反应之间的联系以意识为中介，改变其认知结合冲击疗法导致了行为改变，从而有效地缓解了焦虑，消除了恐惧，敢于独自上学放学。两种策略在其他个案中运用效果很好。

州民中通过叙事疗法与冥想结合的方法帮助高一杨一×等同学成功地摆脱网络电子书的诱惑。通过合理情绪疗法、认知疗法，帮助何×琦、王×等同学消除焦虑，改善睡眠状况。龙山高级中学张明进行案例分析，体会到教师的爱对学生心理健康的作用。凤凰三中的麻正和运用行动研究法在班主任工作中进行班级心理辅导，提出了育心、医心的观点。确保了没有一例家庭经济困难学生因心理问题而失学。

四、尚待进一步研究的问题

信息化时代，社会日新月异地变化着，对心理教育的普及有更迫切的需求，民族地区高中阶段学校心理健康教育与疏导，在实践上有待进一步推广，理论上有待进一步巩固成熟。

参考文献

[1]［美］罗伯特·厄萨诺，等.精神分析治疗指南［M］.杨华渝，译.北京：北京出版社，2000.

[2]杨宏飞.我国中小学心理健康研究的回顾［J］.中国心理卫生杂志，2001（4）.

[3]俞国良.我国中小学心理健康教育的现状与发展［J］.教育科学研究，

2001（7）.

［4］姚本先，方双虎.学校心理健康教育导论［M］.上海：东方出版中心，2002.

［5］钱铭怡主编.心理治疗［M］.长春：吉林教育出版社，2002.

［6］任洁琼，陈阳.教育救助［J］.社会福利（上），2002（11）.

［7］［美］谢弗（Shaffer.D.R）.发展心理学：儿童与青少年［M］.邹泓，等译.北京：中国轻工业出版社，2005.

［8］温忠麟.心理与教育统计［M］.广州：广东高等教育出版社，2006.

［9］［英］伯莱安·索恩.人本心理学派代言人——罗杰斯［M］.陈逸群，译.上海：学林出版社，2007.

［10］［英］赫伯特·斯宾塞.斯宾塞的快乐教育［M］.北京：朝华出版社，2010.

［11］刘利民.全面推进中小学心理健康教育工作为青少年健康成长奠基［J］.人民教育，2013（2）.

［12］［美］戴维·迈尔斯.社会心理学［M］.侯玉波，乐国安，张智勇，等，译.北京：人民邮电出版社，2013.

湖南省湘西州中小学生心理健康情况调研报告

接湖南省教育厅文，湘西州教育和体育局组织各县市历经20天完成调研工作，现汇报如下：

一、湘西州中小学生心理健康现状

（一）问卷调查结果及分析

1. 中学生心理健康状况

在湘西民族地区部分中学对2934名学生进行了中学生心理健康调查。调查结果为：湘西民族地区中学生心理异常体验比例为23.67%，其中，阳性症状发生率为14.49%；阴性症状发生率为14.79%；抑郁症状发生率为6.5%；精神病诊断率0.4%。危险因素评分，阳性症状：家族史2.6分；既往创伤史8.4分。阴性症状：女性1.5分，留守儿童2.0分；家族史1.8分；既往创伤史3.3分。抑郁症状：女性1.8分；留守儿童1.7分；父母中有人去世2.7分。调查数据反映有心理异常体验的学生占总学生人数的23.67%，其中有幻觉、妄想、躁狂等阳性症状体验的学生占总人数的14.49%，有行动思维迟缓、无力感、疲惫感等阴性症状体验的学生占总人数的14.79%，有情绪低落、心境恶劣体验的学生占总人数的6.5%。诊断疑似精神病症状的学生人数占总人数的0.4%。受测学生中有12位同学出现疑似精神病症状，695位同学心理异常。

2. 小学生心理健康状况

对龙山县城乡接合部某小学小学生心理健康情况进行抽样测试，统计分析结果显示，学生心理异常比率较高，占全校人数的30.74%，主要集中在四、

五、六年级，分别为23.32%、31.23%、31.23%。留守儿童心理异常情况更甚，占心理异常率的51.38%。小学生心理异常情况主要集中表现在学习障碍、性格缺陷、社会适应障碍、情绪障碍和不良习惯等方面，比率分别为23.32%、15.42%、13.83%、13.04%和11.86%。

心理问题呈现一定的年龄特点，与个体发展、家庭环境相关。

（二）实地走访调研结果及分析

湘西州共有留守儿童111682人，占在校中小学生的74%。实地走访泸溪县潭溪小学、五中等学校，了解留守儿童生活、学习、心理现状。其中，潭溪小学学生父母均外出务工的占55.6%，父母半年以上回家一次的占46%，有的父母甚至几年不回家。36%的父母只有小学文化，3%的父母是文盲。家长家教观念淡漠落后，40%的家长偶尔过问孩子学习情况，34%的家长从来不问。学生成绩一般、差的占75%，学生存在心理问题的占22.6%。泸溪五中初三班主任覃老师介绍说，班上45名学生中有30人为留守少年，父母长年外出务工的占67%，其中一名学生家长三年没有回家看孩子一次。

以上数据表明，留守儿童心理问题相对更为突出。

（三）电话网络调研结果及分析

致电吉首市家长成长中心，负责人QQ反馈，2016—2018年，有近百户家庭前来咨询。自主求助的家庭中，父母一方或者双方，是国家工作人员的达45%，文化层次达大专以上的占75%。家长带孩子一同前来咨询的小学生比例为18%，初中生为30%，高中生为50%。咨询家庭中65%是因为孩子出现青春期逆反问题，25%有厌学失学问题，5%有严重心理问题甚至神经症问题。

吉首市家长成长中心咨询个案中，有心理问题的孩子30%遭受过校园欺凌。心理问题有阶段性特征，学习压力导致的多存在于小学生和初二以下的初中生中，90%的小学生因为成绩差、作业多、达不到老师要求的标准或者教师过于严格而厌学，10%的小学生因为家庭教育环境比较差与社会人员结交而厌学。人际关系问题多为初二、初三和高中学生。初高中辍学学生90%以上因为人际关系导致，其中20%的学生因为师生关系不良而厌学甚至辍学，80%因为同伴关系不良所致。

家长主动求助意愿强烈，家庭实施心理健康教育困难较多。

二、形成原因

湘西州中小学生心理问题，与个体发展的年龄特点相关，与学校、家庭、社会环境密切相关。目前，湘西心理健康教育还非常缺乏专业的评估和救助系统，中小学校普遍缺师资、缺阵地，大部分学校心理健康课没有正式进入课表。无论学校家庭还是社会还不能完全做到科学、全面地为中小学生心理健康发展保驾护航。此外，形成湘西中小学生心理现状的原因还有以下三个方面：

（一）各职能部门助推国家政策落地力度不够

湘西地区各职能部门、教育系统缺乏健全的心理健康教育组织。湘西州中小学校的心理健康教育发展与先进发达地区相比，存在差距。教育部对中小学心理辅导室建设、师资队伍建设、待遇经费等有明确规定，因为种种原因国家政策在各地区落地程度不同，湘西各职能部门助推政策落实方面还做得很不够。

政策不落地使得心理健康教育在各级学校没有得到有效重视。

调查中了解到湘西州有较多学校没有设立心理咨询室、没有专职心理老师、没有开课。有的学校因为没有专职心理老师，设立了心理咨询室，却没有对学生开放。咨询师资格证考试费用有的学校报销有的不报销，部分教师学习与开展工作的积极性很受挫。个别老师自费考取咨询师资格证后没有后续的学习，错失成长良机。某县一中高中部2018年上学期有咨询师资格证的老师共有4位，但只有一位教师坚持自费后续学习。这位老师在2015—2016学年，利用自习课给自己所教的班级偶尔上心理课。没有场地，给学生做个体咨询只能等中午办公室没人的时间进行。三年免费给学生做个案辅导的经历让她得以成长。某一中学校有4位心理咨询师，学校提供办公室，安排他们做兼职心理老师。但每个人的学科教学任务都很重，他们抽休息时间给学生们做个别辅导，根本没时间让心理课走进课堂。学校不把心理课安排进课表，兼职心理老师做得辛苦，学生受众面很小。

（二）环境造成留守儿童心理发展教育时机不佳

湘西经济条件落后，贫困生和留守儿童占了在校人数的74%。贫困生、留守儿童的家庭环境极具差异性，但总的表现形式就是贫困。经济上的贫困使家长为满足生存而无暇顾及子女教育。待解决生存物质条件后再回头顾及子女教育，往往错过子女教育的最佳时机。

留守儿童的心理缺陷，不是天生的，是后天的物质环境、心理环境以及人际关系环境等造成的。他们普遍缺失家庭教育，缺少父母的情感教育和心理关怀，长期没有倾诉和求助的对象，再加上社会关心不够，导致许多留守儿童存在人格发展不健全、学习成绩不理想、人际交往不正常等突出问题。

（三）各中小学校引导家长实施科学育儿方法不足

家长的心理素养严重影响孩子的心理健康。影响学生心理健康水平的主要家庭因素，隔代教育最突出，占异常率的39.92%。许多外出务工父母与子女的基本交流都没有，谈不上对子女的引导、教育与关心。留守儿童与父母长期分离，祖父母、外祖父母或是其他监护人取代了父母在家庭教育中的地位，监护人要么根本管不了调皮的留守儿童，要么害怕管多了受到孩子及其父母的埋怨。因此，隔代教育问题频发。其次是争吵型家庭，为15.02%。再次是单亲家庭，占13.44%。这些家庭中的孩子心理健康问题最容易被家长忽视。

调查中发现，某校高一女生小A，2017年10月某日中午欲翻越栏杆跳楼。被同学发现制止后，将她送到心理兼职教师刘老师办公室。交流后了解到，她的父母在她半岁时外出打工，一年只有春节才回家，平时很少与她联系。她8岁时喝农药自杀过，被奶奶发现送进医院挽救了生命。初三时觉得人生没有意义，多次割破手腕想自杀，因流血疼痛又自己包扎了。这次因为唯一的好朋友给她写了绝交信，她再次欲轻生。刘老师遵循保密例外原则及时与班主任、家长作了沟通。证实该生确实在初三时有过割腕的经历，但他们不知道她在8岁时自杀过，更不知道这次事情的原委。家长的不知情、不重视险些酿成又一次悲剧。

目前学校的家庭教育工作缺乏系统的家庭教育培训方法，微课等便捷有效的新型网络辅导有待研发。

三、心理健康教育开展情况

（一）州局推动全州中小学校心理健康教育工作深入发展

五年来，州教体局先后出台了《关于印发〈湘西自治州中小学心理健康教育工作实施方案〉的通知》《关于成立湘西自治州中小学心理健康教育专家指导委员会的通知》《关于实施2015—2017年全州中小学心理健康教育教师培训项目的通知》等文件通知，构建了中小学心理健康教育领导机构、专家团队和培训体系，建立了州、县、校心理健康教育管理体制、工作机制与服务体系，有力地推动了全州中小学校心理健康教育工作深入发展和全面普及。

（1）构建心理健康教育师资培训模式。引进了香港乐群慈善基金会湘西州中小学心理健康教师培训项目，采取分阶段集中面授与岗位实践、自学相结合的研修一体的培训方式进行。用三年时间，按照"分段规划、分层培训、分步推广"的工作原则，分普及培训、专业提高培训两个层次进行，轮训率达100%。教师综合素养得到发展，开展了省、州级50余个课题研究，共有200余篇研究论文先后获得省、州表彰奖励、刊物上发表多篇。

（2）培养一支专业化的心理健康教育辅导队伍。在龙山、永顺、吉首、泸溪等县市先后培训了教育行政管理人员、班主任、资助专干、教师等1000余人，其中，120余名学员通过考试获得国家三级心理咨询师资格证书。为湘西州培养了一批专业教师，学校在不增加编制的情况下，切实解决了心理健康教育师资匮乏问题。

（3）把培训对接家庭，为家长举办专题讲座、搭建网络平台，提供教育服务，尽量减少父母因缺位教育等因素带给留守儿童等孩子的心理伤害，最终实现阻断心理贫困代际传递的根本目标。

（4）同时，面向社会各界人士进行心理健康知识宣讲，在全州企事业单位，省内大中专院校学生，中小学、幼儿园教师，省培国培项目，广泛送教，举办"资助与感恩""幸福人生"等多场专题讲座，惠及几千名家长，对提高整个社会的心理素养，为心理教育在湘西普及营造了良好的社会氛围。

（二）湘西州民中引领州省乃至全国中小学心育工作创新发展

湘西州民族中学作为教育部认定并命名的首批全国中小学心理健康教育特色学校、湖南省中小学心理健康教育特色示范学校，追求卓越，不断创新，2011年将心理健康教育纳入学校五年发展规划，创建湘西州中小学校首个心理访谈室，2013年湖南省文明办以奖代拨建成湘西州未成年人心理辅导站（州民中心理辅导中心），现有专职心理教师2人。学校科学推进民族文化传承与心理健康教育特色融合；构建了经济、心理双重帮扶教育机制，助推大湘西精准扶贫；强化课堂主阵地，开发校本教材，制定课程标准，高一年级每周一课时开课；面向全州未成年人及监护人开放辅导中心；开展各级各类课题研究，以研促教、以研促育。经过多年实践，总结出学校带动家庭、社会全员参与的"351"心育模式及一系列心理疏导专业策略。近年来，将心理教育与生涯教育有机融合，打造5·25心理文化品牌，促进学生、家长、教师心理健康教育水平共同提高，加强区域内示范引领，不断提升州民中心理健康教育在全州、全省乃至全国的影响力。

（三）各中小学校开展心理健康教育工作面临许多困难

1. 心理咨询室建设有待完善

州民中虽然建有全州最高标准的心理辅导中心，但是五六年过去了，与省内师大附中等名校"心理辅导中心·生涯发展中心"的硬件建设相比较，设施设备老化亟待更新。心理教师长期超负荷工作，配备的专业教师远远不能满足工作需求。许多学校没有规范的心理辅导室，吉首市四中、雅溪中学计划筹建了三年，目前还没有建起来。更多的学校尚未将心理咨询室建设纳入工作计划，启动运转更是奢谈。

2. 师资队伍建设刻不容缓

吉首市八小建立了心理辅导室，却没有招聘心理老师，缺乏专职教师，辅导室成为摆设。吉首市一中专业心理教师因为无法解决职称晋级和待遇问题，去任教数学、考数学学科研究生。目前州直中小学学校没有建立心理教育名师工作室，专职教师面临寻求督导业内无人的情况。

3. 开展专项活动需要经费保障

举办5·25心理健康系列活动、心理健康调研走访、进行课题研究，尤其是创新性的全局性的大型活动经费匮乏。

4. 互联网科普宣传需要新信息技术支持

州民中开发微课对家长进行心理教育培训仅仅是一个开端，运用手机客户端等进行教育还有大量工作可做，面临许多信息技术问题。

四、三点建议

个人要发展，身心健康是第一要务。心理要健康，务必打赢强化、聚焦、催生三大攻坚战。

（一）强化督导，以评促建

教育行政部门构建专门机构，进一步完善心理健康教育工作机制。在课程设置中，作为必修课程落实心育，统一编订教材，从课堂、课本、教师三方面落实心理健康教育课堂教学。基教部门加强开课督查。教研部门针对心理健康教育和家庭教育开展教研教改，普及学校家庭教育和心理教育。教育督导部门强化专项督导，检查各校定期开展心理健康教育活动情况。

制定《湖南省中小学心理健康教育评价方案》，规范中小学心理健康教育示范校、家长示范性学校、示范性心理辅导中心等认定条件，省教育厅会同有关部门定期一年一评，每年抽查，以评促建。

（二）聚焦专业，建设队伍

专业性的工作需要专业化的队伍。建议加强制定《湖南省中小学心理健康教育师资培训方案》，不仅专兼职教师需要国培、省培等各种形式的轮训，更需要在每个地州市造就名师，大胆选派参加最高级别的学习培训，以便专业精进、区域引领。

落实专职教师编制、职称评定、名师工作室、班主任待遇等问题，进一步提高心理健康教师地位和待遇，激发工作积极性。同时，加强朋辈心理辅导员培训，鼓励更多人加入志愿者队伍。

（三）助推扶贫，催生合力

建议省教育厅加大对湘西心理健康教育发展的扶持力度。在专家送教到湘西各县市、农村学校，加强城乡中小学心理健康教育的交流与合作，心理辅导中心硬软件建设、经费投入等政策方面加大倾斜力度，以湘西贫困地区和农村地区发展为重点，助推教育扶贫，切实缩小西部区域之间中小学的发展差距，尽早实现湘西地区心理健康教育全覆盖和城乡均衡化发展。

政府统筹，把心理健康教育工作检查作为考核社区、学校的一个重要指标。紧跟时代，建立或优化社区、家庭、学校三位一体的心理健康教育自助平台、家庭婚姻培训网站、移动心理服务应用程序等，以政府购买服务等方式，承担社区家庭学校心理服务以及家庭教育培训等工作。传授科学方法，普及家庭教育，催生心理健康教育合力。

论家长在校园危机事件管控中的作用

在人们心目中，学校是象牙塔是文明的殿堂，是一片净土是人才培养的基地，学校围墙内的生活历来被认为是最安全的。但近年来，校园危机事件易发、频发。不仅威胁着师生安全，对学校形象和当地治安也产生着不利的影响。校园危机管理是现代教育管理的重要领域，是政府、社会、学校和家长必须要共同面对的一个课题。

一、校园危机的影响

所谓校园危机主要是指在未预警的情况下在校园突然爆发的事件，包括校园暴力、自杀事件、师生冲突、食物中毒、自然灾害，等等。总的来看，校园危机事件带来的影响主要有四个方面：一是会给师生的身体或心理健康带来一定影响，甚至危害到生命与财产安全；二是学校正常的教学秩序被打乱、校园财产受损失、影响学校的社会声誉；三是影响周边其他单位、人员；四是也可能会产生一些正面影响。

学校是人口高度密集的地方，中小学在校学生绝大多数是未成年人，普遍年龄小，自身防护能力差，掌握的求生知识较少，在遇有食物中毒、严重的群体斗殴事件、学生跳楼自杀、绑架人质、火灾、垮塌等突发性事件时，受到伤害的概率远较成年人大，事后惊恐害怕程度远比成年人深。

校园危机事件具有突发性和不可预知性，为学校带来可见及不可见的种种损害，往往将学校的处境推向一个难以控制的局面。对于突发的学校危机，一旦处理不当或不及时，会对学校的教学、工作、生活秩序都造成影响。轻者当事人到校园吵吵闹闹，影响学校日常工作；重者如教师体罚学生致伤、学生暴力致死等，可能会把一所学校的社会声誉彻底摧垮。

校园危机事件具有敏感性、扩散性和群体性，如果学校无法控制事态，则不仅可能严重危及师生生命财产安全，威胁学校的正常教学秩序，影响学校的形象和声誉，还可能引发其他社会危机。

学校危机也具有正面影响。突发危机，学校管理者预警意识加强；克服危机，解决问题的能力得到锻炼；借危机出现，一并解决其他潜在的问题等。所以如果能把握危机的发展，适当管理，对管理者的成长、学校的发展会起到一定的良性作用。

二、校园危机事件的管控

校园危机事件的防范与应对，事关政府、学校、家庭和个体，单方均无力完成，需要充分借助和发挥各方面的合力。

（一）防范与应对校园危机的一般做法

美国、英国和日本等国对紧急事态的管理方法，值得借鉴。美国自"9·11"事件后，布什总统提议设立国土安全部，并责令白宫国土安全办公室主持起草制定了国土安全国家战略，从组织结构及战略上改善和增强其原本就已比较严密的应变防御体系。跟国外发达国家相比，中国的危机管理相对落后。我国应急基础设施能力总体比较薄弱，各地差距也较大；城市灾害应急网络尚未形成，公共危机管理体系不健全；危机管理人才严重不足，缺乏系统的培训机制及机构。种种缺陷都制约了紧急事态的处置效率。我们应对面临的威胁、自身的应对能力和防御体制上存在的种种缺陷和不足做深入的研究和检讨，健全和完善我国突发灾害管理体制，增强我国的应急管理能力。

校园危机作为公共危机的一种，近年来，受到政府和学校领导的密切关注。学者们对校园危机及应对策略的研究也逐渐增多，美国学者Lerner等的《校园危机反应实战指南》被誉为"一套校园危机的综合反应计划"。另外，国外还专门建有一个堪称现代和专业的"校园危机反应网站"，前去访问的人很多，站内也提出了一些高校处置公共突发事件管理的技术和保障措施。国内开展对高校突发事件的研究是在20世纪末，起步比较晚，对于校园危机管理还缺乏经验，需要不断地总结和吸收外国先进的管理方法，才能真正把危机管理系统建立起来。

中小学校防范与应对校园危机的一般做法一是建立校园危机防范与应对机

制，成立防范与应对领导小组，建立校园危机防范与应对的各种制度、预案。二是层层签订安全责任状，上级与学校、学校与管理员、管理员与教师、教师与学生及家长等，用制度约束行为，规范行为，从行为规范上育人。三是根据时令和季节开展安全教育活动，用讲座等方式从思想上教育孩子们。很多学校的危机管理观念缺失、认识滞后；危机管理体制中缺乏统一协调机制，缺乏战略规划与科学的预警方案，多数是遇到危机事件发生再进行补救；很多学校的危机干预手段更多的是流于形式，危机干预方法针对性不强，效果不佳。

学校应依据国务院《国家突发公共事件总体应急预案》，在政府统一的领导和协调下，按照校园危机的特点，主动、积极地做好校园危机管控工作。有关政府和学校必须共同努力，建立一套适合各校的危机管理预案，加强对校园危机事件的管理。这个过程中存在许多难点，最难就难在"学生"方面。要提升学生危机方面的知识和意识，仅依靠行政力推动和教师说教是远远不够的，很多时候，家长的参与更重要。

（二）家长必须参与教育和校园危机事件管控

当前，开展家庭教育，充分发挥家长作用，是新时代党和国家的要求，是孩子自身发展的需求，是家长的责任所在。

2018年9月10日，国家主席习近平出席全国教育大会并发表重要讲话，他指出，办好教育事业，家庭、学校、政府、社会都有责任。家长要给孩子讲好"人生第一课"，帮助孩子扣好人生第一粒扣子。教育、妇联等部门要统筹协调社会资源支持服务家庭教育。全社会要担负起青少年成长成才的责任。各级党委和政府要为学校办学安全托底，解决学校后顾之忧，维护老师和学校应有的尊严，保护学生生命安全。

在我国，家庭教育是和学校教育、社会教育相并列的三大教育领域，但是，过去长期以来大家都比较关注学校教育，对家庭教育、社会教育的关注不太多。中国教育学会副会长周洪宇在2019年两会上提出"关于加快制定《家庭教育法》议案"。确实，对于孩子的成长而言，家庭教育的作用是潜移默化的，是最早的、最基础的，也是最重要的。家庭教育越早越好，家长亟须转变传统观念，要认识到家庭教育首先是家长的责任。因为孩子出生就在家庭里成长，6岁以前家长的作用最为基础，6岁以后才进入比较系统的学校，即使孩子6岁以后进了学校，上了高中，甚至读到了大学，家长的作用还是很重要。

家庭教育是不可或缺的教育环境，某种意义上比学校教育更重要。家庭是校园危机事件管控的重要阵地。家庭是人生的第一所学校，家长是孩子的第一任老师，苏联著名教育家苏霍姆林斯基强调："没有家庭教育的学校教育和没有学校教育的家庭教育，都不可能完成培养人这一极其细微而复杂的任务。"这就说明了家庭教育在孩子的成长过程中是不可缺少的。从人的一生教育过程看，家庭教育必然会成为人的终身教育的重要组成部分。在家庭教育中，父母所充当的角色以及承担的责任是其他教育者无可替代的。孩子生活在家庭中，父母的无意识教育培养了子女的危机意识、生存能力、生活技能，无数事实证明，家庭教育不到位，会抵消学校教育的效果，还会给孩子的终身发展造成难以逆转的影响。在校园危机事件管控过程中，家长应当成为孩子预防危机事件的知识结构和能力操作培养的第一责任人。

（三）运用"54321"模式，有效干预校园危机事件

"54321"指家长在预防校园危机事件时，第一，要尽可能早地帮助孩子识别校园暴力、自杀事件、师生冲突、食物中毒、自然灾害五类校园危机事件，也指帮助孩子明白，发生危机事件时处理流程的五环节，包括事件发生之后需要做哪些事情以及先做哪些事情、后做哪些事情，这些事情由谁来做，自己可以做什么等，使危机事件对孩子的危害降到最低。

第二，架构"政府保障、学校实施、家长配合、社会支持"四位一体的危机事件的科学管理体系，重视加强主管部门与学校、学校与社区、学校与家长、学校与学生四组主体关系间的风险沟通，寻求和培养风险管理合作群体；家长通过参与传授知识、培训技能、现场模拟、预案演练四种方式，培养检验提高孩子的紧急自救与互救能力。

第三，分预防性、治疗性和补救性三类进行危机干预。最成功的危机管理应该是在危机潜伏期预防和解决危机。危机事件发生了，无论如何追究责任，时光也不可能倒流，有些损失是永远无法挽回的。所以，预防是最重要的。学校、家庭的危机干预机制要普及预防性的危机干预，所谓凡事预则立，不预则废。对可能发生的突发事件进行预先控制和防范，以防止危机的发生，或者减轻危机发生的后果是最好的管理。

第四，基于学习和操作两个方面展开干预，教会家长家长才会教孩子。无论校园危机事件的识别，还是危机意识、危机事件处理方法的养成，以及生存

生活劳动学习的知识结构与能力操作培养，家长都要努力成为孩子的榜样，至少做到与孩子一起成长，共同提高自我防范意识和安全保护能力。

第五，一个目标导向。全面预防和尽量消除危机事件的影响，达成危机管理的目的。各级政府部门和学校的领导者对校园危机必须有清醒的认识，树立危机意识，时刻做好应付危机发生的准备。这样，才能在危机发生时，在极短的时间内作出决策并迅速采取行动，使损失降到最低限度。提高政府和学校保障公共安全和处置突发事件的能力，最大程度地预防和减少突发危机事件及其造成的损害，保障师生的生命安全和公共财产安全。

当前，中小学生作为互联网原住民，深受信息时代多元化价值观、匿名性、娱乐性、互动和虚拟性的影响，学生面临着家长们从未感受过的一系列心理危机。对家长而言，运用新媒体等手段与孩子沟通，使用信息技术缩小与孩子的代沟，便于理解和管控新生代遭遇到的新危机事件。网络安全监控系统也应成为政府、社区和学校家庭建立紧急危机应急系统，实现危机管理的日常化、常态化、长期化的必要途径。

家长树立科学的家庭教育理念，责无旁贷地成为校园危机事件管控的有生力量，通过有意识地经营家庭成员之间的关系，保持沟通，确认存在感，依照危机管理的制度和时代发展的要求，与孩子一同参加政府、社区、学校不定时举行的危机模拟训练和培训，共同加强危机管理意识，学会识别和处理危机等方法，形成符合自己家庭特色的校园危机管理策略，对孩子健康成长、家庭和谐美满、学校稳步发展和地区安定具有重要意义。

参考文献

[1] 董新良，王丽娜.危机管理理论与校园暴力危机防控 [J].中国行政管理，2007（4）.

[2] 石芳华.美国学校朋辈心理咨询述评 [J].上海教育科研，2007（8）.

[3] 钟慧笑，杨兴义，宋仕才.本期话题：校园危机，如何防范与应对 [J].中国民族教育，2017（6）.

[4] 石娟主编.校园危机行为案例手册 [M].北京：清华大学出版社，2017.

湖南省湘西州民族中学生涯规划教育情况调研报告

一、问题提出

高考既是国计，也是民生。2014年，国务院印发《关于深化考试招生制度改革的实施意见》以来，各项改革任务扎实推进，取得了积极成效。2017年，上海、浙江第一批高考综合改革试点平稳落地，北京、天津、山东、海南第二批改革试点顺利启动。2019年，湖南省作为第三批启动高考综合改革试点的8个省份之一，4月23日，湖南省人民政府印发了《湖南省高考综合改革实施方案》（以下称《实施方案》），明确2018级（2021届）考生将进行"3+1+2"高考模式，普通高校按照"两依据、一参考"模式进行录取。

高考改革是新时代国家选拔人才的需要，赋予了学生前所未有的选择权。这关系到千万个家庭的未来，关系到每个人实现梦想的能力。生涯规划教育是有目的、有计划、有组织地培养个体规划自我生涯的意识与技能的教育活动。帮助学生正确选择，成功追梦，需要学校开展科学系统的生涯规划教育，打开学生学习的新视角，明确选择科目和专业的新方向。

审视当下州民中生涯规划教育现状，抽样选取州民中学生、家长、教师进行问卷和访谈调查，以期将生涯教育落实到州民中每一位学生、家长、教师心间，为湘西州各高中学校对接高考综合改革开展有制度、有体系、有质量的生涯教育活动提供借鉴。

二、研究对象和方法

1. 调查对象

本次调查面向州民中高一高二学生，学生家长15名，教师15名，中层干部6名，校级领导2名。

2. 调查方法

问卷调查法、访谈法。调查问卷涉及客观题和主观题，客观题7道，主观题3道。访谈提纲为8道，均为开放题。对学校生涯教育现状展开了调查。

3. 施测过程

学生团体施测，发放州民中生涯教育现状问卷调查（学生版）。首先按男女各半，高一高二各半抽样测试30名。随后发放问卷1900份，其中高一1041份，高二859份，确保有效问卷回收率达100%，同时面向家长和教师分别投放州民中生涯教育现状问卷调查（家长版）、州民中生涯教育现状问卷调查（教师版）进行网络问卷调查，对中层以上干部做个别访谈。

4. 分析数据，统计整理

三、湘西州民中生涯规划教育现状

（一）问卷调查结果及分析

1. 共性部分的统计结果与分析

（1）学校是否有生涯教育指导老师或课程？

高二无论学生、老师还是家长100%选择是，而高一学生、老师100%选择是，家长仅有47.6%选择是。本次调研在期中考试之前，州民中家长学校集中宣传定于期中考试后的家长会，应加大高一年级生涯教育的日常宣传，加强学校与家长之间的沟通。

（2）在高考志愿填报时最需要考虑哪项因素？

在这一问题中，高一学生39.9%选择兴趣爱好，33.3%选择听从父母安排，19.9%选择成绩。高二学生53.2%选择兴趣爱好，13.3%选择听从父母安排，26.6%选择成绩。说明高二学生在选择时更重视从自我认知的角度出发，做较为理性的选择。高一学生的问题体现了学生既想遵从自己兴趣又习惯于父母安排的内心冲突。由于高二学生之前经过系统学习《高中生生涯规划导与学》州民中生涯规划校本课程，而高一刚接触《普通高中生涯规划指导》（首都师范大学出版）课程，且开学以来经过中秋、州庆、国庆放假冲课较多，还没有形成系统学习，这恰恰是需要给予科学指导和帮助的地方。

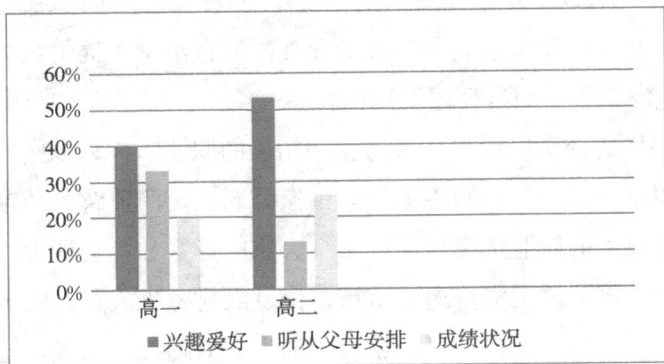

"在高考志愿填报时最需要考虑哪项因素"问题数据统计

（3）你是否需要生涯规划方面的指导与培训？

受测对象97%选择需要，3%选择不需要，说明生涯规划教育成为当下学生、教师和家长的迫切需要。

2. 个性部分的统计结果与分析

（1）我将来想从事的职业。高一3%的学生有明确的职业理想目标，21%的学生有职业目标，76%的学生职业目标模糊。高二18%的学生有明确的职业理想目标，27%有职业目标，55%职业目标模糊。无论高一高二职业目标模糊的都占绝大多数，这将直接影响到学生的未来发展。

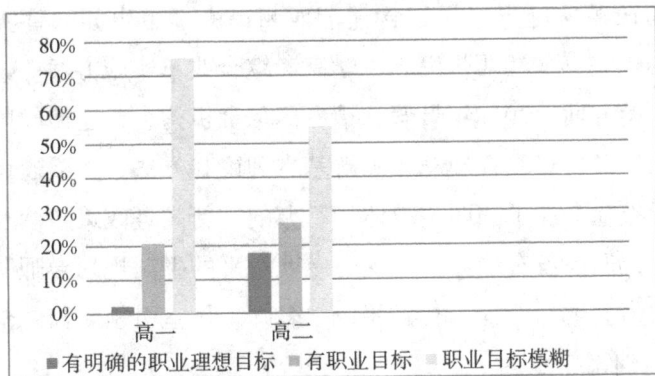

"我将来想从事的职业"数据统计

（2）日常教学中介绍学科相关职业的主要目的是什么？

14个科目不同学科教师的回答不尽一致。语文老师认为是了解社会需求，指导学生学习，音乐老师认为是为了告诉学生，学好知识，不歧视任何职业，365行每行都不可或缺。英语（兼职生涯教师）教师认为牵涉某一领域由该专业的老师来教学并介绍相关职业，具有专业性同时也给学生提供相关知识。学科教师成长为生涯指导师的过程还很漫长。

（3）如果您的孩子以后想从事与生物相关的职业，你从哪些方面对他进行帮助？不同职业背景的家长回答不同。国家公职人员职业背景的家长普遍关注高考改革，对孩子的职业选择指导限于个人家庭背景和社会评价、地位。作坊主等商业人士，更关注工资待遇。城市贫民及农村务工人员，表示无力指导，全靠孩子自己。个别家长提到要依据孩子的个人兴趣特长引导。这些都反映了高中学生家长在生涯规划教育方面的认知程度参差不齐，存有亟待提高指导能力的问题。

（二）个别访谈调研结果及分析

教科室主任彭群：2018年学校经过一年准备，为对接高考改革、适应新时代选才需要，成立生涯规划教育领导小组，加强组织领导。时任校长王斌任组长，郑英滨、张泽贤、向前东任副组长，成员为各科室、年级组负责人。下设工作小组，负责组织实施。副校长张泽贤、向前东任组长，教科室主任彭群、教务科科长刘永忠、学生科科长聂阳任副组长，成员为：年级主任、年级组、团委负责人，各班班主任，心理辅导中心专兼职教师。制定科学的指导规划和工作方案，把生涯规划教育纳入学校三年发展规划。2018年3月推出了《湘西州民中新高考改革实施方案》，含《湘西州民中学生生涯教育实施方案（试行）》，2019年完善《湘西州民族中学高考综合改革实施方案（试行）》。生涯教育队伍建设方面，2018年暑假，请专门培训机构，对全体教师做三天封闭式培训，贯彻生涯规划教育理念，了解基本理论和方法，完成通识培训。2019年暑假派骨干教师参加了湘西州教体局举办的"新高考政策解读及全面实施专题研修培训"，但还没有培养出一支有专业水平的生涯规划导师队伍。目前，学校由心理教师上生涯课程，有必要设立名师工作室引领学校、全州的心理健康·生涯教育工作。

教务科科长刘永忠：课堂是生涯规划教育的主渠道。编写校本教材《高中生生涯规划导与学》。2018年9月，在高一每周一课时实施课堂教学。2019年9月，新领导班子要求停止使用本校本教材，改用《普通高中生涯规划指导》（首都师范大学出版社）。当初的思考是分年级分梯次，以激发学科兴趣和职业体验为宗旨，内容涵盖人文素养、科技素养、国际视野、生命和道德、健美人生等多个领域，便于学生对多种学科和多种职业进行深度探索。目前课程全案设计、学科全面渗透、民族文化传承以及生涯规划和决策指导等都还做得很不够。由于需要进课表的课程很多，我们把心理健康和生涯教育融合在一起排课。本学期期中考试后心理健康·生涯教育课程进入走班教学，探索通识和提升教育结合的教学模式。

学生科科长聂阳：组织学生参加社会实践、5·25心理文化节、职场人士进校园等生涯规划主题教育活动已经常态化，但是实地参观用人单位、生涯拓展训练等形式尚未充分开展，生涯基地建设和使用目前空缺，原有心理辅导中心硬件严重老化也不完全适宜进行职业体验教育活动。过程性电子版记录，本学期将按计划组织学生填写。写实性记录，通过学校、家庭、社会整体化教育，引领学生规划人生，做好高中三个学年的生涯规划书等方面还有待加强。

四、结论与建议

湘西州民中生涯规划教育现状中存在的问题，与个体发展的年龄特点相关，与学校、家庭、社会环境密切相关。目前，学校缺乏专业师资、缺乏合适阵地，学校面临心理健康课正式进入课表，生涯教育课程如何有机安排等问题。无论学校、家庭还是社会，还不能完全做到为学生对接高考改革，科学决策予以全面指导。要打赢高考改革攻坚战，务必做好生涯教育的强化机构建设、完善课程体系、聚焦督导评建三个方面工作。

（一）强化机构建设，成立学生生涯发展指导中心

机构完善才能助推国家政策落地。关注并实施生涯教育是高考改革的时代需要，也是学校发展的必然趋势。成立学生生涯发展指导中心，促使心理健康·生涯教育在学校各部门得到有效重视。完善相关管理制度，启用专业队伍开展个体咨询、资讯传递、生涯自助、团体辅导等常规工作。设立外部联络处，积极建立与家庭、高校、社区、企事业单位的衔接，善用多种形式开展各类职业体验等生涯教育。同时，争取项目支持，改变生涯教育基地软硬件设施

设备现状。

（二）凸显民族特色，完善课程体系与实施方式

州民中把心理健康·生涯教育课程纳入了课表，定期举办面向学生、家长和教师的职业生涯规划讲座，在生涯规划意识及某些教育活动方面走在了全州的前列。但在课程建设方面，务必牢记民族的才最有生命力。我们应当加强与各学科的融合，丰富课程内容，打造有民族文化特色的生涯教育体系，打磨已有的《高中生生涯规划导与学》，增添本土文化的精髓，以激发学生的民族自豪感和自信心。同时，探索行政班进行通识教育，选课班进行专题教育的生涯课程实施方式，或者高一进行通识教育，高二进行专题教育的方式，以便更适用于即将到来的改革后的高考。建议在学校试点之后全州推广，切实促进学生、教师和学校的发展。

（三）聚焦督导职能，以评价促进建设

教育督导是教育行政管理中的重要一环。教育督导机构及其成员，犹如"教育钦差"，具有不可替代的监督职能，具有明确的指导、激励功能。教育督导部门应强化专项督导，检查各校定期开展心理健康·生涯教育活动情况。建议上级教育行政部门构建专门机构，进一步完善生涯规划教育工作机制。在课程设置中，作为必修课程予以落实，开发、完善校本教材，从课堂、课本、教师三方面落实生涯教育课堂教学。基教部门加强开课督查。教研部门针对生涯教育和家庭教育开展教研教改，普及学校家庭教育和生涯教育。师资培训部门，加强制定《湘西州中小学生涯规划教育（可为：心理健康·生涯教育）师资培训方案》，不仅专兼职教师需要国培、省培等各种形式的轮训，更需要在每个地州市造就名师，大胆选派参加最高级别的学习培训，以便专业精进、区域引领。

制定《湘西州中小学生涯教育（可为：心理健康·生涯教育）评价方案》，规范中小学心理健康·生涯教育示范校、家长示范性学校、示范性生涯教育基地等认定条件，州教体局会同有关部门定期一年一评，每年抽查，以评促建。

政府统筹，把心理健康·生涯教育工作检查作为考核社区、学校的一个重要指标。紧跟时代，建立或优化社区、家庭、学校三位一体的教育平台，以政府购买服务等方式，承担社区家庭学校心理服务以及家庭教育培训等工作。传授科学方法，普及家庭教育，形成家、校、社、政的教育合力。

五、未来世界的教育思考

苏格拉底说教育是"Education"，"E"是向外的意思，"duce"是引导，"tion"是名词，引导出来。教育就是把一个人的内心真正引导出来，帮助他成长成自己的样子。未来的世界将从信息时代向概念时代推进，专业、行业、职业都迅速变化，当世界五百强平均寿命只有40年的时候，教育者应意识到，拥有创造力是受教育者立足未来的利器。未来主人翁应该从教育中获得对未来的信心，拥有理性、感性的思考力，形成多于规划的生涯应变能力和创造力，成为一个向美、向善，能让自己幸福的人。怎样的教育内容和方式能达成这样的教育目标，值得每一个教育工作者深入思考。

《新时代学校心理健康教研运行机制研究》 研究报告

一、背景与界定

近年来，学生心理健康是国家和政府高度关注的社会热点问题。加强大中小学心理健康教育工作先后被写入国民经济和社会发展"十五""十一五""十二五"和"十三五"规划。先后出台了《中华人民共和国精神卫生法》《关于加强心理健康服务的指导意见》以及国家卫健委、中央政法委等国家10部委联合印发《关于印发全国社会心理服务体系建设试点工作方案的通知》（国卫疾控发〔2018〕44号）等法律法规政策。中共湖南省委办公厅、湖南省人民政府办公厅2020年6月15日印发了《关于加强新时代学生心理健康教育的意见》（湘办发〔2020〕12号）的文件，特别指出，要开展心理健康教育课题研究，建设大中小学一体化心理健康教育教研平台，培育、遴选、推广优秀教学模式教学案例，推动优质资源共建共享。

州委州政府高度重视湘西州民中的发展，拟成立湘西州民中教育集团。州民中是全国首批心理健康教育特色校，有责任引领湘西州心育发展，更有责任带领集团成员校一同开展教育教学教研工作。开展新时代学校心理健康教研运行机制研究，探索小学、初中、高中心理教育一贯制教育教学教研活动，是贯彻落实两办文件精神的具体体现，是落实立德树人的根本任务，促进学生身心健康全面发展的创新之举。

心理健康作为一门小学科，随着时代的发展越来越被各级政府和部门重视，但在相当一部分学校的教育教学教研实际活动中仍未得到足够关注。通过本课题研究，探索一套教研运行制度及操作实施方案，使心育教研制度融入学校制度文化中，帮助教师个人、教师群体在行动研究中得到专业成长，从而更好地开展学校心理健康教育工作，为学生身心健康成长保驾护航，具有现实的意义。

美国、日本、英国、法国等地区早就开展了中小学心理教育的研究，在中小学均设有专门的机构，还聘请一些心理专家、精神病学家、社会工作者共同进行研究与实践。20世纪80年代初期，我国心理健康教育事业开始与国际接轨，心理辅导与咨询和实践渐渐进入我国学校教育。近年来，我国中小学心理健康教育快速发展，但由于起步较晚，呈现出各地发展不充分不平衡的状况。国内外心理健康教育研究普遍重视教育活动和课程的开展，通过文献、必应等网站搜索，可供参考的研究依据主要为《基础教育课程改革纲要》等国家、省、市教育相关文件以及相关教育教学管理丛书和吴刚平、刘良华主编的《校本教研丛书》，刘良华主编的《校本教学研究》等书籍，教育集团心育教研运行机制研究较为鲜见。

本课题学校心理健康，指湘西州民族中学教育集团校组织、参与的一切心理健康教育工作。

二、目标与内容

（一）研究目标

通过学校心理健康教研运行机制研究，开展教研集体备课活动，组织教师参与活动、参与研讨、资源共享，探索高效管理制度，达到建设专业心理健康教育教师团队，提高心育活动实际效果，促进心育工作在中小学学校深入开展的目的。

（二）研究内容

（1）集团校心理健康教育教研运行机制研究。

（2）跨学校跨学段集团校教研工作制度研究。

（3）集团校心理健康教育教学研究。

（4）集团校心理健康教育活动研究。

三、过程与方法

本课题的研究过程包括前期准备、研究实施和总结推广三个阶段，经过1年实施，各个阶段的研究进程与具体研究内容和成果如下：

（1）前期准备阶段：2020年10月至12月，课题开题。

初步形成课题研究方案，明确课题研究的目的、方法、思路等，课题组成员分工，对课题设计方案进行修改和完善，完成课题开题报告。

（2）研究实施阶段：2021年3月至6月，建立健全配套的集团校教研制度，探索有效的心育教研运行机制。

通过电话调查和实地走访，了解到州民中、州溶江中学、雅思学校、谷韵民小的教研活动组织形式有心育教研组直接组织和综合学科教研组代为组织开展两种形式。但缺乏大中小学一体化心理健康教育教研平台，高校对中小学指导和中小学实践活动对高校理论的有效补充都较为缺乏，资源共建共享不够，培育、遴选、推广优秀教学模式、教学案例，途径不足。

因此，以制度形式强化明确各集团校教研职能。如集团校教研联组例会制度、教师考勤制度、学员学习制度、信息反馈制度、学员考核评比制度，并在教研活动中加以落实，确保教育教学教研活动顺利进行。

组织领导上，做到四个落实。

第一落实组织。健全组织机构，建立集团校教研联组，由州民中分管心理健康教育工作的副校长向前东从客观上调控、管理联组活动，使教研活动组织化、系统化、规范化。

第二落实组员，合理分工。

舒暖，教育心理学中学高级教师，课题具体负责人，主持课题的全面工作。

左田清，音乐教育中学一级教师，协助撰写课题实施方案、课题计划、总结，进行跨学校跨学段集体校教研工作制度研究。

向前东，分管副校长，中学地理高级教师，督促课题组保质保量按计划组织实施。

钱复荣，学生科科长，中学语文高级教师，协助课题组保质保量按计划组织实施。

彭群，督导室主任，中学历史高级教师，负责集团校教研流程管理，对心育教科研进行督导。

周立林，心理健康教育中学一级教师，进行集团校心理健康教育教学研究。

张欢，心理健康教育中学五级教师，协助集团校心理健康教育教学研究。

肖倩，心理健康教育中学五级教师，协助集团校心理健康教育教学研究。

谭捷，小学语文高级教师，进行集团校心理健康教育活动研究。

戚丹，小学英语中级教师，协助进行集团校心理健康教育活动研究。

彭琴，小学数学中级教师，协助进行集团校心理健康教育活动研究。

同时，聘请吉首大学孟娟教授等有关专家做课题顾问，确保研究的专业性。

第三落实内容。根据课题的研究内容按照三个阶段安排教研、教学内容，有计划，有序列地科学推进制度研究、集体备课和活动设计与组织。借助国家教育资源网络公共服务平台，以其中部分教学实录为例，并结合其教学设计，为本研究提供课堂实践依据。

第四落实时间和方式。采取线下集中上课、听评课，线上修订教学设计、分主题分享课件、微课等方式。依托集团校各校教育教学活动，集中开展教研活动，秋季两周一次，春季4、5月每周集中1次。

实践中发现问题、修订方案，再实施新方案。合力做好"268"和"351"工作。"2"指心理健康教育与传统民族文化和德育的深度融合；"6"指六个主题，即防性侵、防欺凌、防自杀、防溺水、防黄赌毒、防未成年人进网吧；"8"指八项教育，深入开展生命教育、心理健康教育、传统文化教育、理想信念教育、法制教育、安全教育、文明礼仪教育、生涯规划教育等。"351"指从家、校、社三个方面各开展五个一工作，形成5个家庭教育主题，打磨5堂学校心育精品课，组织参与5次有社会影响力的活动。创新湘西州民族中学集团校心理健康教育教研活动方法，形成线上线下同频共振的教育教学教研新局面。

（3）总结推广阶段：2021年12月，课题结题。

科学安排，凸显特色。线上推文数十万字，活动惠及湘西州学生及家长数万名，撰写了数篇有社会影响力的通讯报道。在新湖南、教育新闻网等多家媒体，多次宣传报道重大活动。其中，2021年湘西州5·25心理健康节活动由湘西州教体局主办，州民中、州溶江中学承办，州民中充分发挥国家、湖南省心理健康特色校的示范引领作用，拟定《湘西自治州教育和体育局关于开展2021年湘西州中小学"心理健康月"活动的通知》，培训教师，组织活动。活动得到社会各界高度重视，湘西州关工委、州妇联、州检察院未成年人办公室、团州委、8县市教体局等多部门参与，学生、家长、心理教师广泛参加。州县校三级联动、中小学牵手高校、线上线下同步进行，得到媒体深度宣传，红网时刻刊登舒暖的通讯报道：湘西州开展"中小学党建+心理健康教育+家校共育"活动，点击浏览量达2.4万。

四、结论与对策

结论一：中小学校开展跨学段教研活动，是建设大中小学一体化心理健康教育教研平台的前提条件。

常规教研组活动的主体是主持活动的教研组长或者上研究课的教师，其他教师相对比较被动，参与性不高，效果不佳。跨学段跨学校组建教研联组，开展教研活动，是教研组运行的创新机制，促使教研组建设有新的突破。小学学段教师掌控课堂的能力与高中学段教师重理论拓展有机结合起来，使得教研联组备课精彩纷呈。

结论二："268"和"351"是心理教育一贯制教育教学教研活动的新路径。州民中教研联组形成了线上线下结合施教的模式，心育与民族文化传承和德育的深度融合，成为突出的特色。2021年"5·25"联组承办州教体局心理文化节系列活动，曼陀罗画展，家长"理解、沟通、支持"团体辅导，女生防性侵教育，为泸溪、花垣心理教师送教，都做到了专家指导、教师打磨。提升了学校师生的心理素质和心理调适能力，营造了形式多样、健康向上、格调高雅的校园文化氛围，还通过校园教学开放日，学生心理作品展、父母寄语等，为家长了解孩子、孩子理解家长搭建了交流的平台、沟通的桥梁。家长学校开设的校长论坛，职场人士进校园、家校对口交流等，展示了学校的教育教学管理和服务水平及学生的精神风貌。

五、成果与影响

（一）课题研究理论成果

1. 论文《论新时代学校心理健康教研活动的运行》。

2. 案例"五月花开爱在湘西"获湖南省教育厅二等奖。

（二）课题研究应用成果

1. 线下课程开发

（1）课程开发设计（2020—2021年）。

（2）自编《家长学校读本3》（2020年在州民中家长学校使用）。

2. 线上推文、微课汇编

略。

3. 社会反响

（1）湘西州中小学心理健康月活动。

（2）湘西州文明办、州教体局、湖南宋祖英助学基金会表彰文件。

（3）主要宣传报道。

六、改进与完善

建议后续研究者，根据本地区和本校实际情况，开展差异性研究。

参考文献

[1] 石芳华.美国学校朋辈心理咨询述评［J］.上海教育科研，2007（8）.

[2] 刘静.高考改革背景下高中生涯规划教育的重新审视［J］.教育发展研究，2015（10）.

春风化雨润万物　成风化人育心魂

　　湘西州民族中学，在教育教学教研工作中，全方位渗透心理健康教育。中共湖南省委办公厅、湖南省人民政府办公厅印发《关于加强新时代学生心理健康教育的意见》（湘办发〔2020〕12号），对心理教育和服务提出了全新要求。学校立足新起点，紧跟新时代，充分发挥国家心理健康教育特色校的示范引领作用，创新工作方式，积极推进心育区域性发展，形成家校社政教育合力，带动湘西州各中小学校一同落实心育举措，构筑成风化人的心育环境，在心理帮扶助力乡村振兴等方面取得显著成效，现总结如下：

一、立足新起点，不断收获"心"成绩

　　学校高度重视学生心理健康教育，在全州中小学中率先做到了"五有"，即有机构、有师资、有场地、有课堂、有经费。2011年，建立工作机构，成立由学校党委委员任组长，专职教师任副组长，班主任及科任教师为成员的学校心理健康教育工作小组。设置心理教师岗位，创建全州中小学首个心理访谈室。2013年，在湖南省、州文明办，省教育厅州教育局以及湘西州人民政府等上级部门的关怀下，建成湖南省湘西州未成年人心理辅导站——"心灵驿站"。2014年，心理健康课程走进课堂。2015年，提出"351"心育模式及一系列心理疏导专业策略。在学校、家庭、社会三方面开展五个一活动，党员干部带头与贫困生、宏志生、慈爱生一一结对，予以经济、心理共同帮扶，物质、精神双重资助，这成为湘西州学生资助工作乃至州委州政府扶贫工作的一面旗帜。

　　因为成绩突出。2015年2月被中央精神文明建设指导委员会授予"全国未成年人思想道德建设工作先进单位"，3月获得2014届湖南省文明单位称号。

同年，先后被认定并命名为全国首批中小学心理健康教育特色学校和湖南省心理健康教育特色示范学校。值此，标志着州民中的心理健康教育水平迈入了全国先进行列。高考综合改革以来，深入开展心理健康·生涯教育的实践活动和教育教研，引领湘西中小学心理教育在科学化、专业化、规范化方面不断发展。2020年，出色完成湘西州"一师一优课"心理健康教育课程评优工作。组织心育骨干、班主任和德育骨干共57名教师参加2020教育部"三类"网络研修示范班培训，全部参训合格。新冠肺炎疫情期间，率领"心抗疫·新康愈"心援团队39名志愿者，线上坚守56天，为全州中小学生和家长们提供免费心理服务逾5万人次，得到州教体局、州文明办和湖南宋祖英助学基金会三家联合通报表扬。"青春由磨砺而出彩"案例参评获省二等奖，学校获评"全国文明校园"。

二、构建新平台，辐射带动"心"局面

疫情原因，线下教学受阻。学校勇于担当，在校党委委员、分管副校长向前东亲自部署下，成立线上湘西州未成年人心理辅导中心，为全州各校搭建经验共享平台。成立州民中教育集团联校心育生涯教研组，构建线上线下同频共振的心理健康教育工作模式。组织州民中、州溶江中学、谷韵民族小学9名心育教师，每两周周四上午开展线下或者线上教研活动。进行了参加湖南省高中心理教师专业技能大赛学校初赛磨课活动，组织参加了湘西州未成年人心理辅导站志愿者团队首次线下专业研讨会。在常规教学、心理测评以及学生档案管理中，尝试普及对分课堂，开发线上教育资源，加强科学分析和无纸化管理等方面做了初步探讨。进校下县具体指导"5·25"、"10·10"开展专项活动，指导州溶江中学开展首届心理文化节、周立林青蓝工程汇报活动等，活动圆满成功。2021年5月全州心理健康月活动，为各个学校拟定供选活动主题。

2020年湖南省教育厅下发《关于深入开展湖南省中小学心理健康教育特色学校建设暨第四批特色学校创建的通知》，州教体局接到通知的第一时间，局党组书记、局长田勇就签批指示，推广州民中经验，加强心理健康教育，争取立项。受州局基教科委托，州民中心理健康专职教师舒暖建立迎评工作群，通过网络平台、现场分析等方式，指导各校凝练特色、查漏补缺。在州局高度重视和各校充分准备下，州溶江中学等5所学校受到省教育厅确认表彰，继州民中

成为首批湖南省中小学心理健康教育特色学校及示范校以来，湘西州中小学共有9所学校获此殊荣，极大地推动了湘西州心理健康教育区域发展。

三、开拓新格局，合力塑造"心"环境

多年实践，州民中整合多方资源，合力构筑育"心"环境，形成了课堂教学、辅导服务、教育预防、科学研究、宣传推广"五位一体"的心理健康教育工作新格局。学校在学科融合、课程开发、主题活动的组织、个体与团体辅导、心理危机预防与干预、品牌特色建设等方面齐头并进；倡导人人都是心育工作者，加强心理辅导教师、全体教师、班主任、学生心理委员队伍建设，加强家长教育指导能力的培养；开展课题研究，总结经验，打造科研支撑；营造温馨校园育心环境，浸润学生心灵，广泛参与社会心育活动，注重全民健心。

1. 课堂教学

完善课程，编制《高中生生涯教育导与学》、心理生涯活动课程进课表，强调学科融合，认真完成每学年教学任务，学生评教优秀，反响良好。广泛送教，全力打造师资队伍。多次参加吉首大学教育部国培送教，湘西州、七县一市的国培、专项培训以及全州中小学心理健康专兼职教师培训等送培工作，为"全国优秀儿童之家"永顺首车小学以及州民中家长学校、湘西州消防、保靖县民政局儿童督导员、儿童主任业务培训等送教，为教师、家长学校兼职教师以及企事业单位工作人员等群体，提供线上线下专题讲座百余场，培训人次逾万。

2. 辅导服务

贯彻新理念，构建"以政府为主导，以学校为主体，以专家为引领，以家庭亲子教养为支持"的心理健康服务体系。拟定《湘西州关于加强新时代学生心理健康教育的意见》供湘西州州委、州政府决策参考，回复州政协提案，提交州委州政府、州教体局"湘西州开学季学生心理教育实施情况"等多份调研报告。严格执行心理危机干预制度，聘请吉首大学心理学教授孟娟做督导。开放心理辅导中心以来，共开展州内各校学生个别咨询1980余人次，家长560余人次，教师280余人次。每年两次朋辈心理辅导员团体辅导。参加心理帮扶进社区活动，联合走访困境儿童、留守儿童，送教外地学校等，惠及学生逾千。

3. 教育预防

开发新形式，面向学生、家长、教师开展教育活动。运用问卷心理调查，

做心理健康普查，压力评估测评。运用"互联网+"开展线上线下教育活动，微信推出名师大咖网络录播课，创制州民中家长学校微视课堂。线下组织学生填写生涯规划书，连续主办七届州民中5·25心理文化节，每年设置不同主题。主持家长学校工作，组织州民中第一、二、三届家长委员会成立大会，聘请100名家长学校兼职教师，组建了一支以乾州派出所干警罗婴等党员为主的家庭教育指导队伍。编制家长学校校本教材，形成家校和育、师生共谐的人文心育环境。

4. 科学研究

设置心理健康·生涯教育教研组。舒暖与左田清、周林立完成青蓝工程结对，担任吉首大学教育硕士徐海燕校外指导教师。固定时间开展专题备课、听评课活动，完成教科室月工作汇报，学校考核等级多次为优秀。提交参与各级各类心育课题设计及相关资料，课题结题10项，优秀3项。

5. 宣传推广

及时总结学校心理辅导中心推动引领湘西州中小学深入开展心理健康、职业生涯教育所做的工作，全民健心网、湘西红网、州教体局官网、州民中校园网、学校公众号等媒体刊发《加强学校心理健康教育，州教体局履职结硕果》等新闻文稿多篇。《用心抗疫》等文在新湖南刊发，《延迟开学，如何缓解焦虑情绪》《2020高考生如何调整焦虑情绪》等文在校园网刊发。

专职教师舒暖，在宣传视频《幸而有你，岁月静好》中，反映了心育在疫情期间的线上教学和复课后的课堂教学，学习强国广泛宣传。全州安全教育宣传片中，阐述校园欺凌的原因、危害和预防等，湘西电视台推广播出。此外，完成《我国中小学心理健康教育发展特色》书稿州民中资料的编写和初审，2017年由开明出版社出版。参加编写、审编的教师用书《生涯发展指导课堂实录（高中版）》，及学生用书《生涯发展指导学案（高中版）》，经民主与建设出版社出版发行。网络共享该资源包，为湖南省一线教师提供了一批"示范课""样板课"，为高中生涯教学提供了具体可行、有指导意义的教学资源与方法。编写州民中校本教材《高中生生涯规划导与学》，完成州民中学生生涯教育实施方案（修订稿）。撰写多篇文稿，其中《连片开发地区高中家庭经济困难学生心理救助研究》《湖南省湘西州中小学心理健康情况调研报告》《家长在校园危机事件管控中的作用》等分别在《中小学心理健康教育》2017年第

15期、2019年第10期、2019年第17期刊发。在湖南省心理健康教育学术年会暨全民健心研讨会等学术研讨会上，多次做评委、经验交流、会议点评。宣传推广辐射全州、全省乃至全国。

新时代新要求新起点，学校党委将在州委州政府、州教体局等各级党组织的领导下，充分发挥先锋模范作用，引领学校心理健康教育工作，打造湘西州中小学心理教育的心育名片，架起一座湘西州中小学心理健康教育的桥梁，不断提升学校心理健康教育在全国的影响力，促进中小学心理健康教育水平共同提高。

第二辑
温暖的心理帮扶

社会发展，时代进步，每个人都面临各种危机带来的新挑战，身心健康发展是新时期对人才培养的要求。自从州民中引进心理学教师，我成为湘西州中小学第一位心理健康专职教师以来，开展了特色鲜明的心理健康教育、教学、教研活动。创设湘西州首个中小学心理访谈室，以宏志班为试点开展励志教育、心理教育和感恩教育，并推广至全校学生、全州未成年人及其监护人，惠及湘西乃至全省企事业单位有需求的人。温暖的守护，帮扶慈爱生等广大受助者成为精神丰盈、心灵澄明，普通而幸福的人。2015年学校被教育部认定并命名为全国中小学心理健康教育特色学校，2016年被湖南省教育厅评为省心育特色示范校，在全州、全省充分发挥了示范引领和辐射作用。

启智润心

——心理维护小贴士

一、抗击疫情的心理维护小贴士

当前，新型冠状病毒感染的肺炎疫情防控工作正在全国有条不紊地进行，然而报刊、微博、微信等实时更新的疫情动态难免让人感到紧张。在等待开学的日子，保持身心健康显得尤为重要。为此，心理老师整理了一份抗击疫情的心理维护小贴士，供家长参考。

（一）营造良好的学习环境和氛围

居家学习，首先需要良好的学习环境和氛围。我们可以模拟在校上课的样子，让孩子收拾一个专门学习的空间。摒除一切干扰学习的因素，如课外书、电子产品、零食等。

同时，家长要注意降低电视、手机和讲话的音量，给孩子提供一个安静的环境。在孩子学习的时候，做好电脑办公、看书阅读等带头表率作用，营造良好学习氛围。

（二）制定合理的作息时间表和学习计划

模拟完在校上课的环境和氛围后，家长需要帮助孩子恢复在校上课的状态。

每到假期，很多孩子晚上熬夜早上赖床，作息时间全被打乱。这种放飞自我的状态，在家上课绝对不允许，家长要引导孩子参照学校作息时间来制定在家学习作息表，并监督执行。

其次，家长可以让孩子结合寒假和下学期的课程，制定合理的学习目标和计划，具体落实到每天早读时间、预习时间、上课时间、做作业和复习时间等。当孩子完成了阶段性目标，家长应给予适当的奖励作为鼓励。

（三）坚持科学高效的学习方法

相比线下上课，孩子在线上学习的时候更应该做好课前预习工作。每次上课前，根据课程大纲和老师提前发下来的资料，将不懂的知识点重点标注并在线上课堂上着重听讲，仍然不懂可以在课后请教老师、同学，力求吃透每个知识点。

做好课堂笔记。勤动手，记笔记，有助于孩子大脑梳理老师讲过的知识点，搭建适合自己的知识架构，课后复习也能起到巩固知识点的作用。

及时完成课后作业。孩子参加在线课程后经常表示自己听懂了。确实，孩子跟着老师的思路听懂了，但未必吃透了知识点。所以在完成课后作业时，会错漏百出。及时完成课后作业是检验孩子们知识内化的有效方法，在实践中多加应用听懂了的知识点，才能充分转化为自己的知识。遇到做错的、不懂的，整理后再跟老师、同学沟通，及时消灭知识漏洞。

（四）保持情绪稳定，不要过度紧张

在心理调适方面，家长应自己先保持情绪的稳定，在注重家庭疫情防控的同时，不要过度焦虑和紧张，营造安全、和谐的家庭氛围，保护孩子避免受到过多负面信息和情绪的干扰。

根据孩子的年龄段和认知特点，告知简单、清晰、必要的信息，引导提高孩子对信息的判断能力，避免受谣言误导，树立一定会战胜疫情的信心。

（五）合理安排娱乐和居家锻炼

除了保持正常的作息和学习安排外，每天可以安排出一家人一起看电视、玩游戏、聊天等娱乐时间以及探索合适的居家锻炼方式，如广播体操、瑜伽、太极拳等，坚持合理的娱乐和锻炼。

以上五条心理健康维护锦囊，助你掌控自己的生活、建立积极的亲子关系。抗疫期间，湘西州民族中学心理援助随时等待着给您支持，请记得及时加入我们的线上辅导群，这里是您和心理老师倾诉的秘密空间。

请大家切记：学校是同学们的坚实后盾，时刻关注着每一个人的动态，并全力帮助每一个有需要的民中人。民中校园是一方成长的沃土，也是同学们的心灵港湾。期待着与平安、健康的你们重聚。

二、高考前减压活动辅导

尊敬的各位领导、各位老师、同学们，大家下午好！

高考，号角已吹响，征帆已高扬，十年磨一剑，六月显锋芒！再过四天牵动人心的时刻就到了，俗话说"临阵磨枪不快也光"，在剩下的几天时间里，复习切不可放松。但是，心理学教授又曾说"高考是四分考实力，六分考心理"。我们在不放松学习的同时，更重要的是以良好的心态迎考，能否把掌握的知识临场充分发挥出来，对于高考成功与否意义重大。考前的心理调节是我们教师、家长和同学们的共同关注！我作为学校心理辅导中心专职教师，很荣幸有机会与大家分享高考前的心理调适方法。

首先，同学们需要保持平常心、细心和信心。以平常心对待高考，一是指无须改变任何生活习惯或学习方式。无论复习功课、文体活动、休息与睡眠都不要破坏平时的习惯。二是考前增强生理节奏感与心理节奏感，根据高考上午开始时间与下午开始时间复习功课，调整好生物钟，使自己的兴奋点和高考考试时间同步。三是对于考试结果不必多想，尽力就好。每位同学掌握知识的程度不同，高考的目标就不一样，能够达到自己能力所及的目标就是高考成功。我在这儿强调平常心，下面我们一起玩一个最平常的游戏："宝贝蛋"的游戏（规则、玩法、游戏结束所有同学回到原来位置坐好）以平常心对待高考，由重视结果转为重视过程。大学只是人生中的一个阶段并不是全部，尽力充分发挥自己的水平就是胜利。把高考看成一种挑战、一次锻炼、一个机会，会激发平和、积极的状态。有的同学这两天感到紧张与担心，这是在所难免的，这时的适度焦虑有助于发掘你的智力潜能。通过跟家长或者同学交流谈心、跑跑步、做做操等适当运动以及听听音乐，都有助于缓解压力，保持考前的平和心态。

关于细心。备考要细心，考前考后要自己检查准考证以及文具，铅笔一定要买正牌2B。考前认真熟悉考试环境，熟悉自己的考室和座位。做题要细心。做题前先填考号、姓名，将试题浏览一遍，做到心中有数。

特别需要强调的是信心。做一个对高考有信心的人，从现在开始不再做难题、新题，以免打击自己的自信心。每天早晨起床后，大声地、肯定地对自己说"我能行！我真棒！"，每天抬头挺胸快步走，这都有助于增强信心。放松也有助于增强信心，出门前对镜微笑，说"钱"，假笑可以带动真笑；在临发卷和考场躯体紧张时，可以做深呼吸，反复6次。考试中对自己进行正向暗示，说"放松"不说"不要紧张"。说"我会考好的"不说"万一考不好"。

除了保持平常心，强化自信心，用细心做保证之外，考前还应吃好、睡好，有效复习，不烦恼。

1. 注意饮食卫生，防止胃肠疾病

高考前这三天，合理地调剂好每日营养，吃些清淡且熟悉的食品，不要盲目吃补品或者以前不习惯的东西，此外，应特别注意饮食卫生。

2. 调整睡眠，保证充分休息

考前这三天里，要充分休息好，从现在开始不要再"开夜车"，根据自己的情况把晚间睡眠调整到十一点。

3. 科学有效复习

在早晨起床后半小时及晚上睡觉前半小时复习最关键、最重要的内容。最后几天切忌过度放松，避免"光看不练"。

4. 愉快乐观，不烦恼

要学会关紧"昨天"和"明天"这两扇门，过好每一个"今天"，不对昨天耿耿于怀，也不为将来忧心忡忡。

当我们站在高考前，会以为生活是一堵高墙。是啊，高考是我们十八岁成年后即将迈出的第一步，它是知识与能力的较量，它是心理素质的比拼，高考虽然不是我们人生的全部但它确实是人生中最重要的事件之一。但是，同学们，高考的分数决定不了你未来的一切。高考的结果，取决于你对待高考是否积极拼搏、是否竭尽全力的态度！在未来的岁月里，你面对挑战时的信心和斗志，才是真正决定你命运的力量。一个志存高远并坚韧不拔的人，即便被命运碾成泥土，也会把自己塑成高高的雕像。高考的成功让你青春飞扬，高考的失利让你接受人生历练，不论结果如何，天地恒然，日月如常。而你，将收获从容淡定、宠辱不惊的心，你将拥有战胜人生一切困难的智慧和勇气。

剑出鞘、弓已张，在冲锋的旅途上，高考，将翻开生命中崭新的一页，民中，将见证我们奋斗十年经过青春加冕礼后的辉煌。崇高的理想，不懈地奋斗，坚定地成长，生命必然给予你丰厚的回报，它将凝聚成灿烂的阳光，把你的人生历程照亮。让我们举起手来，为生命喝彩，为青春鼓掌！祝大家高考成功！人生豪迈！

三、把握情绪关键点助你从容应考

临近高考，因心理问题前来咨询的来访者明显增多。有些同学对家长、对同学的态度分外敏感导致交往冲突，有些同学感到紧张焦虑甚至因此失眠，也有些同学认为学习上很难再有突破，就放松了下来，还有些同学明白高考是人生发展的重要节点，担心高考失利会影响一生。以上种种倾诉，都属于情绪管理不当导致的行为表现。高考确实是人生成长中的重要一步，今天是高考倒计时第四天，把握好调节情绪的五个关键点，可以助你从容应考，充分发挥自己的水平，让你青春飞扬，收获人生的历练。

（一）正确认识考前焦虑

心理学家认为焦虑是由紧张、不安、忧虑、担心、恐惧等感受交织而成的复杂情绪状态。面对考试，紧张、焦虑是正常的心理反应。高中生普遍存在考试焦虑的现象。叶克斯-多德森定律告诉我们，考试焦虑不一定不利于学习，适度的焦虑水平有助于取得较好学业成绩。理想的成绩和焦虑度、试卷难易程度相关。面对高难度试题需要低焦虑水平，也就是说这时放松才容易考出好成绩。面对低难度试题需要高焦虑水平，也就是说此时全神贯注才容易考出好成绩。面对中等难度试题，考生尤其要淡定，保持适度的焦虑水平，最有利于考出好成绩。

（二）营造良好家庭氛围

面对高考，很多学生对家长的唠叨不胜其烦。一位学生倾诉道："模拟考没考出理想成绩，爸爸妈妈当天晚上就嘱咐我最后几天一定要用心学习，要是考不上好院校，以后的事业发展，人生道路就会不一样之类的，弄得我现在压力特别大。"家长对考试结果看得过重，遇到孩子成绩波动有时表现得比学生还焦虑。使得考生往往感觉，自己要是不考出好成绩就愧对家长。如果，我们没有办法改变父母多年来养成的事无巨细包揽或者细细碎碎念叨的习惯，就只能换位思考，理解包容父母，不抱怨不气恼，以自己的平静情绪感染父母，营造一种欢快、轻松的家庭环境，便于自己朝向合理的高考目标努力。

（三）妥善处理情感奇遇

个别咨询中，一位同学谈到了他的情感烦恼。不久前，他刚刚被一位品学兼优的学妹表白。接不接受这份情感成了困扰他的最甜蜜的苦恼，不接受吧，学妹是自己钦慕已久的对象，此时拒绝可能终身遗憾，尤其是自己遏制不住下晚自习就想和她在一起聊天、散步的渴望。只有几天就要高考了，接受吧，老师和家长的反对一定会遭到自己的对抗，势必会影响自己的迎考状态。经过持续备考，高三学子几乎全身心投入紧张的学习中，每个人的神经都紧绷着，大家脾气都特别大，行走在路上不小心的磕碰，都会引发不愉快。大家也都很忙，遇到烦心事也没有朋友可以倾诉，此时就特别容易陷进恋情之中。这就需要我们有意识地转移注意力，选择运动、淋浴、睡觉、唱歌等一种适宜的方式去宣泄情绪。同时，运用延迟满足来处理情感需要，可以为自己定一个时间节点，比如高考后再做决定。既不要压抑情绪伤了自己，也要避免因为自己的情绪化行为而伤及关爱自己的父母师长，这样，很多不必要的麻烦便迎刃而解。

（四）学习放松体会语言的魔力

保持微笑和深呼吸都有助于放松，迅速放松最简便的方法是出门时对镜微笑。缓解焦虑的重要方法是自主放松，但不是指过于松散的状态。考前几天，学生做最后的冲刺复习，切忌认为难有更多突破而过于放松。考生可以适当地调节自己的生物钟，在考试的时间段里，9:00—11:30看语文或者综合，15:00—17:00集中看数学和英语，保持思维的活跃程度和高考时间同步，便于高考时迅速进入状态。

紧张时对自己说"放松"，不说"不要紧张"。因为每个人在潜意识里往往会听不到"不""别"，所以如果你对自己说"不要紧张"，那么你的大脑就只接收到了"要紧张"的指令，反而会紧张起来。正面语言对人的正向引导作用非常大，请说"我会考好的""我的情绪和状态很好""我能成功！"，对自己进行正向的语言暗示。

（五）带着成功的体验应考

发挥潜能考出好成绩是每个考生的愿望，我们可以将自己想象成理想中的模式，经常想象达成目标的愉快感受。也可以仔细回顾自己最满意的一次考试，体会考前的情绪状态，带着这种感觉步入高考考场，成功的体验可能引起个体的自我超越。

寒窗十载，莘莘学子迎战高考；一朝亮剑，老师、家长齐助蟾宫折桂。祝愿大家怀揣梦想，向幸福出发，走向成功！

点亮心灯

——心理助孤在行动

　　湘西州慈爱园位于吉首市乾州街道兴隆社区大坡公园南侧，是经州委州政府批准、州市共建的儿童福利机构，是湘西州有史以来第一所承担湘西州孤儿集中供养、心理辅导、初中等教育、素质拓展、社会实践、就业指导等工作任务的慈爱园。2015年8月27日，慈爱园开园，首批慈爱生从全州散居孤儿中筛选102名入住。2017年，湘西州民政局、州慈善总会、州教体局依托湖南省慈善总会"衣恋阳光班"项目，在州民族中学开设了高中学段"慈爱阳光班"，每年招收40名全州8县市的孤儿、低保户、建档立卡贫困户学生。开班来，共有167人在州民中就读，已毕业的82人中有37名考取本科院校。首届慈爱班参加2020年高考，其中，一本上线12人，二本上线5人，三本上线5人，高职单招7人，高职专科上线17人，96%的孤儿有了上大学的机会，有了改变人生的机会。

　　据调查，在我国存在一定心理困惑及轻度心理障碍的青少年比例高达25%—30%。青少年的心理健康关系到整个社会的稳定和未来，不容轻视。而慈爱园的孤儿们因为失去双亲的关爱，存在更大的心理隐患，他们的心理成长更加需要政府和社会的关心和重视。为了孩子们都拥有更好的未来，从首届"慈爱阳光班"开始，为州民中慈爱生建立心理档案，开展心理健康帮扶与跟踪研究，同时送教慈爱园，为慈爱生点亮心灯。孩子们接受社会帮助、接受心理帮扶、感恩教育等，通过努力，提高心理素养，成长为对社会有用的人。

一、心理活动课程很暖人

　　2017年4月22日，湘西州慈爱园里充满欢声笑语，民盟湘西州委招募心理辅导志愿者，以实际行动关爱园区孤儿，呼吁社会大众关心和重视孤儿群体的心理成长。"情满慈爱园"心理辅导活动如春天的风拂上孩子们的笑脸，像一缕阳光照进了孩子们的心田。

我为孩子们授课的主题为"靠近我 温暖你"。通过暖身活动、主题活动、总结分享活动，帮助孩子们体会如何建立良好的人际关系。课上得如何？请看孩子们的笑脸……

热身活动环节，我以自己为例，引导孩子们做自我介绍，腼腆的孩子们一一鼓起勇气向大家介绍自己，一下就打破了较为拘谨

"靠近我 温暖你"主题课

的局面。同时演示微笑这种极具感染力的交际方式，孩子们学着尽情展示自己的微笑，愉快的情绪瞬间传递开来。

主题活动设计了讲故事、画图画、做游戏、分享体验等环节。通过讲解伯牙与钟子期高山流水结知音的故事，帮助孩子们理解朋友的意义。孩子们从故事中领悟到人际交往中要善于倾听，志同道合的朋友要相互理解，才能达成默契，结为知音。在"你来比画我来猜"的游戏中，孩子们两两搭档，手舞足蹈比画着，周围的同学们也忍不住为猜题人出主意，课堂氛围相当活跃。孩子们明白了在成长中要重视与他人沟通，要学会主动沟通，沟通时，需要注意语言、语音语调、肢体语言的运用等。最后，孩子们画出自己的"人际财富图"，厘清自己的朋友圈，分享今后自己与人际交往应注意的问题。一系列体验活动，让慈爱园的孩子们在轻松幽默、愉快的氛围中习得沟通的技巧，学会与人交往的策略，让沟通为孩子们的成长助力。

二、民族文化传承正火热

2021年6月23日19：00，正值南方大端午来临之际，州民中知正楼报告厅济济一堂，"关爱女生心理健康，传承优秀民族文化"活动正在火热进行。州教育关工委执行主任符家银，副主任彭英雄和秘书长陈克砺，学校副校长、关工委主任向前东；关工委执行主任田祖国，学生科科长钱复荣；校团委副书记王

姚；心理辅导中心舒暖以及高一高二女生安全教育工作专干参加活动。活动由校党委委员、人事科科长、女生安全教育工作领导小组办公室主任谢晶主持。

副校长向前东致辞，他说道：中华文化源远流长，了解中华传统文化，培育学生热爱祖国，热爱家乡，树立民族自信，是传承民族文化的要求。为了加强学生对中华传统文化、湘西苗绣的了解和认识，学校拓宽学习内容、形式和渠道，特别举办"关爱女生心理健康，传承优秀民族文化"活动。希望通过制作布艺粽子香囊，帮助湘西女生认识、掌握苗族刺绣的基本针法，在刺绣作品的同时，体会专注的注意力，感受一针一线带来的和平情绪，以及完成作品后感到的骄傲和自豪。

全校宏志班、慈爱班所有女生（宏志生2019级女28人，2020级女32人，慈爱生2019级29人，2020级13人）合计102人，在湘西工艺美术大师、吉首大学师范学院副教授关洁的带领下，了解端午习俗，认识苗绣针法，制作布艺粽子香囊。无论是听端午文化介绍，还是制作香囊，全体女生都全神贯注、兴致勃勃。有些孤儿，由于家庭教育缺失，第一次拿起针线，当成品完成并现场展示的时候，每个人脸上都洋溢着喜悦和自豪，纷纷表示这次活动趣味性、教育性十足，不仅了解了传统节日的习俗，增强了民族认同感和民族自豪感，还深切地感受到了学校的温暖和对女生心理健康教育的重视。

活动得到州教育关工委领导们的高度评价，称赞活动是家庭教育的有效补充，是民族文化传承的具体体现，是心理健康教育的又一创新之举。

"关爱女生心理健康，传承优秀民族文化"活动

开展"351"心理救助 推进教育精准扶贫

精准扶贫是扶贫工作的创新，教育精准扶贫是扶贫的根本之策，心理帮扶是阻断贫困代际传递的重要一环。"治贫先治愚"，治愚靠教育。湘西土家族苗族自治州地域偏远经济落后，是典型的"老、少、边、山、库、穷"地区。党和国家高度重视对民族地区贫困学生的教育，湘西经济困难家庭在教育扶贫全覆盖以及各种经济助学帮扶下，基本解除了子女教育的经济负担。但是，湘西贫困生弃读从业的现象仍然相当普遍，劳动力素质普遍偏低。

贫困生不仅仅是经济贫困，他们往往还需要心理救助。州民中运用"351"心理救助模式，开展教育精准扶贫，助力大湘西精准扶贫工作，促进了学生发展、教师发展、学校发展和地区的发展。

中宣部、中央文明办、国家教育部联合实施"西部开发助学工程"。在中西部21个省市开办宏志班，从中央文化事业建设费中，为宏志班每位学生统一支出三年的学习生活费用，共21300元，以保证贫困学子不因家庭经济原因失学。心理辅导中心以州民中高一4××宏志班为切入点推广至全校贫困生，作"Zung氏焦虑自评量表系统（SAS）"普测，进行"高中生厌学情况调查"，对参加清华北大推荐的同学进行"心理健康情况测试"。发现1194名受测学生中焦虑标准分50分以上的549名，46%学生有不同程度焦虑体现，特别品学兼优的群体焦虑高达60%。贫困生厌学、辍学、社会适应不良情况较严重。对吉首丹青中学学生进行"中学生心理健康情况调查"，发现贫困生心理健康程度良好的50%，有轻度问题的43%，问题中等的3%，问题比较重的3%，严重的0%。焦虑情况分析结果为良好的27%，轻度焦虑的56%，中等焦虑的7%，比较重的10%，严重的0%，反映贫困生焦虑情况达到83%。调查说明，湘西地区贫困生不仅仅是经济贫困，他们自卑、封闭，民族和地区认同感强，需要心理帮扶助力其健康成长。调查数据，为学校和本地区建立心理救助学生档案，确定救助对象，制定预案推进教育精准扶贫工作深入开展提供了参考依据。

一、贫困生精准救助中的"351"心理救助模式

爱因斯坦把教育定义为：如果人们忘记了他们在学校里所学的一切，那么所留下的就是教育。显然，忘不掉的是理念、情感、思维方式和习惯，综合起来看都属于心理学范畴。

精准扶贫是扶贫工作的创新，教育精准扶贫是扶贫的根本之策，心理帮扶是阻断贫困代际传递的重要一环。通过学校、家庭、社会三方面实施"五个一"工程，开展心理救助推进教育精准扶贫，成效斐然。

学校心理救助"五个一"。第一，明确一种理念，突出教育精准扶贫的工作重点。全国教育扶贫从学前教育到高等教育已经全覆盖，要提高教育成效需要把心理救助作为教育精准扶贫的重点工作来做。成立心理帮扶领导小组，由校长亲任领导小组组长。提出"心理帮扶"概念，创设学校心理帮扶制度、家庭心理帮扶制度、社会力量帮扶制度，按教育、预防在先，疏导、矫正在后的原则予以心理帮扶。落实"西部开发助学工程"，对宏志班学生从高一至高三在进行经济救助的基础上，施以心理救助。第二，依托一个平台，创新教育精准扶贫方法。在湖南省学生资助研究会湘西管理站指导下，开展贫困生心理救助研究及系列活动，从"心"开始贫困生资助工作。对贫困生经济、心理共同帮扶，物质、精神双重资助的做法，已成为湘西州学生资助工作乃至州委州政府扶贫工作的一面旗帜。第三，开展一系列课题研究，提升教育精准扶贫水平。学校倡导"科研引领"，先后开展了心理健康教育校本课题、省教育学会课题、省教育科学规划等一系列课题研究。研究促进了实践，实践丰富了研究，保证了心理救助的科学化、规范化、专业化发展。第四，探寻一个契合点，挖掘民族文化传承的心理帮扶力量。在音体美课堂教学中，传授苗族鼓舞与苗族拳术、土家族摆手舞；苗绣、扎染、土家织锦、踏虎凿花等湘西传统艺术，将苗族拳术等民间体育项目与心理学放松术结合起来，土家族摆手舞、苗族鼓舞与营造快乐心情结合起来，探寻民族文化传承与心理疏导的契合点，在传承民族文化尤其是心理传承的过程中，让学生学习和掌握以超越语言的方式去理解生命与生活，找到心灵的慰藉，形成学生良好的自我同一性，增强学

生的民族认同感、自豪感。第五，上好一堂心理辅导课，制定精准课程方案，确保心理救助教育效率。遵循中小学生心理发展一般特点、高中生年龄发展特征，结合民族贫困地区学生以种系心理发展为基础的个体心理发展特点，从学校实际出发，研发出《心理健康教育校本课程开发纲要》。按纲要要求，分阶段按主题设计班级团体心理辅导课程方案。在高一、高二和高三年级以心理健康教育课程的方式，改变贫困生的认知、态度、情感进而影响其行为，达成心理救助的目的。宏志生在"自我认知"等班级辅导主题课的陪伴下，心理健康程度明显优于其他班级。后续推广心理健康活动辅导课，研究制定出《高中阶段心理健康教育校本课程标准》。有效避免了个体咨询耗费时间长，教师投入精力多，涵盖面小等问题，扩大了受益学生，提高了教育效率。

　　人的成长过程很复杂，家庭教育对青少年的心理影响很大。家长是孩子的第一任老师，也是最重要的老师。家长重视家庭教育，有正确的教育理念、人才观念，才能将孩子培养成合格的社会人。要消除当前学生们抗挫折能力差，动辄离家出走，或者轻生的脆弱心理；改变只知道做题，创造力低下，解决实际问题能力差的现状；改善团结协作能力不足，自私，人际交往能力弱等问题，在某种程度上，首先取决于父母。这些非智力因素问题，归根结底是做人的问题，有赖于家长对孩子深度陪伴，有赖于家长在感恩、协作、尊重他人、反省自己、基本规范养成等方面的言传身教。目前中国家长在这些方面严重缺失，尤其是贫困生家长在家庭教育中往往是缺位的。他们不重视陪伴孩子的成长，为生活所迫或者为了追求金钱，过早与孩子分离。一谈到家教，就用金钱换责任，砸锅卖铁也要花钱请老师补课，而不是身体力行为孩子树立感恩、忍耐、反省能力等模仿的榜样。物质和精神生活的双重贫乏，使贫困生更需要心理帮扶。欲改变学生必改变家长，只有做好家庭心理帮扶，才能在源头上解决问题，切实帮助学生身心健康成长。

　　实施家庭心理救助"五个一"，助力教育精准扶贫，重点在于进行家庭教育指导。第一，开展一系列家长心理健康教育活动。贫困学生来源于贫困家庭，有些贫困家庭父母的思想意识、行为处世，受到传统民族文化、社会现实状况以及代际熏染等影响，教育指导子女成长时，只会重复代际相传的老做法，贫困生在人际关系沟通、情绪处理方式和其他许多重要的生活能力上，便只能继承同样的思想意识和行为模式。部分贫困家庭的家长，意识到有必要改变自己的教育指导方法，但迫于经济压力、谋生繁忙，家长很难做到通过阅读系统的书籍、接受专业的课程，去提升教育子女的能力。建立家长QQ群、微信群、微信公共号，利用校园网（www.××zmz.com）、"家教指导"等栏目，为家长提供一些实际和有效的概念和做法，便于他们运用碎片化的时间进行阅读、研究，学习一些简便易用、迅速见效的技巧，吸引了一批贫困生家长主动学习心理知识。定期举办家长心理健康教育讲座等形式，把贫困生家长请到学校来，要求他们接受心理教育知识，思考家庭教育策略，为家长提供心理帮扶。第二，提供家长心理咨询服务，把家长培养成学生的心理老师，通过帮助家长达到帮扶学生的目的。不少贫困家庭亲子关系紧张，两代之间的矛盾颇深。部分家长一遇到问题就责怪环境或子女，总认为自己做得很正确，需要改变的永远是别人。学生的心理困惑，由其成长经历及所学到的思考模式决定。故此，通过为家长提供心理咨询，改变家长处理情绪和沟通的方法，帮助家长学习以积极的心态去对待自己和子女，为孩子树立良好的榜样，建立良好的自信和对别人的信赖，从而帮扶贫困生更好地认识自我价值，有效地发挥自身的能力。第三，明确家长的榜样作用。树立一种无条件"关爱"的家庭教育理念，家长是孩子成长结果的决定因素，孩子从出生便爱、信任及听从父母。家长陪伴孩子成长对于孩子的心理意义，是任何其他方式不能代替的。贫困家庭教育父母的缺位不可避免，但无论怎样家长都要表达对孩子的关爱，与子女保持良好沟通率先垂范的应该是家长。要求家长定期定时用电话，尽量使用视频通话增强亲情联系。要求寒暑假将孩子接到身边过，尽量减少父母缺位教育带给孩子的心理伤害。传授家长心理教育策略与方法，要求沟通与相处时家长自觉提升对子女的心理指导能力。第四，参加湖南省教育学会家庭教育研究分会相关活动，增强家庭心理帮扶的科学性。通过科学提升家长心理健康教育水平，增强家庭教育培养学生肯学习、会学习，懂生活、爱生活，愿相识、善相处的意识，乐于实践和探究的态度，吃苦耐劳的精神，知恩图报的习惯等方面的能力，达到对贫困生生命成长从源头进行心理帮扶的目的。第五，成立家长委员会。完善家委会章程、制度、公约，制定学校副科级以上干部联系指定贫困生家长一对一家庭心理帮扶制度。用制度抓管理，把辅导中心建成家长"学习的园地，交流的平台，活动的场所，成长的阵地"，推进家校心理相融、拓宽家校合作领域，加强子女培养方面的研究，促进贫困生身心健康发展。

学生心理问题产生的首要因素是家庭教育的失败，而心理问题产生的家庭背景，更多的是一种社会问题。要达成理想的教育效果必须提高家长的教育能力，营造出良好的社会氛围。

社会力量心理救助"五个一"。第一，进行一场普及教育。面向学生家长在湘西自治州全州范围广泛进行心理健康知识宣讲，"幸福人生"等30多场专题讲座，惠及了几千名家长，对提高整个社会的心理素养，为心理教育在湘西的普及和民族贫困生健康心理的发展与形成营造了良好的社会氛围。第二，建好一个基地。在创建湘西州中小学校首个心理访谈室的基础上，高标准配备软硬件条件，打造湖南省湘西州未成年人心理辅导站，把州民中心理健康教育辅导中心建成湘西州中小学心理疏导学习、培训及社会各界参观的基地。致力于引领湘西州中小学心理健康发展，先后接待龙山、吉首等县市教育考察团参观学习600余人次，时任湘西州州委书记叶红专、省教育厅相关领导、香港乐群慈善基金肖庄先生及夫人徐冰洁等社会知名人士先后莅临辅导中心。第三，做好"助孤"工作，参与全社会关爱孤儿活动。州民中对贫困生经济、心理共同帮扶，物质、精神双重资助的做法，已成为湘西州学生资助工作乃至州委州政府扶贫工作的一面旗帜。在全州"助孤"教育工作中，校长王斌为领导小组副组长，舒暖老师为心理帮扶专家组成员，切实做好州慈爱园集中抚育101名孤儿的心理帮扶工作。第四，培养一支队伍。借助香港乐群慈善基金肖庄夫妇资助项目，积极投入湘西州教育局心理健康专家指导委员会培养湘西州中小学心理教师的工作。制定州局《2014—2017年湘西州学校心理健康教育培训项目工作方案》，2014年11月起送教下县，先后培训400余名教师及学生资助干部。经过培训，30名教师获得国家三级心理咨询师证书，为湘西州建设心理救助队伍培养了力量。第五，创建一个注重身心健康的社会环境。接受湘西网、湘西电视台采访，在微信公众号湘西头条为高考学子及家长迎接高考现场支招。在《团结报》、湘西网、《湖南学生资助》等刊发多篇文稿，湘西教育E网、中国全民健心网多项成果共享。利用网络、电视媒体，报纸、杂志创建有利于学生身心健康成长的社会环境，建立起多维度、立体式的学校、家庭、社会协同的心理教育网络。

二、心理救助在精准资助工作中的效果

对宏志生予以全程心理救助，着力解决贫困学生自信心、学习焦虑、人际关系、亲子关系等心理问题，确保了贫困学生心理无严重扭曲现象。4××宏志班从入校到离校，跟踪提供班级辅导，组织了六次家长心理帮扶活动。全体同学学习了苗鼓击奏、传统手工纸艺制作等活动，另有八位同学因为各种原因主动寻求心理救助，运用个体心理咨询技术予以心理救助，保证了该班没有一位同学因心理问题辍学。4××宏志班有心理咨询经历的同学高考录取情况如表，反映了心理救助在教育精准扶贫工作中颇具成效。

姓名	第一次咨询时间及原因分析	处理结果	录取学校
符×	高二第一学期，疑似强迫症	2转介+5	北京语言大学
杨××	高二第二学期学习压力大厌学要求休学	2	重庆第二师范学院
伍××	高三暑假人际关系、自我意识	5转介+3	中南财经政法大学
周×	高三第一学期学习焦虑	1	广东工业大学
向××	高三第一学期人际交往	1	上海金融学院
梅×	高三第二学期 "腾飞计划" 面试前情绪调适	3	广西大学
麻××	高三第二学期焦虑失眠	3	浙江财经大学
向××	高三第二学期考试焦虑面试指导	2	华东理工大学

"351"心理救助模式，将研究与实践紧密地联系起来，提高了教育者的心理素养和施教能力，促进了受教育者心理健康水平。"五个一"为家长搭建了心理帮扶平台，让父母认识到，家庭教育实际上是父母与孩子共同成长的过程。家庭教育的手段和方法快乐，孩子的情绪就会自信、专注，此时学习，则可以获得开发天赋潜力的可能。"五个一"争取了社会力量对学校教育的配合，增强了社会力量对贫困生心理问题的重视和教育力度。"五个一"由学校为家庭、社会提供心理教育指导和服务，对学生形成心理救助合力，保证了学校教育的专业化、科学化、规范化，同时有别于医学治疗，成为州民中新的办学特色。学校带动家庭和社会全员共同参与心理救助，对贫困生进行物质和心理的双重救助，是提高教育精准扶贫工作教育效率的根本途径。构建学校心理救助、家庭心理救助、社会心理救助"三位一体"的教育精准扶贫攻坚体系，

是将心理资助扶贫引入教育精准扶贫工作中的成功尝试，对湘西州中小学校乃至更大范围的学校达成理想的教育效果，为心理救助推进民族地区教育精准扶贫工作提供了借鉴。

参考文献

［1］［美］罗伯特·厄萨诺，等.精神分析治疗指南［M］.杨华渝，译.北京：北京出版社，2000.

［2］姚本先，方双虎.学校心理健康教育导论［M］.上海：东方出版中心，2002.

［3］［美］谢弗（Shaffer.D.R）.发展心理学：儿童与青少年［M］.邹泓，等译.北京：中国轻工业出版社，2005.

［4］温忠麟.心理与教育统计［M］.广州：广东高等教育出版社，2006.

［5］［美］诺曼·K.邓津，伊冯娜·S.林肯主编.定性研究（第1卷）：方法论基础［M］.风笑天，等，译.重庆：重庆大学出版社，2007.

［6］［英］索恩.人本心理学派代言人［M］.陈逸群，译.上海：学林出版社，2007.

［7］［英］赫伯特·斯宾塞.斯宾塞的快乐教育［M］.颜真，译.福州：海峡文艺出版社，2010.

［8］［美］戴维·迈尔斯.社会心理学［M］.侯玉波，乐国安，张智勇，等译.北京：人民邮电出版社，2013.

浅谈新时代留守儿童的心理健康教育

　　1989年联合国《儿童权利公约》规定：儿童系指18岁以下的任何人。我国是缔约国，遵循《公约》关于儿童的定义，在《民法总则》中规定：不满18周岁的自然人为未成年人。我国《未成年人保护法》规定：未成年人是指未满18周岁的公民。《国务院关于加强农村留守儿童关爱保护工作的意见》（国发〔2016〕13号）明确指出："留守儿童是指父母双方外出务工或一方外出务工另一方无监护能力、不满十六周岁的未成年人。"

　　2016年世界教育创新峰会《面向未来：21世纪核心素养教育的全球经验》指出未来公民所必需的21世纪核心素养与心理素养密切相关。"哈佛精英研究""波士顿男孩研究"等研究，在调查中询问1980—2000年出生的年轻人"人生的目标是什么？"得出重要研究结论：影响美好生活最重要的因素并非富有和成就，而是良好的身心健康，温暖、和谐、亲密的人际关系。而这，正是留守儿童最为缺乏的。

　　随着时代发展，沿海大中型城市和国内某些地区产生了较大的贫富差距。为了改善生活现状，提高生活水平，大多数青壮年都选择到大中型城市谋求生计，大量留守儿童因此出现。留守儿童在成长中因为缺乏父母的关注和呵护，情感丰富而脆弱，依赖性和独立性、冲动性和理智性、自觉性和任性并存，极易产生认识价值上的偏离以及个性、心理发展的异常。很多留守儿童逃课、网络成瘾、打架斗殴、抽烟喝酒，甚至和社会上的一些人厮混等，表明加强对留守儿童的心理健康教育已经成为整个社会关注的问题。

一、留守儿童心理问题的主要表现

（一）自我封闭，性格孤僻

留守儿童在年幼时便与父母长期分开，外出务工年限在 1 年以上的家长合计占了 6 成以上，其中，28.5％的家长外出务工年限在"5 年以上"。家庭环境的不稳定性使他们缺乏安全感和归属感，从而带来比较强的孤独感。父母外出打工，家庭经济情况基本都不好，生活状况不容乐观。许多留守儿童只能在节俭的状态下过着维持温饱的生活，安全状况欠佳。家中的许多家务，自然落在留守儿童稚嫩的肩上。在多子女的家庭，留守儿童还要照顾自己的弟妹。这些孩子缺乏情感依靠，性格内向，遇到麻烦事会显得柔弱无助，久而久之变得不愿与人交流，长期的寡言、沉默、焦虑和紧张，使这些孩子容易形成孤僻自卑封闭的心理，这样的儿童在人际沟通和自信心方面比其他孩子都要弱。

（二）认知偏差，人际不良

外出务工者收入普遍不高，居无定所，难以将子女带在身边，与孩子聚少离多，沟通少，留守儿童产生被遗弃的感觉，从而导致儿童与父母间的关系疏远。父母外出务工，孩子往往由祖父母隔代监护。容易出现三种情况：一是心理代沟太深，祖孙难于沟通；二是祖辈过度溺爱，孩子无法无天；三是祖辈教育理念及安全意识难以跟上时代的要求，不利于监护。有时，父母委托亲戚照看孩子，但日子一长，亲戚对孩子管教略多或者略严，孩子就有可能产生认知偏差，造成心理隔阂。有些家庭的孩子处于无人监护的状态，成长环境中缺乏成人榜样。无论哪一种情况，孩子都很难学会与人交往的正确策略和技巧，与家人、亲人，同学、老师，朋友交往时，更容易出现人际关系不良的情况。

（三）情绪失控，容易冲动

留守儿童长期无法充分得到父母的关爱，家长也不能随时了解孩子的心理、思想变化。亲情的缺失使孩子变得孤僻、抑郁、冷漠、自卑，甚至脾气暴躁，冲动易怒，严重影响了孩子心理的健康发展。留守儿童一般年龄在16周岁以下，正处在身心发育时期，情绪欠稳定，加上意志薄弱，容易造成情绪失控和冲动，他们还容易对周围人产生戒备和敌对心理，这种敌对心理的一个重要表现就是攻击行为，这些儿童总感到别人在欺负他，一点小事就斤斤计较，对教师、监护人、亲友的管教和批评也易于产生较强的逆反心理，严重者还往往有暴力倾向。

（四）学习问题突出

数据显示14周岁留守儿童在校率仅为88%。少数留守儿童认为家里穷，爸妈没能耐才会出去打工挣钱，由此产生怨恨情绪和偏激想法。有的孩子在父母回家后疏远他们，导致情感隔膜。他们难以树立正确的人生观价值观，对未来感到迷茫，多数儿童进取心不强，纪律涣散。由于父母双方或一方不在身边，对留守儿童学习的帮助与监督大大减少，使孩子的学习处于一种无人过问的状态，学习成绩普遍较差，孩子逐渐对学习失去兴趣，导致逃学，厌学，辍学，以致过早地流向了社会。

以上问题长期存在而得不到关注和改善，将形成特定的人格障碍，从而影响一个孩子一个家庭，一代人的身心健康必然影响国家和民族的未来发展。

二、新时代留守儿童的心理健康教育

"留守儿童心理健康问题"是当前社会不得不面临的一个问题，关注留守儿童的心理健康不仅仅是学校的职责，同时也是其家庭和整个社会应该承担的义务。只有学校、家庭、社会相互配合，共同努力，留守儿童的心理健康才会有所保障。

（一）政府行文，切实打通儿童工作"最后一公里"问题

全国共有671万纳入最低生活保障范围工作的儿童，334.3万多建档立卡贫困户儿童（占总数1381.4万的24.2%），7.4万纳入特困供养范围儿童；5800万农村留守儿童，30万孤儿，49万事实无人抚养儿童。

《国务院关于加强农村留守儿童关爱保护工作的意见》（国发〔2016〕13号）要求，县级民政部门设立未成年人救助保护机构，乡镇人民政府设立儿童督导员，村（居）委会设儿童主任，重点服务农村留守儿童、困境儿童、事实无人抚养儿童、散居孤儿、受监护侵害的儿童，强化儿童督导员和儿童主任工作职责，切实打通儿童工作"最后一公里"问题。务必落实关爱保护措施，一人一档录入"全国农村留守儿童和困境儿童信息管理系统"，指导家长签订委托监护确认书，确保孩子有人监护，工作人员代表政府经常性探访，了解儿童心理状况，采取针对性救助帮扶措施。

（二）多加引导，学校助力家长塑造儿童正确的人生观

正确的世界观、人生观、价值观，不仅有利于其自身的发展，更有利于社会的和谐稳定。青少年时期正是一个人形成其独特的"三观"的关键阶段，最需要父母正确的引导和督促。由于父母的长期缺席，留守儿童在形成其价值观的时候往往容易受到周围其他物质的影响。比如网络、游戏、金钱等等的诱惑，被其光鲜的表面现象迷惑，在其心理极度缺乏安全感时对它们产生一种依赖性，从而形成错误的人生观和价值观，有时还可能促进其走上违法犯罪的道路。此时学校有责任和义务，通过家长学校，运用线上线下多种方式，对留守儿童的父母多加引导、劝勉，提高其家庭教育指导能力，提高其交际能力，使父母成为孩子成长关键时期的重要参与者、重要陪伴者，从而培养孩子的独立意识，增强他们的自信心，帮助他们塑造正确的世界观、人生观和价值观。

（三）平等对待，班主任要走进留守儿童的内心世界

平等的交流沟通，是走进留守儿童内心世界的最有效途径。学校教师特别是班主任，作为学生的引导者，不仅要做知识的传授者，更要做留守学生心灵的慰藉者。父母外出务工，大多数留守儿童都是由爷爷奶奶隔代抚养或者交由亲戚代为照顾，有的甚至只能依靠自己。由于缺乏父母的管束，其他监护人也不便严格要求，很多孩子会养成说谎、逃课等恶习。同时，长期缺少亲人的关爱也导致他们缺乏安全感，不会与人交流沟通，容易焦虑紧张，胆怯懦弱，形成不利于自身发展的孤僻性格，叛逆心理，从而不能很好地融入周围的环境。班主任应该详细了解班里每个学生的基本情况，给予留守儿童较多的关注，站在学生的角度去看待和思考问题。

合理宣泄情绪，是引导其走向正确的人生之路的渠道。例如班主任可以经常在班里开展一些"写出你的真心话"的征文活动，并强调评比的依据不是看文章的文笔有多独特，而是依靠学生真实情感的流露程度，而且保证所有的文章都是绝对保密的，让学生通过文字写出其内心的真情实感，发泄心中抱怨，从而舒展心情。此时班主任则要多注重留守儿童的文章，从其字里行间发现问题，并通过正确的方法解决问题。

集体的温暖，能满足留守儿童内心对亲情和关爱的渴望。留守儿童每每看到其他同学有家长接送，可以向父母撒娇等场面，内心便会形成强大的落差，有的学生产生深深的自卑，有的学生则表现出不屑，有的却根本不敢和这样的

同学搭话。究其内在，都表明留守儿童内心对亲情和关爱的渴望。作为班主任，此时应看到他们内心深处对人际交往的企盼，通过组织适当的活动，一方面让留守儿童意识到班集体这个大家庭的温暖，另一方面教育其他学生对他们平等相待。例如，可以设计留守儿童过生日的全班活动，通过一块蛋糕，一首生日歌，一份来自同学们的祝福，帮助留守儿童找到归属感，从而弥补父母不在身边的缺失感。

留守儿童心理健康教育工作，是一个系统工程，需要政府、家庭和学校协同落实。为留守儿童负责，为一个个家庭负责，就是对祖国未来发展负责。营造良好的社会氛围，构建和谐的校园环境，为留守儿童心理健康发展护航，是每个人义不容辞的责任。

参考文献

［1］上海市中小学（幼儿园）课程教材改革委员会办公室组编.幼儿园教师成长手册［M］.上海：华东师范大学出版社，2009.

［2］高志方.幼儿心理素质教育［M］.上海：上海教育出版社，1996.

［3］高月梅，张泓.幼儿心理学［M］.杭州：浙江教育出版社，1993.

［4］靳诺.准确把握新时代新形势培养民族复兴的有用之才［J］.重庆与世界，2018（20）.

考试焦虑学生的心理咨询案例报告

一、一般资料

1. 人口学资料

龙某，男，苗族，18岁，高中三年级学生，非独生子，有一妹16岁，就读同校高一。身高1.62米左右，瘦弱，无重大躯体疾病史。父母亲均为个体经营者，初中文化。无家族精神疾病史。

2. 个人成长史

从小到大，生长发育略低于同龄人，家庭经济条件一般，不轻易与其他人一起玩乐，性格内向。父母忙于生计，平时较少能抽时间与他交流，基本无法照料他的生活起居。住校，周末回家有时需要照料妹妹的生活，父母对他的期望值较高。求助者出生在南方高山苗族聚居区，因为父母忙于农活，随祖父祖母一起生活，至小学毕业，上小学时，接受双语（汉语、苗语）教学，学习成绩优秀。初中考入本地区最好的中学，因语言交流存在一定障碍，很少与同伴交往，父母为照料他的生活，弃农拾荒，经营废品收购站谋生。初中学习成绩中上，中考前，突然感到头痛、头晕、恶心，被同学老师送到医务室检查没有发现异常，休息两天后好了，但成绩不够进入重点高中。父母失望有责备，后交高价进入重点高中学习，自感愧疚，觉得在同学中也很抬不起头。高中成绩中等，高二学业考试中，在英语考场上又出现头痛难忍的现象，勉强通过学考。高三上学期期中考试在本周进行，之前再次出现头痛、失眠、浑身不适的现象，被老师送回家，父母带他到当地权威的医院检查，做了脑CT，没有查出器质性疾病。由于后天进行期中考试，担心又要头痛失眠，感到不安，自行前来进行心理咨询。

心理测验结果：

（1）焦虑自评量表测验结果：总粗分54分，标准分68分，超过SAS标准分分界值18分。

（2）抑郁自评量表测验结果：总粗分48分，标准分60分，超过SDS标准分分界值7分。

（3）考试焦虑量表测验结果：总分61分，与多次运用建立的常模相比超出分界值11分。

二、主诉和个人陈述

焦虑紧张近一个月，头痛，失眠，食欲下降，惧怕考试。求助者陈述：

我出生在靠近花垣苗族山区农村，小学学习成绩优秀，从小性格内向。考到重点初中后，生活环境变化很大，尤其是汉语说不流畅，我更不爱说话了，成绩不突出，没有好朋友。上重点高中时，父母交了8000元高价，父亲说："你不加油读书，就太对不起我们了。"所以平时学习刻苦、勤奋，高一成绩比较稳定。但是高二学考前恰逢妹妹准备中考，父母特别嘱咐我加油，千万别比不上妹妹。结果我考试前就头痛、恶心，身体不舒服，勉强没有挂科。升入高三时，妹妹没有交高价就考入本校，而我第一次月考考试成绩就不理想，比那些不怎么看书学习的同学的成绩还要差。虽然我平时学习确实认真，习题也都会做，可一要考试我就头痛、心慌，马上又要期中考试，昨晚凌晨两点才睡着。感觉我自己真是没有用，这样下去担心高考考砸，如果真是那样，就太糟了，既辜负父母，又前途无望，以后怎么生活都成问题。我想，有些同学不怎么看书成绩都比我好，妹妹成绩也比我好，都是因为我太笨了，想到这些就更烦躁。我觉得这样下去不行，希望得到帮助，便前来咨询。

三、评估与诊断

紧张焦虑情绪持续一月有余，生活史中有突发事件作为诱因，遇考试就发作，有现实性，属于考试焦虑心理问题。

四、制订咨询目标

具体目标：消除焦虑、紧张的情绪。

近期目标：改善缓解考试焦虑的情况。

最终目标：培养来访者健康的人格。

五、咨询方案

（1）方法与原理：用认知行为矫正技术，对来访者进行干预，使来访者充分认识父母对他的爱，改善了亲情关系，对学习动机重新认知。通过系统脱敏疗法，帮助来访者运用放松技术，冥想训练等使之正确面对考试焦虑，以期减少焦虑现象，进行自我调节，取得放松效果。

（2）双方责任与义务。

（3）时间：每周一中午1：00—1：45，每周一次分六周进行。

（4）咨询过程。

将咨询阶段划分为三个阶段：

第一阶段：（第一、二次）摄入性谈话，了解情况，商定方案。

第二阶段：（第三—第五次）进行认知调整，学习放松技术进行系统脱敏。

第三阶段：（第六次）进行效果评估，求助者自我评估及心理咨询师的评估和心理测验。

该生来访时月考：语文93数学62英语78文综158；心理疏导后4月月考：语文87数学96英语63.5文综185；5月月考：语文78数学90英语67文综163；2012年5月底模拟考试：语文78数学77英语74.5文综155；高考：语文89数学74英语96文综151总分410分（文科）。能坦然面对结果，高考基本没有受到焦虑的影响，发挥了自己的正常水平。

与青春期孩子沟通三技巧

——家庭教育个案指导

青春期是亲子沟通的困难期。儿童期孩子心中的权威是家长，孩子表现出很听话，也喜欢和家长沟通。青春期的孩子需要得到同伴的认同而不再仅仅是家长的认同，亲子关系让步于同伴关系。良好的亲子关系始于有效的亲子沟通，对于不少家庭来说，孩子的逆反期恰恰遇到家长的更年期，亲子沟通变得困难。引导青少年与父母建立良好的亲子关系，对个体发展和行为有长远的影响。家长应该了解孩子心理，改变沟通方式，掌握亲子沟通技巧，提高家庭教育水平，以促进孩子的身心健康发展。

沟通技巧一：换位思考，做理解孩子的监护人

【案例】

小A，高一男生，喜欢打篮球。小A爸爸发现孩子期中考试表现不尽如人意，从孩子嘴里问不出所以然，于是就到学校找班主任、任课教师一个一个询问，发现了问题后，窝了一肚子火。回家时路过篮球场，看到儿子临近晚自习了还在跟几个同学打球，当场教训小A："一天到晚和几个不喜欢读书的同学混在一起，你要怎么抓学习？还不回教室去？"几个朋友扭头而逃，小A一句话也没有搭理爸爸就气冲冲地回到教室。下晚自习回家，爸爸关心地问："最近学习情况怎样？"小A简短地说："老样子。"爸爸沉不住气了，说："你们老师说你上课讲话，还欠交作业"，话没说完，小A涨红了脸说："你要干吗？你骂我同学，害得我失去了朋友。现在还不告诉我就去找老师，出我的丑！"然后嘭的一声关上了门。问题没有得到解决，沟通障碍反而越来越大。

【分析】

日常生活中，家长们往往希望孩子照自己的要求去做。有时把事情简单化了，认为让孩子听话，就是告诉孩子"你就按我说的做"，孩子就全盘接受照听照做。实际上，孩子不喜欢被别人指挥来指挥去，这和成年人一样，成人也不喜欢被别人指手画脚。试想自己如果做什么都要被人指手画脚，会有什么感觉？会产生一种反抗情绪。小A爸爸需要从孩子角度来思考问题。青春期的孩子特别注重自己的公众形象，强迫孩子做事，当面教子，让好面子的青春期孩子难以接受，内心觉得爸爸是让自己失去朋友的罪魁祸首，这会让孩子与爸爸越走越远。事出之后爸爸要学会换位思考，理解孩子因为自己给孩子的朋友难堪，让儿子因失去朋友而沮丧。此时家长不仅没有接受孩子的情绪，还告知孩子自己去找老师了解了情况，这种做法无异于火上浇油。青春期的孩子需要友情，把友情看得比亲情重要，亲情代替不了友情，当众斥责只会激起孩子的反抗。孩子有自己的人格尊严，需要父母的尊重，爸爸动辄跑到学校让自己成为老师们格外关注的对象，更让孩子心烦。当然，了解情况是父母作为监护人应尽的职责和行使的权利，但是要理解孩子，注意掌握换位思考的技巧，找到沟通问题的症结，沉心静气帮助孩子。

沟通技巧二：好好说话，做科学指导孩子的监护人

【案例】

小B，高一女生，喜欢游戏和上网。小B妈妈发现女儿最近精神状态不佳，黑眼圈深重，老师反映小B上课有时打瞌睡。经过连续一周的观察，发现孩子每晚玩手机到凌晨。不由分说予以收缴后，对小B强调："不要再玩手机。"一段时间后，老师发现小B上课屡次低着头玩手机。原来，她早在妈妈收缴手机后，用自己的压岁钱买了一部新的。妈妈很是苦恼，明明交代她不要再玩手机，为什么孩子就是不听？

【分析】

禁止其实是种引诱，对孩子和成年人都是如此。"明知不可为而为之"事例不胜枚举，比如图书馆里有些地方贴着标签，上面写着"不要摸这些书！"偏偏这些地方的书被人们刻意抚摸的情况最为严重。因为我们人脑的潜意识往往听不见"不"字。这种情形和教育孩子一样，小B的妈妈给孩子下命令的时候，对小B说"不要玩手机"，孩子自动过滤掉"不"，只听到"要玩手机"。这时，"不"其实是在下意识地暗示孩子去做某件事，对孩子的禁止其实是种引诱。怎么说，孩子才愿意听呢？有问题要正向地说，在无问题时应该分享地说。更重要的是用心说，晓之以理动之以情，用心听，让孩子感到爸爸妈妈是懂自己的。同时用陪伴、关怀和尊重拉近与孩子之间的距离，孩子许多不被接纳的行为就不会产生，对爸爸妈妈的接受度也会跟着提升，从而获得孩子真心的崇拜和敬仰。这时，和谐的亲子关系就会建立。其实，所有的人际联系都需要拥有说和听这两种沟通交流的能力。

沟通技巧三：尊重隐私，做保护孩子的监护人

【案例】

小C，高二女生，人长得漂亮，成绩也好。之前跟妈妈无话不谈，高二期中考试之后成绩有些下滑，妈妈怕她早恋，于是决定偷看小C的日记，便于监控到"有用"的信息。一天，小C觉察到日记本有人翻看，问妈妈，妈妈否认，问爸爸，爸爸也否认。又一天，小C故意把日记本放在家里，妈妈又偷看。妈妈又否认，小C说她早已做好了记号，妈妈只好承认。从此，小C不想跟妈妈说话，还屏蔽了妈妈对她的QQ、微信关注，觉得妈妈侵犯了自己的隐私还说谎，太虚伪。

【分析】

青春期的孩子自主意识增强，家长要根据孩子年龄的增大不断放权，给孩子一片独享的天地，从台前退到幕后，当好"顾问"和"参谋"。小C的妈妈不顾孩子的内心感受，不经小C允许贸然闯入，探寻孩子的隐私，让事情变得糟糕起来，孩子产生了强烈的逆反心理，不理睬妈妈，这时候小C妈妈的任何"教育"都失去了作用。家长要保护孩子的隐私，没有隐私的孩子长不大。隐私天地，主权在孩子，在这里小C她们可以细说心语，可以理清思绪，可以疗伤哭泣，也可以欢笑休息。如果家长感觉孩子有些事必须了解，要营造宽松的氛围，让孩子主动吐露心声。也可以自我暴露，说说自己的青春期隐私，赢得孩子的信任与分享。家长们要避免成为"防火防盗防父母"的对象，尊重孩子的隐私，保护孩子的隐私。

家庭教育是一门"心"的艺术，是一门"心"的工作。如果不能把教育做到孩子的心坎上，其效果往往会苍白无力，甚至事与愿违。家长们要知道关系大于教育，关系也是良好教育的前提。融洽亲子关系，家长应该了解青春期孩子的心理需求：合理的物质需求、朋友的交往需求、对异性关注的需求、获得帮助的需求等。应学会和孩子有效沟通，采用孩子们喜欢的方式，比如：共情的方式、顺势诱导的方式、体验自然后果的方式、灵活变通的方式等与他们交流。在教育孩子的过程中，为人父母还应努力探索比如罗森塔尔效应、超限效应、德西效应、南风效应、木桶效应、霍桑效应、增减效应、蝴蝶效应、贴标签效应等一些"心理规律"的积极或消极影响，并趋利避害地发挥它们的作用，从而科学地引导孩子身心健康地成长。

从"心理"视角入手，促"五项管理"落实

【案例背景】

为落实立德树人根本任务，促进学生身心健康全面发展，2021年以来，教育部相继下发了中小学生"五项管理"的通知，其中，文件中多处涉及"心理辅导""身心健康""心理健康教育""促进健康""健康素养""健康知识"等。学校在落实"五项管理"的实践中，坚持问题导向，正视管理短板，从"心理"视角入手，以学生心理健康教育中存在的问题为切入点，剖析个案，深刻反思，以此建立起《湘西州民族中学学生心理健康教育工作制度》等17个制度或办法，形成了学校"育人"先"育心"的自觉落实"五项管理"的长效育人机制。

【案例描述】

2021年年初的一天，学校心理辅导中心接待了一位特殊的学生小A。他是高二年级的一位男生，走读生，今年16岁。在大家眼里，他就是一个"别人家"的孩子，在家里特别乖巧，很听妈妈的话。在班里成绩名列前茅，老师同学都很喜欢他。最近，小A妈妈发现儿子第二天早上起不来，周末不愿意出门，和同学、家人交往明显减少。班主任发现，小A到了学校后，早读和课间经常趴在桌子上睡觉。任课老师反映，小A上课有时候会走神，疑似躲在书垛后看什么。同学们说，小A出现了拖欠作业的现象。"乖"孩子、"好学生"，突然变了样。小A的爸爸妈妈和班主任经过多次教育、批评，不见改观。上学没几天，小A就病了，父母接他一回家就好了。之后，小A每次返校，不是发烧就是拉肚子，反复折腾。小A却从此发生了变化，下晚自习回家后就关上自己的房门，不知道在干啥。最后还是被凌晨3点起夜的母亲发现，原来儿子迷上了手机。无奈，心急如焚的父母，经班主任介绍，带他来到学校心理辅导

中心求助。

心理咨询室里的小A无精打采，黑眼圈明显。小A妈恨铁不成钢，滔滔不绝地给心理辅导老师说着情况。小A爸还没坐稳，手机就响了，说了声抱歉便匆匆出去接听电话。原来，小A爸是公务员，平时工作特别忙，基本上没有时间管孩子。夫妻关系不是很亲密，妈妈跟孩子的关系更亲密，孩子的生活、教育等事情，基本由妈妈一个人承担。最初，小A面对妈妈表现出的难过和泪水，会放下手机。现在面对妈妈的一哭二劝三威胁，已经无动于衷了。妈妈收缴了手机，他就用零花钱偷偷买一个，再次被收缴了，他就到校外租了一个，总之想玩就有办法。

妈妈讲："这都是手机惹的祸！"

小A却反驳："我才没有网瘾呢！"

他说："电子小说是让我入迷，但白天在学校，我能控制不看。""我晚上玩手机是因为有同学约我一起打游戏。"

心理辅导老师问："是和你班上的同学一块儿玩吗？"

小A答："不是一个班的，也有不是我们学校的，都是些从小学、初中一起玩到大的同学。"

妈妈插话："你不会拒绝？"

小A顶撞道："他们讲，如果经常不一起玩，就做不成朋友了。"

心理辅导老师问："每天都要玩会儿游戏吗？"

小A答："不是天天，有时候因为晚上睡不着，也看看电子小说，看着看着就入迷了。"

由于经常熬夜，确实已经影响到小A睡眠和第二天的身体状况。

在征得学生同意后，心理辅导中心老师把掌握到的这个情况反映给学校，引起学校的高度重视，这首先反映出学校在精细化管理中还存在短板。学校学生来自全州9县市一区，是一所寄宿制学校，有一部分走读生，校园全面禁止手机有较大难度，所以，去年上半年开始，学校实行手机有限进校园、严禁入课堂的管理方式。但因各班管理水平和学生个体的差异，还存在针对性措施不多、公用电话不足、对走读生的监管力度不够等问题。小A同学的情况，使学校在狠抓手机管理制度落实的同时，意识到加大对学生进行心理疏导的力度变得十分迫切和重要。学校及时召开相关人员和心理健康教师座谈会，确立了从心理健康教育的视角，通过授课、讲座、活动等方式，攻心为上，标本兼治，教育引导学生科学理性对待并合理使用手机等问题。所以本期开学初，学校在"五项管理"工作全面推开的同时，就将心理健康教育作为一门课程排入课表，把班级授课作为心理健康辅导活动的主阵地。学校要求在课程实施中，要充分结合"五项管理"的相关要求及学校管理中存在的问题，针对性地开设了目标管理、时间管理以及睡眠与脑科学等内容的课程。尤其将"时间管理"内容提前授课，先让学生学会运用时间四象限法管理自己的重要紧急、重要不紧急等生活事件，让学生们学会放松，释放压力，合理安排时间，减少紧张感。我们正是从心理健康教育视角出发，帮助孩子掌握自我管理的技术与方法，养成科学爱护大脑的良好习惯，增强学生自主管理能力，引导学生进入健康学习生活的良性循环。

当然，小A同学的状况，也折射出家庭问题。小A同学表面看起来健全的家庭，其实问题种种。夫妻关系长期不良，父爱缺位；母亲焦虑又使母子关系过于纠缠，母亲对儿子的控制欲很强，儿子同样希望控制"妈妈的儿子"，以牺牲自己的方式来对抗父母，以期获得成长的自由。基于我们的分析和经验，首先，我们建议家长，要尽快调整好家庭关系。爸爸意识到自己对孩子的管教与陪伴太少，建议爸爸今后要与孩子多互动，感受孩子的喜怒哀乐，要在平等尊重的基础上，跟孩子共同讨论订立家庭规则。妈妈也逐步意识到爱与自由同等重要，我们建议妈妈学会换位思考，把交友、学习、娱乐的选择和决策权还给孩子，让他成为自己想成为的样子。通过一段时间的沟通交流和咨询辅导，小A的父母终于明白，只有当孩子从父母这里获得充分的爱，在遇到问题时，他才能得到父母的理解和帮助，自然会对父母表达出依恋和信任。随着咨询的进展，又过了一段时间，夫妻俩的关系明显改善，孩子感受到了轻松、舒适的家庭氛围，亲子关系有了良好的发展。其次，调整小A同学的认知，帮助他看清自己沉迷手机的本质。我们在探询中，肯定了小A爱阅读的行为，探讨了青春期自我同一性的发展和逆反心理，也探讨了玩手机背后潜藏的心理，那就是学习成绩下降的原因不是自己不努力，是手机害的，手机成了"替罪羊"，自己无须承担任何责任。指出正因为晚上睡不着，才控制不住玩手机，导致休息不好、早上起不来，第二天课堂上精力无法集中，专心听讲，所以不懂的东西越来越多，陷入恶性循环……了解这些后，小A才恍然大悟。经过一段时间的心理辅导，他逐渐认识到自己潜意识存在的逃避心理，明白了这一点后，他开始有意愿让自己更快地适应现在的学习、生活环境。

在学校育人育心策略调整和小A父母配合、监督下，小A手机越玩越少，他由起初每天晚上2点睡觉，先提前到1点，然后慢慢提前到12点，再提前到11点，逐步缩短玩手机的时间，结交的好朋友只在周末约定的时间打游戏。通过一段时间的调整，到了10月中旬，小A同学的学习效果明显改善，自信也得到大大提升，慢慢走出对手机的依赖，现在已经回归了现实，恢复了正常。

【案例反思】

本案例并不复杂，但在"五项管理"关注学生身心健康和全面发展的大背景下，我们觉得，可以从以下四个方面得到启示：

1. 要用系统管理思维，搞好统筹谋划

手机、睡眠、作业、读物、体质这五个方面其实是一个相互影响、相互作用的系统，只要哪一项没有管理好，就会出现连锁的负面反应。既然是系统工程，在落实"五项管理"的实践中，就不能简单地"头痛医头，脚痛医脚"，要从系统的视角，以标本兼治为第一要务，统筹谋划，制定好实施方案。当然，"牵牛要牵牛鼻子"，抓住了系统中学生身心健康这条最为关键的纽带，也就抓准了"五项管理"工作的核心，也只有这样，一旦出现问题，"育人"先"育心"，解决问题才能有效和彻底。

2. 要坚持问题导向，强化制度管理

用制度管理工作，用制度约束行为。针对学校精细化管理中长期存在的短板，我们坚持问题导向，借助"五项管理"这次"小切口"的整改之机，通过深入一线广泛调研，在充分把握"五项管理"落实现状的基础上，建章立制，分五大块研究制定了17个相关制度或办法且已汇编成册，把学校心理健康教育工作制度单列成篇，凸显了"育心"在五项管理工作中的关键纽带地位，通过形成制度，统筹了贯穿"五项管理"始终要关注的学生身心发展这一核心要素，凸显了学校管理的针对性和科学性，切实提高了工作的精准化、精细化和规范化水平，建立起了学校自觉落实"五项管理"的长效育人机制。

3. 要聚焦专业建设，坚守学校主阵地

专业性的工作需要专业化的队伍。学校是"育心"的主战场，要配齐配

足专业师资队伍，确保课程的专业性、科学性，实施课堂教学才有效。其次，教育行政主管部门要定期开展各级各类心理健康教育培训，不仅心理教师需要国培、省培等各种形式的轮训确保专业成长，班主任、任课教师、管理服务人员、医务工作者等更需要参加各级别的心理健康教育的学习培训，以便提升育人育心的效果。同时，加强对班级心理委员、体育委员、纪律委员的培训，鼓励更多学生加入朋辈心理辅导队伍。

4. 要家校联动从心出发，催生教育合力

随着《中华人民共和国家庭教育促进法》《湖南省家庭教育促进条例》出台，我们越发关注家校社教育合力的形成。因为在人的成长中，家庭教育是起点教育，父母所充当的角色以及承担的责任是其他教育者无可替代的。无数案例表明，家庭教育不到位或监管缺失，会大大抵消学校教育的效果，还会给孩子的终身发展造成难以逆转的影响。

所以我们在"五项管理"工作的落实过程中，高度重视家校联动。通过发放《湘西州民族中学关于落实"五项管理"工作致家长的一封信》、开展家长学校及家长委员会培训活动、举办"5·25心理健康日""10·10世界精神卫生日"等心理健康专项教育活动，敦促教育者正面施教，建立平等、相互尊重的师生关系和亲子关系，真正使家长成为孩子身心健康发展的第一责任人。对过度使用手机、阅读不良读物、休息睡眠不足等危害性，做好家校沟通，加强宣传普及，履行好家校各自的教育职责，做到对学生的合理引导与监督，共同关注学生身心健康和全面发展，家校携手形成协同育人的合力。

附：

湘西州民族中学学生心理健康教育工作制度

为落实立德树人根本任务，促进学生身心健康全面发展，根据《教育部办公厅关于加强学生心理健康管理工作的通知》（教思政厅函〔2021〕10号）和省委办公厅、省人民政府办公厅《关于加强新时代学生心理健康教育的意见》（湘办发〔2020〕12号）等文件精神，深入贯彻落实湖南省中小学心理健康教育工作现场推进会精神和乌兰副书记讲话要求，依照"五项管理"的相关要求，结合学校心理健康教育工作实际，特制定本工作制度。

一、指导思想

以习近平新时代中国特色社会主义思想为指导，坚持以学生为本，把呵护好学生的生命安全和心理健康放在第一位。把心理健康教育作为学生素质教育的重要内容，作为教师专业成长的能力要素，根据不同年龄阶段学生身心发展特点和规律，科学实施心理健康教育，全面提高学生心理素质。以"五项管理"改革为契机，加强心理服务体系建设，提升教师的专业能力，确保学生心理健康教育的科学性、规范性和有效性，努力构建新时代学校心理健康教育新格局。

二、内容及措施

1. 组织领导与工作机制

将心理健康教育全面纳入学校人才培养体系，纳入学校年度工作计划、进各类班团体主题活动、进班主任日常管理工作。学校每年召开两次及以上心理健康教育工作的专门会议，解决工作发展问题。将心理健康教育纳入学校德育工作体系，定期调度，协调、统筹推进学生心理健康教育。

根据《关于加强新时代学生心理健康教育的意见》制订实施意见或办法，并根据学校特点、发展及时修订。制订全面的学校心育工作年度/学期计划，做好年度/学期工作总结。

将心理健康教育纳入学校校长、班主任、教育管理干部、学科教师、团干部等业务培训的必修内容，同时不定期开展对教师的心理健康教育工作培训。

学校将心理健康教育贯穿于教育教学全过程，有相应的激励机制和保障制度。

2. 条件保障

心理辅导中心规章制度健全，个别辅导室、团体辅导室等功能的设备设施及时更新，满足学生心理辅导的需要。

纳入学校年度经费预算，生均10元，专款专用。

3. 队伍建设

纳入学校整体教师队伍建设工作；按1∶1000师生比配齐专职教师。需具备心理学及相关专业本科学位及以上学历，心理健康教育教师资格。专业教师每年接受不低于60学时的专业培训，或参加两次省级以上主管部门及二级心理学专业学术团队召开的学术会议。

心理健康教育教师在评先评优、工资待遇、职务评聘等方面均享受班主任同等待遇，专兼职心理教师开展心理健康课程教学、教育活动、心理辅导、危机干预等纳入教学考核评价、职称评聘成果认定。

成立心理社团；管理办法或工作条例完善，落实到位；开展朋辈心理辅导员上岗培训和工作培训。

4. 教育实施

心理健康教育课程，列入课程表，每班每两周1课时。每学期有两次年级以上的教研活动，每学年至少有两次年级或校级公开课或观摩课。

各学科教师坚持以学生发展为本，在学科教学中主动渗透心理健康教育；各学科教学目标包含学生心理成长目标，教学过程关注学生思维、情感、态度等心理因素的发展，教学内容充分挖掘课程教材蕴含的心理要素。班主任每学期至少有1节以心理健康教育为主题的班团队会，有计划、有活动、有记录。

心理辅导中心制度完善，落实到位；每周开放时间不少于10小时；通过多种方式开展咨询；咨询记录专业；有案例督导；经常组织开展案例分析。团体辅导覆盖主题广泛，参与学生多。创新宣传途径，定期更新，科普宣传资料丰富。每年"5·25""10·10"开展心理健康教育或宣传月（周）专项活动，有计划、有过程、有记录。

学校心理危机干预领导小组，制定心理危机干预管理办法，建立学校联系制度、转介制度等；建立"班级—年级—学校"三级预警体系。对新生开展心理普查，建立学生心理档案。在春季、毕业季、考试季等特殊节点开展危机排查；建立"一人一案"危机干预制度，开展预后心理咨询与辅导，危机事件要进行善后工作处理。

通过家长委员会、家长学校、家长会、家访、微信等多种方式，畅通家校沟通渠道。学校与每个家庭每学期直接沟通联系1次以上，了解学生的家庭情况、成长环境与经历等。

5. 教育效果

学校师生对心理健康教育的知晓度达100%。完善心理健康教育品牌项目，总结出具有校本特色的心理健康教育成功经验和做法，在省级以上刊物发表专业论文。学校定期为社区、其他学校提供指导服务，发挥区域示范引领作用，形成良好的社会效益。

本制度从2021年10月16日起执行，未尽事宜解释权在学校。

对突发死亡事件恐惧的应激心理干预

一、事件背景

×年×月×日晚，湘西×中学×班张×同学在家洗澡时发生煤气中毒，不幸身亡。张×同学，女，生前住女生宿舍3-304寝室，学习认真，与同学相处友好。得知消息，有女生当场情绪失控，号啕大哭。同寝女生均有情绪紧张、恐惧的表现，有不敢单独如厕，无法入眠等现象。

事发之后，在校领导和班主任带领下，有十位同学前往陵园探望，其中八名同学观看了遗容，两名同学因恐惧不敢观望。

据高三年级主任张主任、学生科向科长及班主任符老师介绍，本班学生有部分Y班合班学生，这部分学生因为在高二Y班期间，有一男同学溺水身亡，所以遭受了两次死亡事件的心灵冲击，创伤较大，反应较激烈。

针对以上情况，制定心理疏导方案：由班主任符老师运用"生命可贵"叙事谈话对全班进行疏导；对情况严重和情况比较严重的学生，由心理健康专职教师舒老师采用"突发事件应激会谈"（CISD）法进行疏导，高三年级德育主任沈老师负责材料保障。

二、干预目的

缓解或消除师生对死亡的恐惧感，将对死亡的恐惧转化为对逝者的怀念和祈祷，懂得感恩及珍惜生命。

三、干预方式与时间

团体辅导2小时左右（×年×月××日16：50—18：50）。

四、干预对象

事发五天后高×班应激反应仍较强烈的师生。

五、干预过程

1. 班级讲座"生命可贵"

具体内容略。

2. 小调查

A案：对张×同学的离去害怕（非常、比较、一般、不）

留下选择"非常害怕"和"比较害怕"的学生。

B案：原Y班、同寝室以及参加吊唁的学生留下。

3."突发事件应激会谈"

会谈步骤：

第一：说明宗旨

谢谢各位同学和老师参加座谈，今天我们聚在一起，是因为上周六晚张×同学煤气中毒身亡事件，给大家带来了心灵上的震惊和创伤，所以我们举行这样一个减压座谈，为大家提供一个疗伤止痛的机会。

首先，希望大家彼此支持，对座谈内容要保守秘密。请大家回顾此事件，把自己的心声和感受说出来，共同商量我们必须做哪些事情，一起共渡难关。

我们一个一个轮流说，每个人都有几次发言的机会。希望大家直接回答我的问题。如果你离题了，请原谅我会打断你。

每人发一张白纸，写上发言序号和学生名字。

请每个人讲之前介绍一下自己，以便老师能称呼你们。

第二：叙事方式还原现场

请每个人回忆一下事件。你去陵园看到了什么？你没去陵园听到了什么，做了些什么？当时闪过脑海的第一念头是什么？（只阐述事实2—5分钟）

每人讲完后，疏导老师致谢："谢谢你讲的这些。""我知道你讲这些会很难过，谢谢你的分享。"（不解释，不建议）

第三：对压力反应做描述性讲述

请每一个人回顾事件发生以来，自己出现的身体或心理不良反应？

记录学生身心反应：行为、情绪、认知、生理等。

第四：过渡

危机事件后，人们会出现一些身心行为症状，我们每个人的这些身心痛苦是"非常状况后的正常反应"，任何人遇到这种情况时反应都大同小异，大多数人会在几周内有所改善，如果两三个月后，你还是感到相当痛苦，建议你与我联系。

第五：反思总结排解方法

A：想一想你们是怎么熬过这个巨大冲击的

引导总结归纳调节方法

宣泄（哭、倾诉、写日记等）

放松（带领学生一起做放松训练：微笑、耸肩、手部运动）

积极暗示（"我已经长大，没什么可怕的"）

运动（散步、跑步）

自我催眠（欣赏轻松的音乐、自我放松）

B：请大家想一下，接下来还有什么事情你会比较担心？你打算怎么办？（鼓励每个人讲述自己的应对方法）

第六：谈事件感受，分享经验

A：这次事故对你有什么启示？

大家从这个不幸事件中学会了很多，逝者在天堂里看到了一定会很欣慰。

生命对于每个人都非常可贵，它只有一次，一旦失去就不会重来。生命又非常脆弱，需要每一个拥有它的人好好爱惜。我们一生中会遇到许多困难、许多挫折、许多突发事件，面临这些事情时我们要认真，要理智，学会爱护自己的生命，学会运用正确的方法去应对不幸事件。感到自己无法应对的时候，可以寻求父母、老师、同学、好友的帮助，俗话说没有过不去的坎儿，有了大家的帮助，再大的困难都能克服。（寻求自助和他助）

B：从今以后，记得对自己说："我已经长大了，我不再害怕，没什么可怕的，我会坚强，会好好生活，会更加珍惜每一天！"（教学生自我暗示）

第七：感受团队的力量

感谢大家畅所欲言，互相理解体谅和信任。

现在请大家站起来，伸出手和旁边的人拉着，请你感受他人传递给你的力量和温暖，请你体会带给他人的支持与关怀。

再次提醒，我们谈的"不舒服"不是病态，是特殊情况下的正常反应，慢慢会淡化，如果两个月后你还是感到很痛苦，请与舒老师联系，要学会利用可以帮助自己的各种资源！

六、带领学生做两个活动

第一：放松训练

（1）深呼吸：坐在椅子上，闭上眼睛，有意识地深呼吸。

（2）耸几次肩膀，走路时想着放松肩膀。

（3）学习微笑，每天说"钱"五遍，消除面部阴郁表情。

（4）双手合十做圆周运动。

第二：告别仪式

（1）吊唁。

（2）到寝室默哀3分钟。

七、给学生的建议

（1）重新布置宿舍。

（2）和同学结伴行动。

八、反思

当日进行的哀伤辅导团体对象过多，心理老师承受的压力很大，今后进行团体辅导必须将辅导对象控制在20人以内，以保证辅导效果、维护施教者健康。本次辅导环节六活动二，改为在教室默哀减轻了寝室的现场刺激，对于帮助学生迅速缓解恶劣情绪较为有利。此次心理干预，提供了心理支持和放松训练，帮助了因恐惧导致应激反应的师生调整心态，有效地把他们对死亡的恐惧转化为对逝者的怀念和祈祷，使来访者在非正常状态下将反应正常化，较为迅速地恢复了正常的学习与生活。一周后，班主任和宿管老师反映，学生不敢单独如厕及失眠现象大为减少，重新找回了从容、平静。

用"心"赋能，为"蓝朋友"健康心理护航

消防救援队伍作为应急救援主力军和国家队，指战员长期处于高强度、高负荷、高风险的工作状态。特殊职业产生的工作压力和当下形势任务带来的影响，交织叠加，心理问题产生的诱因增多，影响到指战员身心健康和队伍的稳定。为"维护消防员身心健康，促进集体和谐发展"，湘西支队党委2021年专门成立了心理健康服务工作领导小组，聘请本人率领一批心理名师、名医，为支队提供心理健康服务。我们实地走访调研了9个基层队站、8个基层大队，借鉴了社会心理服务团体的具体做法，认真分析了心理健康服务工作的现状和形势，制订了具有可操作性的工作计划和方案。从心理健康发展性、预防性的角度出发，定期组织开展网上心理健康测试，综合评估全体人员心理状况，开展个体咨询、团体辅导、主题讲座和心理拓展活动，面向全体消防员实施心智提升、心育关怀，用"心"赋能，为全体指战员健康心理护航。

一、深入龙山县消防救援大队开展"走基层到一线"心理辅导工作

为进一步做好新形势下心理辅导工作，提升基层指战员的心理素质，增强自我调适能力，正确引导和维护基层一线消防员心理健康。2021年6月29日，湘西州消防救援支队政治部主任吴长征携湖南省教育学会学校心理教育专业委员会常务理事、湘西州中小学心理健康教育专家指导委员会成员、教育心理学高级教师舒暖，组成心理辅导队深入龙山县消防救援大队开展"走基层到一线"心理辅导工作。

主要开展了三个方面的工作。一是心理评估。运用微信小程序对全体队员开展线上心理测评，同时，走访基层进一步了解指战员面临的心理压力事件与

存在的心理困惑，为健康维护提供参考。二是开展团体辅导。6月29日上午，舒暖对大队全体指战员进行了"压力管理与心理健康促进"团体辅导，运用多个互动的趣味游戏让指战员释放内心的烦恼，极大地舒缓了压力、鼓舞了士气。三是进行一对一的心理疏导，无条件关注指战员，仔细倾听他们工作和生活上存在的压力问题，引导指战员正确认识压力、管理好情绪，以最佳的精神面貌和积极的心理状态投入消防救援任务当中。

此次心理辅导工作，内容丰富，全体指战员掌握了心理调适的基本方法和技巧，有效提高了开展心理辅导工作能力水平。龙山县消防救援大队表示，下一步将把心理帮扶融入执勤训练中去，针对性开展心理辅导工作，切实消除指战员思想困惑、缓解心理压力，提升指战员的获得感、幸福感和归属感，确保队伍高度安全稳定。

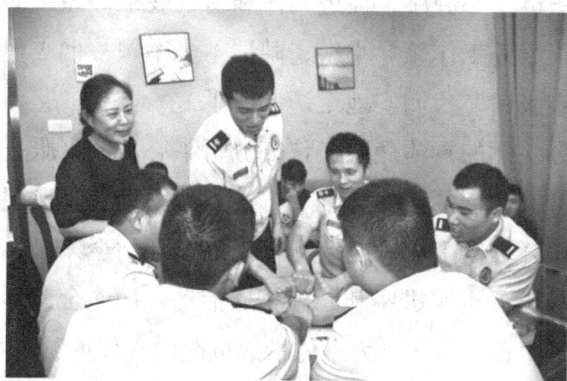

"压力管理与心理健康促进"团体辅导

二、深入省应急（消防）救援机动支队湘西前置救援队开展遂行心理健康服务工作

为切实做好抗洪抢险遂行心理健康服务工作，帮助指战员随时做好"出战""出征"的准备。2021年6月30日，舒暖、梁强等心理健康教育专家服务队在湘西支队政治部主任吴长征率领下，深入省应急（消防）救援机动支队湘西前置救援队开展遂行心理服务工作。

在永顺县消防救援大队综合训练馆，心理健康服务队首先通过暖身互动游戏开场，帮助全体指战员放松心情。随后采取拼图分组，以"消防员心理危机干预"为主题，运用"故事分享+案例阐述+道具拓展"的形式，组织消防员从心理危机现状、面对危机的行动策略等方面进行了体验与感悟。最后，服务队还组织开展了全体指战员心理测评，对常见的心理问题和心理调适方法进行了互动解答。

深入省应急（消防）救援机动支队湘西前置救援队开展遂行心理健康服务

遂行心理健康服务活动的开展，进一步提高了指战员的抗压能力，培养了指战员积极向上的健康心态，增强了队伍凝聚力、战斗力。引导和激励了指战员以更加饱满的精神状态和过硬的心理素质，投入建党100周年消防安保和抗洪抢险救援工作中，为圆满完成建党100周年消防安保和抗洪抢险救援任务提供了强有力的心理保障。

三、为湘西支队开展心理健康服务下基层系列活动

为进一步强化疫情防控期间的心理疏导工作，及时缓解基层指战员因24小时执勤战备产生的精神压力、心理压力和工作压力，孟娟、舒暖、易明、周立林等心理专家，为湘西支队开展心理健康服务下基层系列活动。在湘西支队党委精心安排策划下，专家团队分工明确，各负其责，引导指战员学会在执勤、训练、生活中自我调适，树立阳光的心态，切实加强了对基层指战员的人文关怀及心理疏导，提高了指战员心理健康意识。

舒暖以"压力管理与健康促进"为题进行了讲座。从对压力的认识、压力管理的方法和技巧、培养自身压弹能力等方面入手进行详细论述，并针对当前紧张执勤备战中普遍存在心理问题的原因和表现进行了客观、详细的分析，运用生活中的例子讲解了焦虑，愤怒，恐惧，抱怨，消极等状态的产生原因，帮

助广大指战员区分积极情绪、消极情绪，学习释放消极情绪与面对情绪起伏时自我调整，以及有效沟通、增强意志等方法。

吉首大学心理学教授、湖南省社会心理学协会常务理事孟娟，采取"一对一"个体咨询的方式，围绕指战员日常生活等方面进行个别辅导，认真倾听指战员在工作、生活中遇到的问题，了解指战员现阶段的困难，有针对性地进行心理疏导和教育，帮助大家学会正确认识自己的情绪，及时解开心理"疙瘩"，使指战员对于如何提升工作效率与生活质量有了更清晰的认识，有效提升了指战员的自我调适能力，取得了良好的辅导效果。

为湘西支队开展心理健康服务

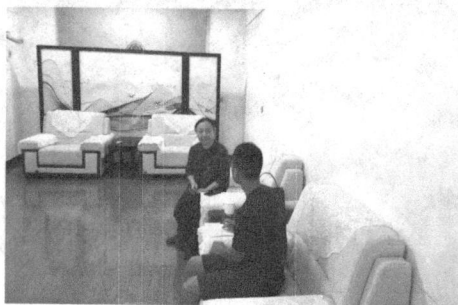

"一对一"个体咨询

国家二级心理咨询师周立林、易明老师针对消防救援队伍工作特点，带领指战员开展了"不倒翁""心有千千结"和"信任之旅"等一系列团体辅导。其间，指战员全身心地投入团体活动，敞开心扉，密切配合，压力和负面情绪在一次次欢声笑语中逐渐释放。增强了团队活力、凝聚力，达到了调适情绪、认知自我、释放压力的目的。

团体辅导

我们分工明确，各负其责，为湘西消防支队开展常态化心育工作。从每名指战员的心理诉求出发，制定个人心理健康分析报告，分类施策、精准应对、及时干预。个别辅导、团体辅导，帮助指战员改善心理健康状态，主题讲座、素质拓展等活动，教育引导广大指战员快乐工作、健康生活，达到了凝聚队心，激励斗志的目的。

湘西州未成年人心理援助活动工作案例

活动名称：湘西州未成年人心理援助

活动时间：2020年2月5日

服务提供："心抗疫·新康愈"志愿者团队

服务受益：湘西州未成年人及其监护人

一、案例摘要

2020年年初，新冠肺炎疫情来袭，习近平总书记强调："支持广大社工、义工和志愿者开展心理疏导、情绪支持、保障支持等服务。"

2月4日，湘西州文明办副主任喻阳致电，要求结合疫情需要，紧急筹备开设心理援助热线平台。湘西州教育和体育局、湘西州文明办、湖南宋祖英助学基金会共同发起了"心抗疫·新康愈"心援行动。全州八县市各级各类学校的39名志愿者，组建三个家长微信群，数个班级工作群，自行提供服务终端，面向全州未成年人及其监护人，线上值守56天，完成心理调查2次，简报4期，美篇26份，学习培训19次，形成会议记录19份，微课5堂，抖音5个，推文数万字，发表宣传稿10余篇，累计为万余人次学生和家长缓解情绪。

疫情向好，心育不止。高考综合改革等现实，使学生、家长各种心理和情感问题凸显。州民中是全国首批心理健康教育特色校、湖南省心理健康教育示范学校，湘西州未成年人心理辅导站所在地，有责任成为心育践行者、先行者、引领者。创新工作模式，线上线下同频共振，开展多种形式心理服务，深得社会各界的好评。

二、需求分析

调查数据显示，学生存在不同层次的心理问题，主要表现为情绪问题、行为问题、家庭问题等。湘西州疫情对湘西州学生及家长没有造成严重的影响。将主题推文、集体备好开学第一课调整为心理援助工作重心，和线上咨询成为互补。帮助来访者掌握减压技能、学习情绪调适，同时，以专业培训促进志愿者成长。

三、工作过程

（一）开启国培管理模式，夯实专业服务团队

团队队长舒暖和顾问李想以及彭永凤、梅梅、李湘萍等，都是（A144）国培班的同志，刚参加过湖南省教师发展中心的集训。行动之初，队长、顾问决定学以致用，用国培标准管理团队，用学术引领教师发展。构建了行动领导小组和工作组，工作组下设咨询组、督导组、宣传组，制订了工作要求和团队制度。将志愿者分为5个咨询组，每天安排1组志愿者线上值守，1名督导。每位成员每天在线上用"世界咖啡"的形式商讨主题，以文档、链接或者微课的形式，提供方便阅读的推文。每晚线上会议进行工作小结、反思分享、心理危机干预培训。要求每一位志愿者，从主持会议、制作美篇、线上咨询、总结反思到宣传推广进行全方位实践，从"危机心理援助与我们日常工作的不同"到"服务人群分类及应对措施"再到"咨询技巧"进行全方位学习，带出一支吃得苦、霸得蛮、专业过硬用心用情做心理援助的队伍，现有志愿者39人。

（二）开展心理调查研究，强化科学工作方法

设计修订湘西州中小学生、家长心理调查问卷各一份。在湘西州教育科学技术院院长宋泱的支持下，用问卷星形式开展调查，有效问卷回收分别为7199、49509份。中小学生问卷调查中，小学4371份，初中1201份，高中1627份。调查表明，疫情没有对学生造成严重的心理问题，但因较长时间居家禁足，开学一再延后，16.68%的学生认为，需要得到家长、老师的及时关怀和专业的心理支持。以此作为工作调整的依据，由线上危机干预援助为主普及心理健康教育知识为辅，转为普及心育知识为主线上辅导援助为辅。编制撰写心理问题调查报告，为相关部门研判疫情和科学决策提供了参考依据。

（三）开发心育课程资源，构筑成风化人环境

线上教学最初以美篇、PPT等推文进行，但学习者只能通过阅读获取知识。为调动多感官感知知识，决定录制集PPT和声音一体的微课，时长15分钟左右，图文提示5分钟左右，讲课5分钟左右，讨论5分钟左右，可以直接在微信群、钉钉课堂推课。微课操作性强，最接近线下课堂，学生能根据自己的基础和接受程度控制视频的播放速度和播放次数，较适合线上推广。首批微课分居家建议、情绪调适、人际交往、学习策略四个主题，各组员按自己的强项，认领设计、录屏以及线上投放等工作。运用微信课堂线上驰援北大方正人寿保险武汉员工，极大地拓展了工作面。4月，复课复学，强调学科融合，融入民族文化元素、"人文"元素，本学年学生评教优秀，反响良好。

学校社会服务同频开放心理辅导中心，提供个体咨询、团体辅导、送教帮扶。手机片刻不离身，电脑随时保持开机，每天9：00，"请问有什么可以帮您？"是白天热线咨询时问候最多的一句话。微信接到咨询需求，马上转为私聊，用绘画等技术缓解了来访者恐慌、焦虑等情绪。为州民中做团体辅导的同时，还为长郡中学做创伤后应激障碍干预1次。服务学校、家长和社会，为州民中家长学校做专题讲座两次。为"全国优秀儿童之家"首车小学送教，为保靖县儿童督导员、儿童主任做业务培训。受湘西经开区妇联邀请，参加联合走访，对10余名困境儿童、留守儿童进行心理帮扶。为学生发展和家庭教育指导搭建多元的服务平台，聘请湘西州教育技术学院院长宋泱以及乾州派出所干警罗婴等12名专家为家长学校兼职教师，并做女生防止性侵等专题讲座。与社区、检察院、公安局等协作共建，形成校外心育环境。

专项活动共振疫情背景下，从三个特殊的时间节点切入，让全体学生和家长，在感恩和"我爱你""我爱我"的氛围中，落实行动为自己的心理赋能。

2020年5月10日母亲节，州未成年人心理辅导站4名志愿者，为州民中18××班进行了现场团辅活动。同日，向家长微信群推出陈虹教授的网络录播课，线上指导家长帮助孩子消除考试焦虑等。

州未成年人心理辅导站志愿者团辅活动

2020年5月25日举办州民中第六届心理文化节，展出了学生心理魔法壶画作，提供现场心理咨询。参与者感慨，体会"5·25"，爱自己才能更好地爱他人爱社会。2020年5月28日，指导州民族中学湘西经开区校区策划首届心理文化节，湘西州未成年人心理辅导站10名志愿者参加首次线下专业研讨会，州委宣传部夏霞及邓振军、州教体局李想等领导莅临现场。

湘西州未成年人心理辅导站志愿者团队首次线下专业研讨会

四、成效评估

（1）全民健心网等媒体刊发《加强学校心理健康教育，州教体局履职结硕果》等新闻文稿多篇。《用心抗疫》等文在新湖南刊发，《延迟开学，如何缓解焦虑情绪》等文在校园网刊发。

（2）团结报影视中心拍摄《幸而有你，岁月静好》，疫情期间的线上教学和复课后的课堂教学得到广泛宣传。湘西电视台播出安全教育宣传片，舒暖阐述校园欺凌的原因、危害和预防等。

（3）"心抗疫·新康愈"志愿者团队，得到了湘西州教育和体育局、湘西州文明办、湖南宋祖英助学基金会等部门的通报表扬。得到了新湖南等媒体多次报道。

五、价值与意义

（1）活动契合疫情与学生身心发展需求，设计科学、合理。

（2）具有较强的针对性和可操作性，涌现出疫情心理危机干预、心理帮扶进社区等颇具成效、借鉴性强、可供推广的做法。

（3）整合家、校、社、政多方资源，合力构筑成风化人的"心"环境，扎实推进和全面深化了心理示范校工作。

六、专业反思

（1）心理援助是一项系统工程，专业队伍做专业的事，才能产生良好效果。

（2）心理帮扶需要长期坚持，富有情怀的专业人员应不忘初心，砥砺前行。

（3）心理教育，作为校园文化浸润具有现实意义。

第三辑
创新的课堂教学

心理健康教育是一门专门的学科，不同于一般的学科教学。课堂教学方式以参与活动自主体验为主，教学方法上以个体经验为载体，以活动为中介，在师生共同参与下引起学生相应的心理体验，从而施加积极影响。教育创新，首先是教育教学方法与手段创新，由传统教学转为赋予信息技术的项目式学习。其次是教育评价体现了综合评价、整体评价，定性与定量结合的评价。再次是在课堂教学结构方面，形成了活动体验—知识讲解—讨论练习—理论升华—拓展运用的模式。最后是不断提升教师素养，实施创新的课堂教学。作为必修校本课程，坚持心理和谐的教育理念，紧跟时代要求，开发课程资源，形成《高中生生涯规划导与学》等一系列校本教材研修成果。

心理健康辅导活动课实施及评价

心理健康教育是学校全面发展教育的重要组成部分，是素质教育的重要内容。目前，独立型的心理健康教育课程已走进了大部分中小学。执教者应知晓中小学心理健康教育课堂教学不等同于心理学学科课程，施教过程中聚焦学生心理的发展规律和成长特点，远比传授知识和技能重要，应该视其为个体心理辅导、团体心理辅导的必要扩充。由于在中小学开展个体咨询耗时长、受惠少，更多的心理老师愿意选择团体辅导开展咨询辅导，但是团体辅导需要招募同质对象，辅导时间也容易受限制。因而，从各班实际出发，以班级为辅导单位，通过组织主题活动，让学生在小组、全班的人际交往中观察、体验、学习，借助团队的力量获得成长的班级团体辅导，成为湘西州民中心理健康教育课堂教学的创新之举。

一、心理健康辅导活动课的性质

心理健康教育活动课程是指教师根据学生心理发展的规律和特点，有目的、有计划、有组织地通过学生主体性的活动项目和方式，使学生心理品质受到实际锻炼，进而培养和提高学生心理素质的一种课程形式。

心理辅导活动课是一种以积极心理学为理念，面向全体学生开展的活动课程。现行中小学教学计划将其列入"活动课程"，州民中列为校本必修课程。

它的辅导目标在于发展性和预防性。活动内容主要有学习辅导、生活减压、生涯规划等，通过纸笔游戏、情景体验、角色扮演以及讨论分享等多种形式的系列辅导活动，帮助学生增强情绪调适能力，抗挫能力，形成良好的自我认知，良好的人际关系和社会适应能力。

二、心理健康辅导活动课实施的原则

（一）活动性

心理健康辅导活动课程以现代活动课程理论为依据，寓心理健康教育于活动之中。活动性是心理健康辅导活动课程的突出特征，表现为教师根据心理知识和学生实际，用活动构成辅导的基本环节，使学生在活动中获得心理体验、发展心理素质。活动的内容应该丰富多彩，形式应适应学生成长的需求，活动设计关乎辅导的成效。

（二）主体性

心理辅导的最终目的是助人自助，心理健康辅导活动课应强调学生的参与意识、实践意识和主动意识，充分发挥学生的主体性是心理健康辅导活动课程的优势所在。通过课程实施让学生在活动中感受、体验，得到启示，让学生在活动中改变认知、行为和态度。

（三）互动性

互动是团体的特征，也是团体达成目标的重要条件。同龄段学生之间年龄相近，心理特点相仿，往往有更多的共同语言，容易理解沟通。心理健康辅导活动课程能发挥积极的双向互动的人与人之间的群体动力效应，调动学生自身的教育资源，在平等关系中有效培养温暖感、信赖感、亲切感，形成互相尊重的人际关系和良好人格。

三、心理健康辅导活动课的评价

根据心理健康辅导活动课程的特点，课程评价主要集中以下三个方面：

（一）课程起始评价

课程起始评价，是指在教学活动开始之前进行的评价。它的主要任务是评价学生进入新的教学活动前所具有的前提条件，包括对学生能力、个性特点、各种优点和缺点、各种心理或行为问题类型等了解。其目的是把握学生所具有的不同学习准备状态，进而确定明确具体的教学目标和选择有针对性的活动内容。起始评价还包括对课程目标进行评价，即评价老师设定的目标是否明确具体，是否针对学生的心理实际，是否遵循总目标的方向。

（二）课程实施过程评价

实施过程评价，是指在教学活动进行过程中进行的评价，即形成性评价。注重实施过程评价的目的在于对正在实施的心理健康辅导课程及时进行监控和评定，对教学活动各个环节的实施情况进行诊断分析，找出哪些地方偏离了教学目标，哪些地方还需进一步完善，从而为课程的调整提供及时的反馈信息。

（三）课程实施结果评价

实施结果评价，是指在一门课程结束或一个教学方案结束时所进行的结果评定，即总结性评价。总结性评价通常采用事先设计好的评价表或事先选定的检测等，在课程结束时让学生填写，然后进行分析，了解学生对教学活动的满意程度、活动感受及行为变化状况。评价方式有几种：①通过心理测试了解学生在实施课程后心理素质的变化；②对学生内省材料进行分析评定，例如可通过学生的学习体会、周记来对其心理变化进行分析评定；③对学生参与心理课后发生的行为变化（如学习习惯、人际交往等）进行评定。

学生的心理素质和心理健康水平的提高是一个长期的过程，所以评价时要考虑课程实施的长期效果。因而，还应进行追踪性评价，以了解教学效果的持续性，对学生的学习、生活长期的积极的影响。总之，对心理健康辅导活动课程实施结果的评价重点应放在学生心理素质的提高以及相应行为的改进上。

四、心理健康辅导活动课评价的具体运用

在湘西州首届高中心理健康赛课活动中，运用了下面的评价表：

高中心理健康赛课评价表

主题	执教	起始评价	过程评价	结果评价
团队中我的角色	保靖民族中学杨源			
做决定那些事儿	凤凰高级中学仇雨昕			
扬起自信的帆	吉首市第一中学朱开敏			
点亮灯塔扬帆启航	永顺一中付金凤			
调整心态勇往直前	花垣县民族中学杜思思			
体验自尊，悦纳自我	湘西州民族中学左田清			
生涯角色及生活形态	泸溪一中杨铁石			

活动后，保靖民族中学和湘西州民族中学心理老师分别写了课后反思。杨老师对"团队中我的角色"课程反思如下：

1. 本节课的重点和难点

引导学生正确认识自己的价值，明确自己在团队中扮演的角色和承担的责任，明白建立良好的自我疆界的重要性。

2. 本节课的成功之处

"活动"和"体验"是心理活动课最核心的两个要素。本节课最大的亮点就是通过创设一定的心理情境（如：西游团队决策），开展富有启发意义的心理活动（如：心理游戏"形影不离"），激发学生内心的认知冲突，唤醒学生内心深处的心理体验，以达到提升心理健康的目的。

3. 本节课存在的问题

本节课的设计环环相扣，内容比较充实。但由于"活动"与"体验"较多，时间上不好把控。为了体现教学内容的完整性，对"如何学会在团队中建立良好的自我疆界"探讨不够深入，缺乏技巧与方法的指导，呈现出重情感目标、轻行动目标的弊端。

4. 安全注意事项

心理游戏"形影不离"的第二个环节要求"影子模仿""身体"，教学过程中，教师要明确规则，强调哪些是可以模仿，哪些是禁止模仿的，营造安全的心理氛围。

左老师对"体验自尊，悦纳自我"的教学反思如下：

通过学习"体验自尊，悦纳自我"，学生能够初步达到在自尊分化、冲突的时候寻找自尊的统一。本课通过三个部分，两个活动的方式完成。首先，用一个绘本故事引起学生对自尊的共鸣，通常我们都会去爱慕别人拥有的，而忽略自身存在的。熊和蝶的强烈反差引起了强烈的对比感，更容易理解。然后向学生介绍什么是自尊，理解自尊这个词的时常出现。让学生学会正视自己的自尊，每个人都有自尊，个体的自尊感有强弱之分。最后，将自尊的概念量化，避免学生因为害羞而不敢描述对自己的正常满意程度。

两位老师赛课的主题不同，活动设计一动一静，组织课堂风格各异，都有较大的提升空间。从宏观来看，课程设计的主题应该是学生发展中正面对或者即将面对的成长困惑或者心理问题，应具有较为普遍的辅导意义。从微观来看，具体活动的主题应具有可操作性，可视、可听、可说、可演、可画、可量化等为佳。课程目标忌大而空，宜具体化。体验自尊，悦纳自我，通过量化测评予以评估，运用恰当的教育措施化抽象为具体，达成了预设的教育目标。

面对高中生，设计者应注意挖掘每一个活动背后的理论依据。高中学段心理健康辅导活动课，要考虑让学生知其然还知其所以然，采用热身—活动体验—知识讲解—实践运用—理论升华—拓展活动，是州民中凝练的授课模式。当然，有教无类，也应呈现个性化设计的课堂。只要老师满怀爱去设计，带着心育人的情怀去辅导，学生深刻体验，积极生成，就能较好地达成预期辅导目标。

湘西州民族中学生涯规划教育工作三年规划

2000年前，庄子曰："吾生也有涯，而知也无涯"，即是"生涯发展"之意。生涯教育（career education）：1971年由美国联邦提出，并以此作为全美中学校之教育主轴且由各邦自行发展。20世纪80年代期间，"生涯发展教育"一词一直广为流行，它不再是以过去的职业辅导为主，而开始以生涯发展辅导为主流。

随着新高考改革的推进，选择性教育得到不断强化，要求学生、家长和学校能够科学选课、选专业和选择大学；新时代人才培养要求受教育者既综合素养全面，还要有能力长板。生涯教育是基础教育改革和人才培养创新模式，要求教师把每一位学生视为完整的、有差异的、自主的生命存在，重点培养学生以选择能力为核心的人生规划能力，它通过对学生自我认知、课程选修、高校志愿选择、生涯规划进行指导，为学生在工作态度、人际关系、选择技巧和工作技能等方面预做准备，帮助学生正确评估自身学术、人格特质、兴趣等要素，顺利完成对学业、专业、职业的初步选择与规划。

为顺应时代和教育改革要求，帮助学生根据自身实际选择适合的发展方向，提高学生综合素养、加快学校特色建设和学生全面而有个性的发展步伐，制订本工作计划。

一、总体目标

通过三年努力，围绕学生生涯发展教育指导、生涯活动体验、生涯规划评价三个方面，对接新高考、适应新时代人才培养的要求，加强对学校高中学生的心理、学业、职业、生涯指导，规划一幅蓝图，培养一支队伍，探索一种模式，凝结一股合力，形成一个教育改革创新的局面。

二、具体目标

生涯教育的国际发展趋势表明，高中生涯规划教育的目标绝不仅仅是培养学生的学科选择能力，而是在"对个体的生命历程也有宽泛而深远的透视"的基础上，使学生掌握适应未来社会发展所需要的生涯规划的关键知识、常用方法和选择决策的技能，促进学生兴趣和人格的长远发展，提高学生综合素养，使之在人生的任何阶段都能主动、智慧、持久地适应社会，实现自我发展和终身发展。

学校推动生涯规划教育任务落地的可操作性举措包括：

（1）构建4门生涯指导课程。

（2）建设100种生涯体验基地，做课堂教学的有效延伸。

（3）创建优秀家长学校，处理好学校与其他学校的关系，家庭与社会的关系，用整体化教育推动生涯教育工作建设。

三、两大任务

（一）学生

第一，培养以选择能力为核心的人生规划能力。包括学业规划能力、职业规划能力、生涯决策能力三个方面的内涵。

第二，培养学生能够适应职业变化所需要的核心能力与重要品格。首先要培养学生掌握适应不同社会生活与职业变化的知识与技能，这是学生的才，即核心能力。其次以社会主义核心价值观为引领，传承中华美德，夯实爱国敬业诚信友善的道德品质，培养他们对家庭、社会和国家深切的责任感与担当精神。这是学生的魂，德才兼备，才能胜任新时代的职场挑战。

（二）师资

第一，学校教职员全员参与生涯规划教育，人人可做导师。

第二，提高家长生涯指导能力，人人应做导师。

四、"一体两翼"的实施措施

把对学生的生涯教育放到与文化知识同等重要的位置。职业生涯教育是有目的、有计划、有组织的教育活动，是系统、持续、动态发展的综合性活动。

因此，通过实施"一体两翼"，让学生通过各种学习，提高职业素养。通过对家长和学生职业生涯规划指导，培养学生正确的职业理想，形成争取成功职业生涯的自信。

（一）"一体"，学校以课程实施为主体

每一学科、每一门课都具有生涯教育的价值和功能。依据生涯教育的任务，构建四个方面的生涯导向课程。以课堂为主渠道，通过正式课程、非正式课程和学科全面渗透的生涯规划训练，教会学生规划人生的方法。

1. 编写校本教材及学生配套学易

结合学校实际和地方经济实情，从学生生涯可持续发展的高度，组织编写《高中生生涯规划导与学》校本教材。使学生能够从职业的角度，了解自己，了解社会；从兴趣特长的角度，了解未来可能从事的职业，了解今后发展的路径；从发展的角度，了解相关职业对从业者素质的要求，树立职业理想，以推进职业生涯教育为重点。组织编写《高中学生传统文化导与学》校本教材。从传承中华文明的角度品味人生，夯实基于热爱祖国、凝结民族精神的价值观、人生观、世界观。组织编写《高中学生禁毒安全导与学》校本教材。引导学生尊重生命，远离毒品，以健康的生活方式珍爱生命，为生涯发展提供基础，以生命教育、禁毒教育为重点。组织编写《高中学生道德法治导与学》校本教材。引导学生遵纪守法，从自觉、强制的角度理解"做人"的规范，以良好的职业道德和遵纪守法主动适应职业和社会需求，为职业生涯发展提供保证，以道德、法纪教育为重点。

课程全案设计，学科全面渗透。将生涯发展教育观念融入各科的教学，配合课程设计活动。以激发学科兴趣和职业体验为宗旨，内容涵盖人文素养、科技素养、国际视野、生命和道德、健美人生等领域，便于学生对多种学科和多种职业进行深度探索。

2. 采用校本必修课的形式，分年级分梯次，螺旋上升体系组织课堂教学

高一每周一课时《高中生生涯规划导与学》，由生涯备课组舒暖、左田清、雷雪媛老师，按行政班承担教学任务。每月一主题《高中学生禁毒安全导与学》由学校安全科组织教师，实施校本教材。高二每月一主题《高中学生传统文化导与学》，由研究性学习备课组组织教师，按行政班授课。高三每期一讲座《高中学生道德法治导与学》，由学校法制校长组织教师，实施校本教材。

（二）"两翼"，生涯教育体系以学生和家长为两翼

1. 一翼：既面向全体学生又注重学生个性化发展

（1）多途径生涯发展教育模式

第一，主题教育。通过开展各类主题活动，如征文、班会、演讲、漫画、情景剧表演、模拟招聘、职业人物访谈、家长论坛进校园等，帮助学生感悟主题、分享体会，并将思想感悟转化为实际行动。

第二，校内生涯教育体验平台。如学生社团活动之学生文学社，心理健康辅导中心、科技创新室、通用技术及信息技术活动小组等，"学生大讲坛""关注孤儿关注慈善""献爱心义卖活动"等主题活动。学生自主管理校园电视台，在校即可拥有播音员、采访、编导等职业岗位的体验。

第三，建设校外生涯基地。以生涯基地建设为载体，通过职业感悟和实践培养学生的职业素养。两年内，就近在校外设立百种职业生涯体验基地。从一级产业→二级产业→三级产业，例如：农企业和自然资源；企业和办公室；传播和媒体；营建；消费者和家政；环境；美术和人文；健康；接待与休闲；制造；海事科学；个人服务；公共服务；交通运输14类均建有基地。结合本地产业，农企业：隘口养殖基地；工业：酒鬼酒、汽车4S店；媒体：飞扬101、电视台；酒店餐饮业：凯莱大酒店等；金融业：农商银行小溪桥点、建行、中行等网点；医药行业：湘西州人民医院、湘西州民族中医院等；高校：吉首大学、高职院等；政府机关：团州委、州文明办等；公安武警：湘西消防特勤站等。与学科教学相关的有地理研学基地；历史有红色旅游地、名人故居、纪念馆等，带领学生每月一次，到基地开展实践活动。

寒暑假，开启高中生成长体验之冬令营、夏令营活动，组织学生赴省城、首都，或者中国港澳台、外国开展研学活动，带领学生们走出湘西，走进各个名校，感受大学氛围、接轨世界前沿。

第四，在心理健康教育、安全教育、道德与法制教育以及传统文化传承中渗透职业生涯规划教育。定期开展个体咨询、团体辅导，户外拓展活动、"5·25"心理文化节等专题活动。

生涯教育活动，除了课堂教学以外，以个别指导、专题讲座、拓展训练等多种形式，把定期活动和随机活动、普及活动和专题活动、传统项目和不断创新结合起来，帮助学生形成生涯可持续发展的动力。

（2）全员参与，打造生涯发展导师制度

第一，全员参与生涯规划教育，人人争当导师。通过两年培训，完成通识培训、提升培训，培养出一支有专业水平的生涯规划导师队伍。2019年暑假完成生涯教育队伍建设，促进教师专业发展、个人成长。

第二，班主任能够在专家指导下借用测评工具对学生进行职业倾向、兴趣、人格等测试。生涯规划导师经过集体备课、研课，能分主题进课堂实施教学。生涯导师、班主任具备对学生进行科学填报志愿、求职辅导等个性化指导能力。

（3）不断创新，助推教育教学评价方法的变革

学校生涯发展教育的评价方法：

第一，新生入学即建立生涯发展档案。内容包括：成长历程、心理测验、学习表现、特殊表现、自我评估、行动计划、生涯规划等，对学生的生涯规划教育过程进行写实性的记录。班主任协助生涯指导教师要求学生完成心理健康·生涯发展学易，填写"高中生生涯发展规划表"，使每一个学生对高中三年学习生活有初步计划。

第二，阶段性地进行问卷调查，为未来教育活动的修正和实施提供依据。高一两次期末考试之后，或者高二选课之前，年级组可以先对学生进行选课需求状况调查，力求对学生的学业规划做到有的放矢。

建立学生成长档案袋，开展测评、咨询、大课程等多种形式的生涯指导，组织生涯主题周、生涯博览会、生涯发展体验营等生涯体验活动，做到四有：有机构、有场地、有师资、有专人负责。做到四化：规划预设化、师资专业化、途径多样化、基地长久化。确保方案推进与落地。

2.二翼：面向全体家长

（1）争创家长示范学校，通过家委会、家长会，家长开放日等方式不断提升家庭教育指导能力和对学校教育活动了解与监督的力度。

（2）利用家长、校友、职场名人等社会资源，开设职业名人大讲坛、家长论坛，通过家长分享职场体验、职业名人现身说法，帮助学生从最亲近的人身上了解职业信息和社会需求。

（3）要求家长带领子女体验自己工作的一天，实地参观用人单位、实践体验职业角色，帮助学生体会父母不同专业、职业的特点。

此外，进行素质拓展、生存训练，帮助学生充分认识职业素养对人生发展的重要作用。运用现代信息技术做宣传推广，实现资源的共建共享，引领学生规划人生。以个性化指导和实践体验为主要途径，引导学生尽早地去了解社会、融入社会，服务社会，协助学生顺利完成从校园人到社会人的转变。

总之，将生涯规划融入教育全过程，形成学校新的办学特色。

基本内容、时间节点、部门责任人安排表

内容			时间	部门责任人
规划蓝图，构筑高中学生生涯发展教育大课程体系	正式课程配套学易	生涯规划导与学	2018年7月	教科室主任
		禁毒安全导与学	2018年	安全科
		传统文化导与学		教务科科长
		道德法治导与学		学生科科长
	非正式课程		生涯发展教育相关活动	
	课程全案设计，学科全面渗透		2019年9月	分管教学副校长全体任课教师
全员参与，打造全能型生涯发展教育师资队伍	全体教师通识培训		2018年暑假	师资培训负责人（教师发展中心）
	生涯导师选拔提升培训		2019年暑假	
	班主任生涯决策培训		2020年暑假	
内引外联，强化多途径生涯发展教育模式	主题教育		每月一次	学生科科长（学生发展中心）
	社团活动		每期一次	校团委书记
	百种生涯基地		2018年7月至2020年9月	分管教学副校长
	研学活动		寒暑假各一次	
	心育渗透5·25专题		每年5月25日	分管学生副校长
整合资源，实现人生规划合力，激发学生潜力	校园开放日		每期一次	校长王斌
	家长学校		每期两次	分管副校长
	社会资源		2018年7月	年级组
不断创新，助推教育教学评价方法的变革	职业倾向测评		每期一次	班主任
	学分认定		每期一次	教务科科长
	学生成长档案袋		2018年9月至2021年6月	年级组

课程安排表

校本课程	高一	高二	高三	学时
生涯规划导与学	每周一课时			32
禁毒安全导与学	每月一课时	每月一课时		16
传统文化导与学	每月一课时	每月一课时	每月一课时	24
道德法治导与学			每期一课时	2

五、具体实施

要把生涯发展教育贯彻实施在学生学习、生活的整个过程中，并针对不同阶段学生特点分层次、分步骤地开展相应的生涯发展工作。

不同阶段学生生涯发展教育开展情况

		高一		高二	高三	责任人
		第一学期	第二学期			
生涯发展教育	课程学习	以生涯觉察为主。课堂教学开展梦想启航、认识自我、认识学校、注意力、记忆、思维导图、兴趣、能力、性格、意志力培养等主题	以生涯探索为主。课堂教学开展认知大学、亲近专业、职业变迁、情绪管理、时间管理、生涯任务、生涯角色、人际关系、价值观、生涯规划与决策等主题	导向、定向阶段，以确立目标为主，加强实现目标的过程管理。从行为习惯、学习能力各方面打下扎实基础。开展个别咨询、团体咨询、专题讲座等多种形式的生涯指导活动	去向阶段，以生涯决策为主，做好高考和升学的科学指导工作。简报、展板介绍高校院系，包括所学专业内容、就业方向、往年录取分数等。开展规划未来的专题讲座	生涯导师
	主题教育	"我的未来不是梦"主题班会、主题征文	"我的大学我的梦"主题漫画、主题演讲；"5·25"活动	第一学期 生活技能主题教育周	第二学期 职业生涯主题教育周	十八岁成人礼一百天冲刺动员大会；奋斗五十天主题班会等	学生科
			科学选课				

131

		高一		高二		高三	责任人
		第一学期	第二学期				
生涯发展教育	家长学校	校长论坛；家长分享职场体验	教师论坛；职业人物访谈	学长论坛；体验父母职业	学长论坛；职场名人进校园	家长会；校园开放日	分管副校长
生涯活动体验	模拟体验	生涯角色情景剧表演	献爱心义卖活动	户外拓展活动	模拟招聘会	生涯博览会	年级组
	社团活动	学生心理社、校园之声广播站等选拔录用	关注孤儿关注慈善；为高三加油活动	科技创新、生活技能大赛等	我的职业体验故事大赛	生涯设计大赛；论职业的变迁征文评比	校团委
	基地体验	职业体验，带领学生到酒鬼酒生产地、凯莱大酒店、湘西州人民医院、团州委、吉首消防特勤部队等基地，每月一次实践体验	职业体验，带领学生到汽车4S店、中国银行、吉首大学、政府机关、湘西州博物馆等基地，每月一次实践体验	带学生到与学科教学相关的地理研学基地名人故居、博物馆、纪念馆体验	带学生到与学科教学相关的科研机构、理工科研学基地进行体验活动	生涯发展体验营，广泛参与社区服务、社会实践，了解国家及国民经济状况完成经济的觉察调查报告	教务科
	研学活动	寒假进行港澳台研学活动	暑假赴省城、首都开展研学活动	寒假赴澳大利亚、美国、加拿大等国研学旅行	暑假赴欧洲等国研学旅行	田野调查或者参观旅行	分管副校长

续 表

		高一		高二	高三		责任人
		第一学期	第二学期				
生涯规划评价	测试	霍兰德职业倾向测评等	职业能力测评等	职业认知测评等	跟踪调查	大学填报志愿,专业、职业的选择	教科室
	评分						教务科
	建档	拟订计划	团体共享	逐步推展	完成规划		班主任
宣传推广		实现区域资源的共建共享,利用现代媒体等做好宣传推广					全体人员

新学期实施《高中生生涯规划导与学》课堂教学的论证

2014年9月4日，国家关于考试招生制度改革的实施意见正式发布，旨在"增加学生选择权，促进科学选才"。2019年4月23日，全国第三批启动高考综合改革试点的8个省市：河北、辽宁、江苏、福建、湖北、湖南、广东、重庆发布了实施方案，方案从2018年秋季入学的高中一年级学生开始实施。考试形式由原来的文理科"固定组合"向"多元选择"转变，招生录取由根据统一高考成绩录取向"两依据、一参考"录取模式转变。方案中无论"3+1+2"的高考模式还是志愿填报形式，都使以往默默无闻的生涯规划教育因其所具有的培养学生选择能力的重要作用，站上了教育改革的前台。

如何指导学生根据自己的兴趣、特长选择报考科目以成功应对高考，成为众人眼里最需要迫切解决的问题。生涯规划教育被认为是解决"落实学生选择权"这一紧迫问题的最"可靠"的途径。其实，生涯规划教育是高中教育的有机组成部分，培养学生选择能力只是生涯规划教育的目标之一，生涯规划教育具有更加丰富与深刻的内涵。

一、高考综合改革和现代高中教育都需要生涯规划教育

据湖南省教育厅正式发布的《湖南省高考综合改革实施方案》，考生可在"3+1+2"模式的12种组合中自主选择，实行"院校专业组"的志愿填报方式，多数学校，认为让学生"会选择"，实现由原来的"被动选择"向今后的"主动选择"转变，亟须补上生涯教育这一课。纷纷建议高中开设职业生涯规划课程，帮助学生了解自己的兴趣、特长以及将来的职业方向。所以，以培养

学生选择能力为核心的生涯教育就成为高中学校必须提供的课程和服务。

高考改革提出的"增加学生选择权、落实学生选择权"的问题，还是一个关于推进高考引领的人才培养方式转型、构建高中教育多样化发展"大格局"的"战略性"问题。对高中生进行生涯规划教育，进行生涯发展指导，是现代高中教育发展到一定历史阶段对学生发展个性化需求的回应。

因此，无论是从解决当前高考所提出的落实学生选择权的角度，还是为学生成长成才的长远发展，我们都应当在高中教育综合改革的进程中综合考虑生涯规划教育，推动高中教育能够更好地满足本学段学生成长的特殊性所带来的对教育的需求。

二、高中生涯规划教育的任务

生涯规划教育的任务是由高中教育的定位所决定的。随着社会的发展，我国普通高中教育的任务已由传统的"双重任务"为升学做准备、为就业做准备演变为"五项任务"：为成人做准备（人格教育）、为未来公民做准备（公民教育）、为终身发展做准备、为升学做准备、为就业做准备。可见高中教育的目标，除了为高等教育输出人才、为不能升入大学的学生做好职业准备外，还要为全体学生将来走向社会、适应社会打好基础。因此，生涯规划教育既要直面当前高考改革所提出的紧迫问题，又要探索如何更好地为学生适应充满不确定性的未来做准备。

所以高中生涯规划教育应该承担两大任务：

第一，着眼于高中阶段学生所面临的成长与升学的特殊需求，培养学生以选择能力为核心的初步的人生规划能力，帮助他们顺利完成人生的初步选择。

第二，生涯规划教育要面向未来，在把握知识经济时代职业变化规律的基础上，培养学生能够适应职业变化所需要的核心能力与重要品格。首先，在知识与技能维度，要培养学生创新意识和创新能力、开拓的国际视野、跨文化的沟通能力、生活适应能力等，这些无论在任何地方都必须具备的核心能力。其次，在态度与价值观的维度，要以社会主义核心价值观为引领，传承中华优秀传统美德，夯实学生爱国、敬业、诚信、友善的道德品质，培养他们对家庭、社会及国家深切的责任感与担当精神。聚焦全球化时代中国社会改革的宏大背景，只有"德才兼备"，高中生才有可能胜任未来不断出现的来自职场的新挑战。

三、全面构建生涯规划教育大课程体系

1971年，原美国联邦教育署署长马兰（Marland）在全美中学协会年会上就提出了生涯教育（career education）"一体两翼"的设想。认为："所有的教育都是或都将是生涯教育。"

制定完善《湘西州民中生涯规划教育试行方案》过程中，首先，在深入研究以选择能力为核心的人生规划能力以及学生适应未来社会发展所需要的核心能力和重要品格的具体内涵基础上，设立大课程观，将生涯规划教育"融入"学校课程体系，构建以学科课程实施为主体、以生涯导向课程和生涯发展指导制度为两翼的生涯规划教育实施体系。其次，依据各年龄段学生的生理与心理特点、认知水平及接受能力，形成分年级的目标序列。同时，结合高中课程改革，根据学校实际情况，充分利用校内外教育资源，整合生涯规划教育实施的各类载体，开发心理辅导、社会实践、专题活动等多种实施方式的生涯规划教育课程，形成了若干颇具特色的生涯规划教育校本实施模式。

高考改革为生涯规划教育实施提供了契机，带来的是课程结构的改变，更是课程哲学的变革。生涯规划教育的目标也将"融于"课程目标之中，生涯规划课程势必"融于"整个学校教育教学课程之中。学校将获得课程和教学上更大的自主权，如实施小班化和"走班制"教学等。因此，将生涯规划教育课程清晰地呈现在学校的课程谱系之中是当务之急；用富有创新精神的教学方法，挖掘蕴藏在各个学科领域教材和教育活动中丰富的生涯教育素材，才能真正让学科教学与生涯规划教育融为一体。

专门的心理健康·生涯教育课程设置，参考了如上海外国语大学附属大境中学、天山中学等校独立开发的课程在主题与内容设计上的共同点，如在内容安排上，基本于高一、高二、高三年级依次开设以"认识自我、规划学习""认识社会、体验职场""认识职业、规划未来"为主题的课程。在学校课程的安排上，一般以拓展课的形式，一周或两周安排一次。生涯导向课程是面向学生全体，同时，建立全体教师参与的学生生涯发展指导制度，针对不同学生的特殊情况予以针对性的指导，实现学生生涯规划教育的个别化。

香港开发生涯导向课程的经验值得借鉴。香港教育统筹局2001年提出在现有考试科目以外，在高中引入职业导向课程。在2003—2005年两个学年，香港

教育局的试点活动举办了两届，课程增加到32个科目分别来自132所学校。香港学术评审局就高中的职业导向课程进行了评审，以确保课程内容、师资和素质符合标准。经过评审的职业导向课程将获得资历确认，成为香港统一的课程架构中的一部分。从2005—2006年学年开始，香港政府拨出专门的资金来进行高中职业导向课程的推广。在具体操作方式上，可以引入市场化机制，由不同类型的教育机构做课程研发，以政府购买的方式提供给学校使用。这样可以整体提升学校生涯规划教育质量，避免各校由于课程开发、师资水平差异较大而导致的生涯规划课程质量良莠不齐的问题，可以让每个学生都能享受高质量的生涯导向课程。

由政府主导统一开发课程的优势可以整合利用资源，并保障课程的开发质量。湖南省2018年在课程开发方面有所尝试，学校也参与其中。2019年湖南省教育厅首次下发《关于举办2019年全省中小学心理健康教育教师专业能力竞赛的通知》（湘教通〔2019〕145号），湘西州下发《湘西自治州教育和体育局关于举办第一届全州中小学青年教师教学竞赛的通知》（州教体通〔2019〕28号），为促进各地州市各县市心理健康·生涯规划课程开设和确保中小学心理健康教育教师专业能力水平，提出了明确要求。

当然，对生涯规划教育清晰定位，实现将生涯规划教育"融于"学校课程的理想状态，还有待努力。

附：

湘西州民中学生生涯规划书

班级		姓名		性别		民族	
我的成长历程							
自我分析评估	霍兰德兴趣代码						
	前三高智能						
	MBTI代码						
	核心职业价值观						
发展环境评估	家庭资源						
	学校资源						
	社会资源						
近期目标	高一						
	高二						
	高三						
有关措施							
中期目标	专业目标						
	择业目标						
评估调整							
长期目标							

湘西州民族中学关于加强新时代学生心理健康教育的实施方案

为进一步贯彻落实中共湖南省委办公厅、湖南省人民政府办公厅《关于加强新时代学生心理健康教育的意见》（湘办发〔2020〕12号）的文件精神，落实立德树人根本任务，促进学生身心健康全面发展，结合湘西州民中实际，制定加强新时代湘西州民中学生心理健康教育实施方案，具体如下。

一、指导思想

以习近平新时代中国特色社会主义思想为指导，全面贯彻党的教育方针，坚持立德树人、育人为本的基本原则，突出问题导向，进一步强化组织领导，健全工作制度，搭建工作平台，完善队伍建设。推动学校心理健康教育的普及与优化，做到内容科学、流程规范、队伍专业。促进心理健康教育科学化与专业化发展，确保学生心理健康教育的科学性、规范性、有效性。

二、总体目标

通过三年努力，对接新高考、适应新时代人才培养的要求，加强对学校高中学生的心理、学业、生涯指导，培养担当民族复兴大任的时代新人。切实发挥区域内的引领示范作用，形成大中小学一体化心育新体系和学校、家庭、社会、政府一体化心育新格局。

三、加强组织领导

（一）强化党委领导，落实工作职责

完善心理健康教育工作领导小组及下设办公室的组织管理，协调指导全校

及教育集团中小学心理健康教育工作。

组　　长：校党委书记

副组长：校长

成　　员：各位副校长

领导小组下设办公室

主任：分管副校长

副主任：学生科科长

成　　员：心理辅导中心专职教师

办公室工作职责：按照领导小组整体工作意见，具体规划推进学校心理健康教育工作；协调各部门分工合作开展心理健康教育工作；调查研究心理健康教育工作中存在的问题，提出建议，制定相关政策措施；组织开展心理健康教育情况的督查、通报和评比、总结与推广等工作；协助实施师资培训；管理、指导开展心理健康教育的科研活动和经验交流活动，促进全校学生心理健康的协调发展。

（二）健全工作制度，形成长效机制

建立健全党委领导、部门协同、社会参与的工作机制，要定期调度学生科、教务科、总务科、教科室等部门和共青团、工会妇联、关工委等部门，统筹各部门力量，深入开展专业指导、政策咨询、学术研究以及师资培训等心理健康教育工作。完善考核评价机制。建立心理健康教育专项督导制度，确保心理健康教育的普及推广，将心理健康教育纳入湘西州民中教育集团工作履职评价内容，纳入评估领导班子和领导干部年度考核重要内容。将心理健康服务融入学校综合治理体系、校园文明建设，开展定期调度和年度考核。形成长效激励机制。

（三）搭建工作平台，加强宣传引导

学校加强指导家长学校以及社区开展心理健康教育工作。建立心理援助平台，实现心育资源互通共享，线上线下心理服务同频共振。通过热线、网络、APP、公众号等提供公益服务，拓展心理教育和心理健康服务的空间和内容。在5·25心理健康日，10·10世界精神卫生日，组织志愿者定期参加科普宣传、热线咨询等专项志愿服务。优化心理健康教育传播途径和方法，充分利用报刊杂志、广播、电视、互联网（门户网站、微信、微博、微视、手机客户端）等媒介，科普知识、传播信息。坚持正面的宣传引导，通过传统媒体、新媒体并用，扩大心理援助平台的社会影响力和利用率。

四、深入开展学校心理健康教育

（一）具体内容

1. 课程设置

以课堂为主渠道，通过正式课程、非正式课程和学科渗透以及心理拓展训练，开展心理健康教育。各集团校采用校本必修课的形式，组织心理健康课堂教学，确保所有班级每两周一课时。课程全案设计，学科全面渗透，将心理健康教育观念融入各科的教学。各学科（专业）教学目标要包含学生心理成长目标，教学过程要关注学生的思维、情感、态度的心理因素的发展，教学内容要充分挖掘课程教材蕴含的心理要素。

2. 教育形式

中小学心理健康课以活动为主，注重体验、内化、生成；根据不同学段学生的共性问题与需求，开展团体心理辅导活动；针对有心理困扰或心理问题的学生，提供个别辅导与心理支持。利用晨会、班队会、宣传栏、黑板报、讲座、网络以及心理社团和"5·25""10·10"专项活动等多种形式开展学生心理健康教育。

3. 教研合力

定期开展心理健康教育教研活动，开展课题研究，探索跨学校跨学段集体备课制度等问题。充分发挥首席名师工作室教育科学研究引领作用，建设集团校以及全州大中小学一体化心理健康教育教研平台，培育、遴选、推广优秀教学模式教学案例，推动优质资源的共建共享。

4. 队伍建设

建立一支专兼职心理健康教育师资队伍。专职教师原则上须具备心理学或相关专业本科学历，兼职教师须具备上岗资格证。学校应按1∶1000的师生比，逐年配齐配优心理专职老师，确保专业可持续发展，每三年轮训一次，督导一次，经费从师资培训中开支。每位专兼职教师应自觉制订个人专业成长计划，专职教师每年确保120学时的伦理、咨询技术、督导等专业培训时间，兼职教师每年确保参加40学时的伦理、咨询技术、教学方法、危机干预、案例督导等培训，以增强专业化成长。鼓励专职教师申请注册心理咨询师。

5. 全员育人

各集团校要建立以班主任和专兼职心理健康教育教师为骨干，全体教师共同参与的心理健康教育工作机制。充分调动生涯导师、班主任、德育专干、生活老师、宿管员以及其他教职员工参与心理健康教育的主动性和积极性。定期对教师开展心理评估，根据评估结果有针对性地开展教师心理疏导工作。争创省级、州级家长示范学校，通过家委会、家长会、家长开放日、家庭教育讲座等方式不断提升家长教育指导能力。创新和完善心理健康服务提供方式，通过引入社会工作服务机构或心理服务机构，为家长、老师和学生提供专业化、个性化的心理健康服务。

6. 条件保障

落实同级财政按年生均10元基准定额单列专项的政策，用于学校心理咨询室日常运行、开展心理健康教育活动，硬件建设与更新、软件购置与运行等另列预算。完善州民中心理咨询室建设，标准化建设集团校心理辅导室，优化升级州民中心理辅导中心设施设备，办公、接待，资料、个询进行分区，配置开放式阅读区等。健全值班、预约、辅导、档案建设及移交等管理制度，形成咨询与辅导相结合的服务平台，确保每周开放时间不少于五小时。到2022年，按在校师生比不低于1：1000为所有集团校配齐专职心理教师，专职教师原则上应具有心理学或相关专业本科学历，支持具有相关学历教师参加市州以上教育行政部门组织的岗位能力培训并取得相应资质。

7. 强化预防干预

严格落实心理伦理规范，每期开展一次学生心理健康普查和心理危机排查，健全学生心理健康管理制度，逐步建设学生心理健康信息平台。加强新生群体心理适应帮扶和春季、毕业季、考试季等特殊节点的危机排查，建立一人一案危机干预制度，全面建立班级、年级、学校三级预警体系。继续开展学生心理健康志愿者队伍建设，每班设心理委员，构建精准识别、全员参与、动态监测、各级联动的学生心理危机预防体系。建立重大突发事件的校园心理支持与危机干预机制，建立学生心理危机个案分析报告制度和专家会诊机制。

（二）重点实施

要把心理健康教育贯彻实施在学校整个教育过程中，依据省州文件精神，分层次、有步骤地开展相应工作。

（1）对学校心理健康辅导中心进行提质改造。一是依据文件二（四）加强条件保障，2020年年底完成硬件的提质改造。二是依据文件三（一）配齐配优专职教师队伍，2021年需配备专职心理健康教育教师1名，考虑到老教师退休的可能性，2022年前需确保在编在岗专职教师4名。

（2）依据文件三（四）完善考核评价激励机制。支持心理教师参加各级各类教师表彰奖励和职称评聘，重点建设湘西州武陵人才支持计划心理健康教育首席名师工作室。落实心理专职教师享受班主任同等待遇政策，正常工作量计算和工资待遇不低于班主任，计班主任工作年限。

（3）依据文件四（一）强化部门参与心理健康教育的职责，明确学校各部门的职责和任务节点，为心育工作提供支持与保障。人事科配齐配优师资，总务科对心理辅导中心进行设备维护、硬件更新的提质改造，办公室大力宣传推广，共青团、工会妇联、关工委等部门参与心理健康教育相关活动。学校要密切与街道、社区的联动，健全政府、社会、家庭、学校一体化的心理帮扶体系。

（4）依据文件五（三），加强宣传引导，打造亮点活动，进一步提升学校心理教育的影响力。组建高水平的心理危机专家辅导团队和心理健康服务志愿者团队，为教师、学生、家长以及各党政机关和企事业单位、新经济组织等员工，提供方便、可及的心理健康服务。完善学校"5·25"心理文化节，同时，开展"10·10"世界精神卫生日活动，为大众提供专业化、规范化的科普宣传、心理支持、心理疏导等志愿活动。

（三）完善评价机制

建立和完善学校心理健康教育评价机制。学校要建立完善以"全面发展"为核心的学生评价机制，建立完善以"全员育人"为方向的教师评价机制，建立完善校长和学校评价机制。将心理主题班会和学生心理辅导作为对班主任评优的考核指标。考评方式以查阅资料、随机访问等方式进行。

基本内容、时间节点、部门责任人如下表：

内容			时间	部门责任人
课程设置	课堂教学	心理健康·生涯规划高一课堂教学	2020年9月	分管教学副校长教务科科长
		高二、高三	2021年9月	
	辅导咨询	个体辅导	2020年9月	心理辅导中心专职教师
		团体辅导		
	课程设计学科渗透		2021年9月	分管教学副校长全体任课教师
师资队伍建设	专职教师培训		2020年暑假	教科室主任
	湘西州武陵人才支持计划首席名师工作室		2020—2021年	分管人事副校长人事科科长
	招聘专业教师1—2名		2021—2022年	
心理辅导中心提质改造	接待室、办公室分区设置设施设备更新		2020—2021年	分管后勤副校长总务科科长
心育专项活动	新生测评建档		高一入学	分管副校长、辅导中心
	"5·25""10·10"活动		每期1次	分管学生副校长辅导中心、年级组
	黑板报、宣传栏、校园网等		每期1次以上	分管学生副校长、学生科科长、年级组主任、校团委、关工委、心理辅导中心
	家长学校		每期1次	
	关工委活动		每年1次	
	社区心育渗透		每年1次	
	课题研究		三年1个	心理辅导中心
评价变革	学生评价		每期1次	学生科、心理辅导中心
	教师评价		每期1次	年级组主任
	学校评价		每年1次	督导室主任

科学实施中小学学生心理测评

2021年7月7日，教育部办公厅发布《关于加强学生心理健康管理工作的通知》（教思政厅函〔2021〕10号），其中第五点着重要求，学校要积极借助专业工具和手段，做好开展学生心理健康测评工作，建立健全预警机制，及早实施精准干预。这就要求学校对刚入校的新生开展全覆盖的心理测评，县级教育部门需要设立或依托相关专业机构，牵头组织区域内中小学，对各学段各年级的学生每年进行一次心理健康普查，学校为每位学生建立心理成长档案。

根据《通知》文件精神，湘西州教育和体育局对接人民网人民德育心理素养云平台，在州直八校以及花垣边高开展了心理普查试点工作。湘西州民族中学作为试点校之一，对全校学生进行了学习生活状况心理普查。为确保科学施测，我们明确普查工具，规范测试过程，开展结构化评估，为精准筛查，及早预防和干预提供了关键的参考数据。

一、明确普查工具

心理测评（psychological evaluation），指根据心理学理论，通过多次问题的确定和大样本测量而确定出的一种评估人的人格、能力、心理健康等心理特性和行为的数量化工具。它是一种先进的测试方法，指通过一系列手段，将人的某些心理特征数量化，衡量个体或团体心理因素水平。

在关注学生的心理健康问题时，为了规避风险和误差，需要依托客观、公正的依据来辅助学生进行正确的自我评价，也就是需要采用心理测评的方式。心理测评基于中小学学生心理的发展特点，选取经由国内外学科专家研发以及国内权威心理学专家修订后的适用于中国背景下的问卷和量表进行专业心理测评，对其信效度进行严格检验并在其符合标准后才公开使用。通过以上标准流程确保测试结果的精准性，以达到将真正有心理问题的学生挑选出来的目的。

狭义的心理测评指以心理测验为工具的测量。广义的心理测评不仅包括心理测验，还包括以问卷法、观察法、实验法、访谈法、心理物理法等方法进行的测量。本文所指为狭义的心理测评，即心理测试。

为确保科学施测，湘西州民中采用人民德育推介，经过信效度检验，由北京师范大学教育心理与学校咨询研究所李亦菲教授修订的"青少年心理危机筛查量表"。通过量表的6个部分，对三大心理指标即心理症状、心理韧性、心理压力等进行测量，其中，第1部分为13道测量社会期许水平的题目，同时，量表中设置4道测查数据有效性的题目在第5部分和第6部分，总共为102道题目。可以有效地通过测评对学生的心理健康水平进行反馈，帮助学校了解学生的心理健康状态，并及时地进行干预和辅导。

二、规范实施测量

为进一步了解学校学生学习生活状况，科学引导学生健康学习生活，学校成立以校长彭学军为组长，分管副校长张泽贤为副组长的心理普查工作小组，明确普查工具、对象、时间和步骤。首先，做好普查的前期准备。专职心理教师舒暖对所有参与测评的教师进行培训，签署保密协定。学生科向每一位学生家长发放了知情告知书，家长签字后交回。专人管理后台，由信息教师彭铸制定测评名册，舒暖上传网站负责后台管理。其次，确保心理测评的规范性。准备工作完成之后，分管副校长协调各年级组，加强心理老师、信息老师与班级间的配合，明确测评时间、地点和指导老师。2021年12月6日开始，在计算机教室对学校3132名学生分年级开展了"学习生活状况普测调查"。检测过程中，高三于12月7日晚集中测查，高一高二随堂测查。最后，五个测评点统一要求。无论集中测评还是随堂测查，心理老师均到场具体指导，学生完成登录后，心理教师指导学生阅读测评指导语。再统一信号，开始测评。信息老师确保计算机正常运行。规范引导，保障了学生顺利完成检测以及所获得数据的真实性和准确性。

三、科学评估关注

及时了解孩子心理状态和个性特征，是符合当下科学教育的关键，应当客观地看待心理测评的有效性和针对性。为避免心理普查的部分误判情况，提高心理筛查的有效性和心理干预的针对性，结合家长观察、班主任评估、个别访谈等结果，对相关学生初步评估，给予转介、团辅或个体咨询等心理服务帮扶。

中学生心理普查后的结构化、规范化的心理约谈，体现了测评评估的综合谨慎判断。约谈目的有四个方面，一是与学生建立良好的关系，二是收集相关信息，补充心理档案，三是澄清心理普查的情况，评估学生现在的状态，四是遇到危机情况及时干预。心理约谈程序流程如下：首先确定约谈对象。湘西州民中运用人民德育心理测评系统，组织学生3132位参加测评，生成校级报告一份，年级报告三份，班级报告各一份。其中，建议学校予以一级关注和二级关注的学生共计300余人。对照学校摸排名单和个体咨询记录，有80余人需重点关注。这些学生是需要逐一约谈的。随后通知邀约。不同于心理辅导的"不求无助"，心理约谈是主动邀约学生前来谈话，向班主任下发邀约通知单，班主任通知学生在指定时间来辅导中心。综合评估后，对不同类型的心理问题，采取不同处理方式。对一般心理问题的学生予以心理辅导，对严重心理问题的学生商定长期跟踪辅导，对于有神经症性和疑似精神病性症状，或者自伤自杀危机情况的学生，立即启动危机干预程序，确保学生安全。结构化、规范化的心理约谈等心理工作，使心理健康教育趋向客观，专业化得以体现。

心理测评呈现的学生心理状态和特征信息，给学生提供了一份对不同阶段的自我定位的辅助材料，可以帮助他们对自我进行准确定位，更新不同阶段的自我认识与发展情况。专业准确的心理测评结果，成为完善学生心理档案的基础，运用网络化测验方式可以将所有学生信息电子化存档，心理状态和阶段性指标变动查看更加方便、明了，为需重点关注的学生，建立一生一策纸质档案，心理教师工作量大大减少。学校通过综合测评可以帮助家庭、学校和学生个体辅助了解其基本情况，反映心理健康发展和学习情况等重要信息，可以更好地积极开展发展性、预防性心理辅导。建议学校：

（1）加大班主任心理健康教育培训力度，发放相应心育资源包，班主任在规定时间实施不同的心育主题班会活动。

（2）学校购买社会服务，为学生增加心理咨询服务时间，周一到周五晚自习时间，心理咨询师进校值守，及时服务与转介。

（3）构建良好的家校合作。和家长积极沟通、交流，指导家长在孩子的身心发展重要阶段使用正确、合适的教养方式；从家长的角度来说，需要和校方保持密切联系，时刻配合学校的各种安排，并在教育方式上进行优化学习，杜绝使用简单粗暴的方式影响孩子的身心健康发展。

建议州教体局，在试点校开展心理测评工作的基础上，适时推进心理测评工作在全州中小学常规开展，对各学段各年级的学生每年进行一次心理健康普查，促进心理健康教育规范、科学发展。

附：邀约通知单

邀约通知单

_____班级_____同学，学校希望了解学生入学适应情况，随机抽取部分同学进行15分钟左右的简单交流，请你于_____时间，前来诚毅楼104心灵驿站面谈。

感谢你的支持，欢迎你的到来。

湘西州民中心理辅导中心

湘西州民族中学生涯教育选修课程教学计划

一、课程简介

广义的生涯规划也称为人生规划，是指确定人生发展方向、制订发展计划、管理自身行为以实现所定人生目标的过程。狭义的生涯规划即职业生涯设计，是指个人和组织相结合，在对个人职业生涯的主客观条件进行测定、分析、总结研究的基础上，对自己的兴趣、爱好、能力、特长、经历以及不足等各方面进行综合分析与权衡，结合时代特点，根据自己的职业倾向，确定最优的职业奋斗目标，并为实现这一目标做出行之有效的安排。由于人的生涯发展是一个持续的终身发展过程，因此生涯规划教育要从小学到大学持续贯穿于所有学生全方位的生命活动，帮助学生认知自我发展、开展生涯探索、进行生涯管理，实现生涯发展目标。

2010年7月颁发的《国家中长期教育改革和发展规划纲要（2010—2020年）》明确提出，要"建立学生发展指导制度，加强对学生的理想、心理、学业等多方面指导"。2014年9月，《国务院关于深化考试招生制度改革的实施意见》出台，旨在"增加学生选择，促进科学选才"的新高考，使生涯规划教育成为一时的热点话题。2015年起，浙江、河北、河南等省市纷纷出台《关于加强普通高中学生生涯规划教育的指导意见》，高中生涯规划教育在中学纷纷开展起来。

高中教育，肩负适应社会生活、适应高等教育、适应未来职业、奠定终身发展等四大任务，设计学校的生涯规划教育，教师必须以全球化的视野、从世界中的中国的当下与未来的角度，来思考学生的生涯规划。做好高中的生涯规划，将高中学习与报考大学、未来的职业发展结合起来，让学生学会科学选择，不仅具有研判分析新行业、新职业的敏锐和智慧，具有"修身、齐家、治国、平天下"和"全球治理观"的胸怀，更具有应对本土与全球机遇与挑战的自信，从而帮助学生实现富有个性的终身可持续发展。

二、核心理念

中学生生涯规划是涉及心理学、哲学、管理学等领域的一门综合性学科。"发现自我、唤醒潜能、科学规划、助力成长"生涯规划的核心理念，通过生涯规划课帮助学生确立未来的职业理想和当下的发展目标，"为学生的终身幸福奠基"。

三、课程开设困境

（1）学校第一次开设生涯规划教育选修课程，课程内容需要再次打磨；

（2）开课准备时间不够，不易移植、借鉴他校经验；

（3）走班制班级管理具体办法需要摸索。

四、课程目标

（1）帮助高中生认知自己。

（2）帮助学生进行"3+1+2"模式下的科学选课。

（3）激发学生学习动机与兴趣；优化学习策略与方法。

五、课程内容

高中生生涯辅导课程以心理学理论为基础，以生涯觉察、生涯探索和规划、生涯决策为主要内容。

六、课程模式

重视学生的参与、内省、自我规划与自主改进，以体验活动为课程主要模式。有下列特点：

（1）破冰：增加团队凝聚力，加深走班同学间的了解；

（2）项目式学习：分组讨论、练习与分享；

（3）心理测评：科学、全面地认知自我；

（4）激励：穿插励志事例分析、分享；

（5）目标管理：自我设定与管理短期、中期、长期目标；

（6）行动落实：落实行动，分析偏差原因，调整行动。

七、课程进度安排

任课教师自拟主题，通过集体备课，合作研讨确定课程内容、组织形式与方法，在共同教育教学目标下，彰显个性化教学。

湘西州民中选修科目走班教学课程专项名称及任课老师情况表

学科类别	生涯规划	专项名称	心理健康·生涯规划	开课年级	高一 / 高二	相片
教师姓名	舒暖	出生年月	1968年5月	教龄	30	
课程专项介绍	一、团队建设：通过走班教学班建设，引导学生认知自我、悦纳自我，适应新环境，在新集体中找寻自己的位置，感受团队的力量 二、青春期教育：帮助学生调适情绪；运用沟通策略，与同学、家长和老师建立良好的人际关系；与异性合理交往，平稳走过青春期 三、学业规划：厘清自己的兴趣、性格、能力、价值观，了解当下各种职业对人才的需求，规划自己的学业，科学决策未来职业发展的初步目标 四、专题讲座：缓解考试焦虑等					
任课老师情况	舒暖，教育心理学高级讲师、国家心理健康卓越人才、全国学校"生涯规划师"，湖南省公务员录用面试考官、湖南省普通话测试员、省教育学会学校心育专业委员会常务理事、省心育教研专委会理事、湘西州教育学会心理健康教育专业委员会秘书长、州中小学心理健康教育专家指导委员会成员、州教育学学科带头人、湘西州作家协会会员、吉首市专家评委成员，州民中心理健康教育专职教师					
老师寄语	生涯教育，这是我们的第一次。靠近我，温暖你，让我们彼此成长，彼此关怀。加油少年，我们一起为你见证梦想！					

运用团体辅导　培训朋辈心理辅导员

一、活动背景

"朋辈"，指"朋友""同辈"。年龄相当者有过交往并且值得信赖的人，常会因为有较为相近的价值观、生活经验，关注问题时容易达成较为一致的认识。

罗杰斯认为同伴互助、同伴学习是促进学习的有效方式。美国心理学家哈里斯在"群体社会化发展理论"中指出，同伴间的影响力超出常人想象。现实表明，青少年在发展过程中，遇到造成烦恼和困惑的共性问题，习惯于向同伴倾诉。同伴之间的影响在中小学生心理发展的过程中有着重要的作用。学生同伴群体往往比教师更知道同学们有哪些个性化的心理需求，更了解通过什么途径和方式容易使他们接受辅导与建议。

根据高中学生愿意接纳同龄人的想法、按照周围年龄相近的人的评价调节自己的行为这一心理特点，州民中历年来，充分利用朋辈影响，开展心理健康教育、提供心理辅导服务。每逢高一新学年，各班选心理委员，随后开展一期4次心理委员培训。培训以团体辅导的形式开展，旨在营造温暖的氛围，明确工作责任，培养心理委员的朋辈辅导胜任力。

二、活动过程

第一次团体辅导：破冰团建

由于心理委员来自高一不同的班级，20名同学大部分彼此之间不认识，因而第一次团辅通过破冰和团队建设，让成员们迅速相识，在良好的互动氛围中，明确工作职责。

团体辅导第一环节，每位心理委员在四种颜色的20张卡片纸中自由抽取一张，不用文字的形式在纸上表达出自己的姓名。随后，手拿同样颜色卡纸的同学为一组，选出组长，组长组织大家在组内做自我介绍。这样随机分成了四组，后续的培训活动，以分组的形式开展，组内角色要流动。

第二环节，设计了抢答竞赛。重点引导成员明确心理委员的主要工作内容和责任，做好工作计划。主要问题：1. 学校心理辅导中心的位置在哪里？2. 学校心理专职教师是？3. 学校心理咨询服务热线号码是？主要工作内容发现同学与其他同学很不一样或者与他自己之前很不一样，有责任告知心理老师或者班主任。注意心理辅导应遵循的尊重、保密等工作原则。

第三环节，团体契约宣誓仪式。心理专职教师带领所有心理委员庄严宣誓：准时、保密、真诚、尊重、守纪。

最后，小组讨论，各组长代表大家面向全体分享：

1. 心理委员的工作和你想象中的有差别吗？为什么？

2. 对于工作内容和原则，你还有什么疑惑？

3. 你准备怎样落实好心理委员的工作？

第二次团体辅导：甄别评估

初级甄别原则：横向比较某同学与其他同学为人处世很不一样，纵向比较某同学跟他自己之前相比变得很不一样，这时应告知心理老师或者班主任，以便做进一步评估。

通过案例分析，讲解考试焦虑、交往困惑、情绪不良、强迫等心理问题的主要特征。

小组剖析案例。将事先准备的四个案例，由小组长随机抽取，组织组内讨论。

案例一：每次期末考试前，我都会肚子疼

案例二：在高中，交不到初中那样的好朋友

案例三：我不习惯孤独（社交恐惧）

案例四：我每天一定要洗50次手（强迫症）

思考：

1. 案例有异常吗？你的判断依据是什么？

2. 同学们的哪些表现需要我们重点关注？

小结。分享判断方法：美国梅奥诊所（Mayo Clinic）发布的工具包（the

Action signs toolkit），孩子出现无乐、易激惹、焦虑、恐惧的情绪和自伤、暴力、斗殴、多动、物质滥用、重大变化、饮食失调等11个信号，值得其父母、教师与健康工作者高度关注，以便发现他们的早期情绪与行为健康问题。

第三次团体辅导：心理辅导基本技能

为帮助心理委员掌握良好的基本辅导技能，设计理解、倾听、共情相关的体验活动，明确专业技能在心理帮扶中的重要性，培养心理委员必需的基本素养。

热身活动：大风吹，吹什么？我说爱自己的同学；期待友谊；收获健康。

活动一：体验"人心"

助教给每一位心理委员发一个气球。请开始吹气球，吹得越大越有体验性。吹好后把口子扎紧，已经吹好并且扎紧的请把气球举起来。

挑战，把牙签放进气球里面，保证气球不爆。尝试成功的心理委员把气球举起来。请成功者分享怎么做到的。

过渡语：

1. 把这吹起的气球比作我们青春期的同学，我们怎样能走入他们的心呢？

2. 如果把这充满气的气球比作我们青春期的同伴，这气是怎么来的？

活动二：世界咖啡

陈述问题：分4组，每组5人。本班学生的主要问题是什么？每个人说一个问题，组长在A4纸上记录下来。陈述时，其他人只听，不评价，不议论。

寻找方法：每组每人为每个问题找三个解决方法，写在便利贴上，小组讨论，总结出解决最重要问题的最优方法。

组长分享：最重要问题的最优解决方法。

活动三：演绎最优方法

预设尊重、中立、共情、倾听。

尊重：平等，礼貌，信任，保护隐私，接纳。

中立：不对别人进行评价，哪怕并不能理解。

共情：换位思考，体会对方的感受。

倾听：专心地听对方讲述，肯定对方的感受。

总结分享：三个关键词概括今天的收获，今后在生活中运用。

填写团体辅导评估单。

第四次团体辅导：温暖表达

学习温暖地表达情感，学会表达关心，学会正面肯定。设计向所有学员颁发培训证书仪式，对心理委员坚持、守时的品质和愿意助人自助的善意，予以肯定。设计推优受奖的环节，掌握查普曼爱的表达，学习在生活中运用爱的五种表达。

活动一：回顾

播放各组事先做好的PPT或者视频资料，回顾前三期培训、学习与生活中的精彩画面。

活动二：推优

每个小组推选出本组贡献最大的成员，编出颁奖词。

小组讨论：

1. 听到其他人的赞美，感想如何？

2. 在向他人表达感谢与爱时，内心感觉如何？

3. 作为心理委员，接下来怎么做？

活动三：升华

查普曼提出，爱的表达有5种语言。为接受奖励的成员念颁奖词，受奖者玩"东南西北"游戏，选择爱的表达中的一种形式表达关爱。

肯定的言语——全场一起夸他（她）

肢体的接触——老师的握手或者拥抱

精心的礼物——老师提供的糖果、书籍或者亲手做的手工

服务的行动——享受老师的专属按摩

精心的时刻——和在场任意一位进行合影

分享：感受5种爱的表达语言，你有什么感觉？

如何运用爱的5种语言，表达对身边的人的关心？

活动四：颁证

为所有学员颁发培训合格证，明确责任与使命。希望他们将学会的赞美，学会的情感关心，培训之后能在与人相处时温暖地表达。

活动五：合影

全体参训人员与教师合影留念。

利用朋辈影响学生，虽然不能与专业意义上的心理健康教育工作相比，但

它确实是一种帮助中学生摆脱心理困境、获得外部支持的重要方式。通过4期的培训，新一届的心理委员对朋辈心理互助有了更深刻的理解与思考。朋辈之间有较为同步的心理状态，在引导学生用平常心看待心理咨询，必要时主动寻求专业的心理帮扶等方面的宣传更广泛深入。朋辈心理互助，可以随时利用学生们共同拥有的生活空间进行辅导活动，从而弥补心理教师师资不足的缺憾，以及心理访谈"愿者上钩"的被动局面。学生心理委员经过比较严格的培训和督导，能依据心理学方法手段开展助人自助工作，相信他们将为构建和谐的环境增砖添瓦，架起沟通的桥梁，从心出发、与爱同行。

项目式学习在心理健康教育与信息技术
深度融合中的运用

在计算机及网络为核心的信息技术背景下，基础教育课程改革使信息技术与心理健康教育深度融合成为必然。"互联网+"带来了便捷的读取方式，高效的传播速度，海量的信息和短小新活的形式，让师生体验到现代信息技术的巨大优势。

项目式学习是一种以学生为中心的教学方法，通过提供关键素材构建一个环境，学生分成小组，团体在此环境里解决开放式问题获得知识和经验。PBL能够锻炼中小学生的团队合作能力，计划和执行能力以及创造力和领导力。

一、在项目式学习中提升信息素养

项目式学习一般有七步法：弄清概念，定义问题，头脑风暴，构建和假设，学习目标，独立学习和概括总结。心理课堂里改良为五个环节：定义问题，找出方法，讨论凝练，总结分享，升华运用。通常按预设问题将同学们分成相应的学习小组，学生们在小组中的角色随课程开展不断轮换。

项目式教学需要教师花更多的时间做准备，材料和设计是完成学习的重要前提，教师的指导是展开学习、生成课堂的保障。

在提升信息素养项目式学习中，教师预设了算法与问题解决等三个方面的问题。实施教学分组时依据《面向未来：21世纪核心素养教育的全球经验》抛出开放式问题：如何看待个人信息素养？随后实施项目式学习五个环节。在第一个环节分组定义问题中，学生们搞清楚自己已经知道和需要知道的，关于提升信息甄别力、检索力、免疫力以及编程等信息素养问题。比如，第一小组定义了"一周签到系统"。第二个环节，通过头脑风暴，明白去哪里获得新的有助于解决问题的方法。知网查询或向教师请教，"签到"怎样实现？判断连续签到7天要有数据依据，同时要考虑系统运行的硬件。第三个环节，讨论得出最优化的解决方法，用一句话、一个词凝练方法。作图要考虑空间大小，PPT作为编辑文件，另存为PDF后，两个文件都要上传。第四个环节，小组推选代表进行分享，老师适时拓展学生对问题和解决方法的理解。第五个环节，在学习和生活中运用通过自己和团队的思考和推理得到的结论。

在自媒体及其他新兴媒体不断发展的时代，信息铺天盖地，更新迅猛，每个人都处于信息洪流中，只有不断提升信息的甄别力，才不会被虚假信息蒙蔽，保证独立思考的能力。只有不断提升信息的检索力，做恰当的调查和比较，才不会成为流量的工具。只有不断提升信息的免疫力，抗击不良信息的诱惑和干扰，才能专注更利于身心健康发展的重要事件。

对项目的选择，让学生更早和更深入地面对和解决现实生活中的问题。这些能力是应试教育下的学生缺少的面向未来挑战的能力，也恰恰是素质教育对学生的要求。

二、在项目式学习中开展心理测评

心理测评英语称为psychological evaluation，是依据一定的心理学理论，使用一定的操作程序，给人的能力、人格及心理健康等心理特性和行为确定出一种数量化的价值。

心理测评通过科学、客观、标准的测量手段对人的特定素质进行测量、分析、评价。但传统测评过程和结论与建议容易因为施测者的专业素养不同造成误差，同时费时费力。当下，心理测评更多借助软件平台，运用专门设计的心理测评量表开展量化测验，通过大数据处理，高效精准。在学校对学生进行评价、辅助咨询，以及做生涯规划教育选科参考。它包含中学生心理健康情况普查、能力测试、人格测试和兴趣测试等。

在心理测评项目式学习中，教师预设了健康普查、霍兰德职业兴趣测评、卡特尔人格测评三个方面的项目。开放式问题为：高考综合改革背景下你如何看待心理测评？随后实施项目式学习五个环节。在第一个环节分组定义问题中，学生们搞清楚自己已经知道和需要知道的问题。比如，高考综合改革，高中选科走班，高考录取综合素质评价等。第二个环节，通过头脑风暴，明白通过知网、高考阳光平台、老师讲授、学长介绍、家长告知、同学互助等等可以获得新的有助于解决问题的方法。第三个环节，讨论得出单个心理测评提供的数据，不足以监测个体发展。参考测评数据，予以班主任、家长、同学的评估，在专业约谈评估后，才能得出较为准确的解决方法。第四个环节，形成小组报告，推选代表分享各自对预设项目的研究和理解，老师适时拓展学生对问题的理解。第五个环节，开展测评，将测评结果和通过自己及团队的思考推理得到的结论，科学运用在选科和生活中。教师依此为全体学生建立电子心理档案，可以随时调阅量化数据，彰显了信息技术的便捷和高效。

在新课程改革背景下，有效、实效、高效的课堂教学，需要教师课前作精心预设。新课程标准要求，教学过程是师生为实现教学任务和目的，围绕教学内容，共同参与，通过对话、沟通和合作活动，产生交互的影响，以动态生成的方式推进教学活动的过程。因此，以"预设"促"生成"，让课堂富有活力，而智慧的预设使课堂教学彰显精彩。

三、运用意义

通过在实际工作中不断思考和摸索，项目式学习在心理健康教育与信息技术深度融合中的运用，体现出三个方面的意义。

（一）项目式教学使心理健康活动辅导课的教学结构更优化

信息技术与课程的融合已成为现实和必然，从整合教学生态系统中最关键的因素的视角，以预设和生成为考量维度，探讨师生的教与学，使各教育环节在整体优化的基础上产生聚集效应。通过老师支持、鼓励、建议、指导和拓展，帮助学生们利用确定环境下的确定问题来增长知识和加深理解，根本性地转向了更创新的、以学生为中心的教与学的方式。

（二）项目式教学使心理健康教育的氛围更真诚

PBL要求老师的教学方法要有很大的改变，教师由传道授业解惑的无所不知的专家，要转为指导者、引导者以及整个探究过程的创造者，同时也成为教学相长的受益者。教师为每位学生提供保持好奇心、拥有发言权与同伴共同探索的学习环境，使得教学氛围更真诚，有利于充分调动学生的积极性。师生信息素养的同步提升，促进了学生认知链接与探究欲望，使学生能正确地面对信息和网络，有利于建构学习情景，有利于营造心理健康教育环境，活动更具有实效性、吸引力和科学性。

（三）整合信息技术和心理健康教育开展项目式教学，拓展了教育的内容与形式

时代发展，对学生未来升学、求职和积极投身社会提出了全新的要求。项目学习（PBL）作为一种重要的教学策略，为学生提供了一个有效的框架，来帮助他们应对未来的挑战。在参与PBL的过程中，学生们学会了问是什么？为什么？怎么办？自主学习能力得到提升，变得足智多谋。通过参与学术严谨的项目，学会了管理时间，遵纪守信，勇于挑战，自我管理能力得到了锻炼。批判性地思考、分析信息的可靠性、与不同的伙伴协作、创造性地解决问题，这些素养将帮助学生在未来获得成功。教师紧紧围绕"一切为了学生"的宗旨，在创设教学情境、创新教学模式中，准确把握信息技术和心理教育教学融合的"度"，赋能课堂更高效、更深入，有效地充实信息技术教育内容的同时，也极大限度地拓宽了心理健康教育的空间，增加了心理教育的受众。

第四辑

多彩的教育活动

心理健康教育是落实"跨世纪素质教育工程"的重要举措，是素质教育的重要组成部分。心理健康教育是根据学生身心发展规律，运用心理学的教育方法，培养学生心理素养，提升综合素质的教育。心理健康教育的方式很多，除了课堂教学、辅导与咨询，还有专题讲座、5·25心理健康月、10·10世界精神卫生日专项活动以及宣传、宣讲、宣教等，需要渗透到学生日常生活的各个方面，比如国旗下讲话、班团队活动、黑板报、宣传栏、艺术节等。面向学生、家长和教师等教育对象的心理各层面施加积极影响，普及心理知识、指导自我心理修养，开展智能训练、促进心理发展与适应，激发内在动力、维护心理健康，线上线下同频共振的教育活动精彩纷呈。

湘西州民族中学第一届至第八届"5·25"心理文化节

5月的鲜花，在初夏盛开。"5·25"最初为全国大学生心理健康节日，借此契机，各地各学段纷纷开展心理健康月活动。2022年是湘西州民中第八届心理文化节，八年来，我们通过多种心理健康教育活动形式，将爱自己才能更好地爱他人爱世界的健康理念传播到校园中，感染全体师生，传播到家庭里，指导家长开展心育，传播到慈爱园，温暖每一位孤儿的心，传播到社会各阶层，营造全民健心的氛围。现将部分资料整理如下：

一、心灵驿站首届"5·25"系列活动总结

"5·25"取自谐音"我爱我"，意为：爱自己才能更好地爱他人。在"5·25心理健康日"来临之际，为了进一步推动州民中心理健康教育工作，普及心理健康知识，培养学生良好心理素质，促进学生形成健全的人格，2015年4月25日至5月25日，学校心理辅导中心进行了为期一个月的"5·25心理健康活动月"系列活动，活动的主题为：关爱自我，了解自我，直面挑战，成就梦想。

在学校学生科、教科室、教务科以及各年级组的统筹安排下，心理辅导中心开展了丰富多彩的活动内容。首先在国家基础教育资源网"一师一优课"栏目推送学校心理健康教育专职教师舒暖主讲"拥抱高考从民中走向成功"一课，课程的设计理念、执教过程和辅导效果好，为湘西州中小学心理健康教育团体辅导课程提供了示范。在教科室副主任修泽智指导下，辅导中心完成"武陵山湘西片区高中贫困生心理救助研究"课题立项申报，通过省级一般课题立项公示。活动期间，在学生科科长聂阳、高二年级主任黄刚协调下，心理辅导

中心在高二教学区挂出了四块心理健康知识宣传展板，方便同学们课间阅读。临近高考，在教务科科长刘永忠、高三年级主任田丰的支持下，心理辅导中心为高三部分班级进行了团体辅导。辅导活动包括了认识自我、优点轰炸、唱响队歌、信息传递等系列心理游戏，活动现场以探索自我和团体协作为主，富有挑战性，有助于学生悦纳自我，有助于增强集体凝聚力。极大地促进了同学之间的相互沟通、相互信任，还增强了自信心和团结协作意识。同时，面向高三学生开展了应考心态调整"拥抱高考从民中走向成功"专题讲座，有效缓解了同学们的考试焦虑情绪，以更好的心态迎战高考。心灵驿站在关注学生心理健康的同时，也关注到家庭心理帮扶工作。为此，心理辅导中心与高一年级主任谭周才一同为家长发放心理健康纸质宣传材料300余份；在5·15国际家庭日，通过校园网家教园地上传心理教育文档6000余字；通过微信公众平台，在"4·23世界读书日"推荐心理健康读物，对"5·15""5·25"进行宣传，不断提升学校家长心理健康教育素养，帮助学生迎接学考、高考和人生挑战，成就青春梦想。

本次系列活动，在全校师生及家长中普及了心理健康知识，营造了关爱自己关爱他人的良好心理健康教育氛围，对引导学生重视自身心理健康、提升心理调适能力、健康快乐学习生活有积极的意义，对不断扩大学校心理健康教育工作在全州、全省乃至全国的影响，意义深远。学校已决定将5·25心理健康系列活动制度化，常抓不懈。让每个人都关注自己的心理健康，获得放松与心灵的成长，让每个人的人生更有力量！

二、州民中第二届"5·25"心理文化节开展"放飞梦想体验成长"系列活动

5月，高二高三年级的学子们沉浸在备战备考的紧张气氛中。

从月初开始，在校团委、年级组和学生科学校心理健康辅导中心的精心组织下，一场心理文化大餐悄然呈现……

（一）精准关爱义卖助学

2016年5月4日，五四青年节，湘西州民族中学校园广场一片欢腾。学生社团组织的一年一度校园义卖活动，今年加入了新成员，心理辅导中心专职教师舒暖为贫困生捐赠新书、书写寄语、现场义卖，所得善款悉数用于助学。

（二）认识自我放飞梦想

21世纪是一个团队至上的时代，所有的事业都将是团队事业。依靠个人的力量已经不能取得卓越成就。只有拥有一支具有很强向心力、凝聚力、战斗力的团队，拥有一批彼此间互相鼓励、支持、学习、合作的成员，事业才能不断发展。团队是个人成长的舞台，通过模拟团队建设，可以帮助同学们了解团队建设流程，学习形成团队精神，体会团队的力量。

5月10日至5月24日，心理辅导中心专职教师舒暖为高一525—534班学生组织了职业生涯规划之团队建设的心理课程。这是一场"团队建设"的主题盛宴。在整个活动过程中，每一位参与者都非常认真地剖析自我，思考个人发展目标，在小组内进行有效沟通，积极投入，现场气氛非常活跃。小组推选出领导者，进行合理分工，形成团队的核心力量，并以喊响团队口号、表演团队队歌、绘制海报等方式展示团队风采。

相信每一位同学都有自己的收获，对于民族贫困地区的学生未来的人生发展来说，这是一场意义非凡的职业规划，也一定能在某种程度上帮助他们认识自我、学习协作，为扬起风帆迈步成功奠定基础。

（三）广泛送教致力引领

湘西州民族中学作为全国中小学心理健康教育特色学校，肩负着引领区域共同发展心理健康教育的责任。舒暖老师奋战在中学心理健康教育一线，工作踏实富有创意，致力于利用有限的资源激发民族贫困地区学生的无限潜能，工作实践经验已经成为湘西州中小学心理健康教育的标杆。本学期2月至5月，舒暖老师利用业余时间先后为吉首大学民师附小幼儿园全体教师、吉首大学信息科学院女生、湘西民族女子中等职业学校全体学生、湖南省高速交通警察局湘西支队凤凰大队全体干部职工开展送教活动。

2016年以来，先后接待省教育厅、州政府、自治州教科院、吉首市第八小学、永顺中学等领导和心理教育专职教师参观指导工作，不断扩大学校心理健康教育工作在湘西州、湖南省的影响力。

（四）体验探索快乐你我

2016年5月25日至5月31日，为迎接"5·25"中小学心理健康日，面向学生、教师、家长筹备了心理辅导中心开放周以及心理海报展览等系列活动。活动组织高一年级全体同学参观心理辅导中心，有序使用"六室一网一线"，切身体会了宣泄的放松，游戏的轻松，错觉的趣味，感受到心理测试的严谨，心理书籍的浩瀚，使同学们获得了身心的愉悦。开放活动吸引了高二、高三学子的自发参与，经过一天紧张的复习，到音乐放松椅上躺躺，打几拳宣泄下情绪，在接待室留个影，都成为他们轻松应考、自我调适的方法，让同学们收益颇多。

（五）对话未来期待成长

5月25日，借助心理辅导中心开放周活动，专职教师舒暖在529班、530班部分同学的帮助下，将高一525班至534班十个班级所绘制的心理海报共47幅作品，在辅导中心布展，为全校学生、教师和家长带来了一场别开生面的画展，为学生感悟青春放飞梦想、对话未来体验职场打开了一扇心理大门。同学们通过绘制海报、认真评选等活动，体会快乐、收获梦想，思在其中、悟在其中、乐在其中、嗨在其中。

湘西州民族中学第二届5·25心理文化节开展"放飞梦想体验成长"系列活动以来，得到了校领导及社会各界人士的大力支持，州民中副校长张泽贤、副校长向志华、教务科科长刘永忠、教科室主任彭群亲临现场。2016年5月31日，活动圆满落下帷幕，感谢领导关怀，感谢所有为活动付出的老师、同学、家长，让我们一同期待明年的相约。

附：获奖公告

三、"靠近你我 温暖同行"——湘西州民族中学第三届5·25心理文化节活动

州民中第三届"5·25"心理文化节系列活动，精彩纷呈。

2017年5月25日下午，湘西州民族中学科技楼大厅内聚集了大量的学生和家长，大家或蹲或站，纷纷露出灿烂的笑容，仔细观看着21块展板共200余幅心理漫画。这是学校第三届心理文化节活动为期一周的心理漫画展，高一年级全体学生们的作品用黑白素描、铅笔淡彩、油画、水彩画等形式，表达着自己对沟通的理解、对情绪的体会等心理的感悟，笔尖下洋溢着青春的灵动，画幅中增添了许多对人生的思考。

特别邀请的吉首大学心理辅导中心主任孟娟教授来到学校大阶梯教室，为高一年级300余位家长举办"做会说话的父母——亲子沟通技巧"专题讲座。孟娟教授通过案例展示，分析了家庭生活中家长与子女交流中存在的问题。通过

分享自己的经验，为家长展示了"会说话的父母"的具体方法。通过深入浅出的生动讲解，为家长提供了解决问题的基本理论。最后，孟教授指导家长与心理辅导中心签订了家长与子女的"好好说话"承诺书。讲座得到了州民中关工委和参会家长的一致好评，家长们纷纷承诺，以后和孩子沟通时，一定多运用孟教授传授的方法技巧，不吼叫，不刺激孩子，与孩子们好好说话。

作为国家首批中小学心理健康教育示范校，学校高度重视心理健康教育工作的开展。为了迎接一年一度的心理文化节，在校长王斌和主管领导向前东副校长的指导下，学校心理辅导中心送教慈爱园，配合关工委进行家庭教育调研，组织家长学校培训，开展了考前心理辅导、心理辅导中心参观体验等学校心理教育系列活动。心理专职教师舒暖还指导长沙市明达学校开展心理健康月活动，以"塑造阳光心态规划幸福人生"为主题，组织了高一生涯彩虹图展评以及初一、高一心理漫画展评，举办了青年教师的幸福人生、高考前心理减压专题讲座，面向初中家长的开放日活动等，辐射广，影响大，反响很好。

州民中心理教育系列活动得到了学校领导，各年级组以及全校师生的积极参与和大力支持，学校、家庭、社会形成了合力，靠近你我、温暖同行的心理文化活动将不断持续……

四、与你一起逐梦翱翔——湘西州民中第四届5·25心理文化节系列活动纪实

在"5·25"来临之际，湘西州民族中学为了激发学生和家长的生涯规划意识，引导学生更好地认识自己、探索自我和职业特点，引导家长了解教育新理念，了解新高考，增强学校师生的心理素质，做好生命教育，心理辅导中心在向前东副校长的指导下，特别策划第四届5·25心理文化节系列活动。本届心理文化节以"生涯规划逐梦翱翔"为主题，通过各种形式的活动，培养学生感知生命美的能力，塑造积极向上的心理品质。

活动一：4月24日家长学校揭牌暨文化节启动仪式，家长学校论坛开讲。第一讲由王斌校长亲自主讲。家长学校为家长朋友们编撰了校本教材。

活动二：家长与孩子同行。主会场由雷雪嫒老师主持，共四项议程。参加主会场活动的有州民中副校长向前东，初一年级组吴璟、雷雪嫒，心理辅导中心专职教师舒暖，学校关工委书记田祖国，老同志阙光金，两名志愿者学生，

以及高一、高二、初一年级的部分家长200余人。主会场上，学校领导和关工委领导一起为州民中家长学校补聘的24位兼职教师颁发了聘书。至此，学校家长学校兼职教师由吉首大学孟娟教授领衔，发展壮大为34人的队伍。舒暖老师做"规划人生成就梦想"专题讲座，这是家长学校论坛第二讲。为与会全体成员做了生涯发展指导，帮助家长更新理念，唤醒生涯教育意识，在生涯规划与生涯决策中，与孩子同行。第二讲中，舒暖老师指导家长绘制自己的生涯彩虹图。没有规划的人生是拼图，有规划的人生是蓝图。与孩子一起，规划人生，成就梦想。

活动三："职业人士进校园"。24位兼职教师三人一组分别来到初一八个班级的分会场，对自己从事的职业做介绍，跟同学们分享职业感悟，规划职业生涯。这么小就开始规划职业生涯啊？这十三四岁的少年，离所谓职业还远着吧？不，专家告诉我们，生涯规划要从娃娃抓起。龙飞，职业经历丰富，先后做过人民警察，医保工作人员，发改委挂职干部，现任人社局二级机构领导。职业分享准确，语言表达生动，课件制作精美，备受师生欢迎，连续讲了两次，每一位分享者的表现都棒棒哒！随后，孩子们进行了职业人物访谈。选择自己感兴趣的职业，纷纷抛出问题：您是怎么选择现在的职业的？在职业生涯中，您认为自己收获最大的是什么？母子对话：妈妈，我就不客气了。请问现在的职业是您当时想要的吗？您最初的理想是什么？向前东副校长带领老师们深入课堂，认真聆听。看看孩子们的专注劲，职场人士进课堂，让孩子们在短时间零距离接触到24种职业概况。会后，无私分享自己的课件与文稿。"父母之爱子，则为之计深远"，优秀的家长们走进了课堂，为孩子们点燃理想之光。

活动四：学生与伙伴同行。大阶梯教室展出了高一每位同学的心理作品。作品来自我们在课堂上对舒伯生涯彩虹理论的理解。成长阶段的口号——天才第一步。学生们分期分批参观学习，选出最有力量的口号。探索阶段的口号：学海无涯。

活动五：与同仁同行。5月是学校心理健康教育活动月，专职教师得以外出学习充电。到长郡双语中学参观、听课与交流。

活动六：与专家同行。湖南省教科院基教处主任贺彩云率领研究会成员一行6人，前往湘潭云龙中学、双峰县一中、怀化湖天中学等学校打磨、研讨生涯课实录，学校舒暖老师随行送教"梦想之旅"。

活动七：与爱心助学同行。参加湖南宋祖英助学基金会工作会议及理事会，共商大计，物质精神双重资助，做好扶贫先扶智的心理扶贫工作。

应邀参加湖南省文明办主持的未成年人心理健康服务状况调查座谈会，做大会发言。

湖南省文明办主持的未成年人心理健康服务状况调查座谈会

活动八：与教育教学教研同步，充分发挥教育部心理健康教育特色校的引领示范作用，推动心理健康·生涯教育，在区域内的深入开展。

（1）抓住课堂教学主阵地，开发生涯规划教育校本课程"生涯彩虹"等20个主题。

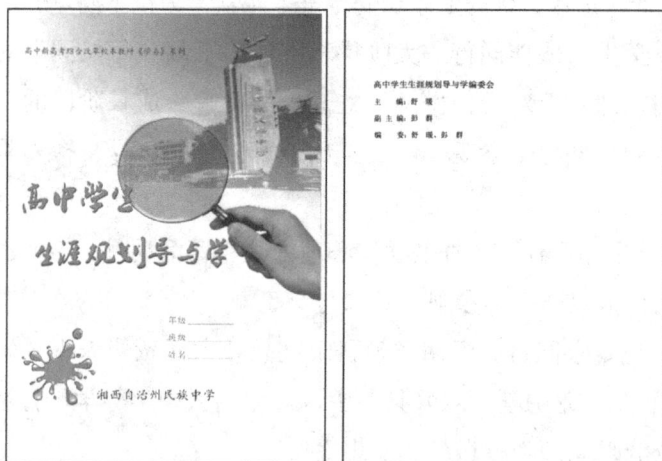

校本课程

（2）小小心理剧：请欣赏一段课堂即兴表演，对生涯彩虹理论第五阶段（退出阶段）的理解。

（3）参与课题研究。王斌校长亲自参加的"新高考背景下高中生选科研究"课题研讨会。

（4）区域内送教活动。雅思高三高复专题讲座"调整心态轻松迎考"；吉首大学民师附小幼儿园教师培训"生涯规划教育从娃娃抓起，以爱育人用心塑品"；初一男生专题讲座"我是阳光少年"。

信息时代发展，为孩子们提供了越来越丰富的生涯发展前景。新高考改革，对人才培养提出了新的要求。湘西州民族中学，以课堂教学为主多形式多渠道增加孩子的阅历，让孩子去体验和发现整个社会的构成，去发现自己的职业兴趣，提前对将来的学习和人生进行规划。在开展生涯教育过程中，以宏观视角从生活中来，向生命里去，为人生而教。学校携手家庭与社会，教师家长与孩子同行，一起回顾过去审视现在展望未来，为学生将来步入社会做好生涯规划生涯决策的准备。

家校合力育大计，共话生涯助成长。持续一个多月的5·25心理文化节系列活动，策划到位，组织有力，引起了良好的社会反响。感谢所有参与的人，让我们一同期待未来，生涯规划逐梦翱翔，精彩人生与你同行……

活动安排：

1.4月20日湘潭云龙实验学校王飞"亲近专业"生涯教育课堂教学指导

2.4月25日家长学校开讲

3.5月9日附小送教——生涯规划从娃娃抓起

4.5月17日双峰县一中徐海文"我的休闲时光"生涯教育课堂教学指导

5.5月18日怀化湖天中学张玉群"行业扫描"生涯教育课堂教学指导

6.5月20日生涯彩虹图、房树人展

7.5月25日家长学校讲坛（第二讲）

8.5月27日家长进校园职业人自述

五、2019年湘西州民族中学第五届5·25心理文化节活动方案

为贯彻落实教育部《中小学心理健康教育指导纲要（2012年修订）》、湖南省教育厅关于印发《湖南省义务教育学校办学标准》（湘教发〔2016〕4号）和关于印发《湖南省教育厅中共湖南省委教育工委2019年工作要点》的通知（湘教发〔2019〕5号）的文件精神，积极应对学校心理健康生涯教育的新形势，培养学生积极的心理品质，切实推动学校、家长、社区乃至全社会重视并做好学生心理健康教育工作，营造全员育人、协同育人、全领域育人的良好社会氛围，结合工作实际，制定本方案。

（一）活动目的

为迎接一年一度心理文化节，在主管领导向前东副校长指导下，心理辅导中心以树立生涯目标、学习生涯决策、体验生涯角色为主题，特举办2018级

高一学生心理剧评比、展览、表演、道德讲堂家长心育专题等活动，力图通过促成家长、老师面对面、心贴心的交流活动，请家长走进学校，关注教育；走近孩子，倾听心声；引导广大家长主动地学习和掌握教育子女的科学知识和方法，确立正确的教育观念，自觉履行家庭教育的职责。加强家庭教育与学校教育的沟通和配合，帮助家长对接高考综合改革，争取家长对心理健康·生涯教育的理解与支持。同时，在学生科领导下常态化开展校园心理危机识别与干预工作，为学生的身心健康成长创造良好的环境。

（二）活动对象

高一年级全体学生及家长，学校关工委成员、心理辅导中心工作人员

（三）活动时间：4月15日至5月25日

启动：2019年5月6日（星期一）13：00—14：00

展演：2019年5月11日（星期六）8：00—10：30

（四）活动主题

生涯规划　逐梦翱翔

（五）活动场地

主场为湘西州民中多功能报告厅

（六）活动内容

1. 常态化开展"四个一"校园心理危机识别与干预工作

常态化开展"四个一"校园心理危机识别与干预，提高危机事件防范水平和处置能力。

（1）组织一次专项自查工作。对本校心理健康教育工作进行自查，特别是心理辅导中心、心理健康·生涯规划课、专职心理教师配备及待遇、学生心理危机"三预"（预防、预警、干预）工作方案及领导小组的落实情况。

（2）常态化开展学生心理危机排查工作。班主任在心理老师的专业指导下，对班级学生的心理健康状况进行动态排查，对排查出需要特别关注的学生及时上报学校，心理辅导中心研制个性化的教育方案，生涯指导师"一对一"帮扶，专职教师开展个案督导。

（3）家—校—社协同育人。对有严重心理危机的学生，学校组织教师掌握学生的家庭状况，引导家长密切关注孩子的心理状态。主动联系辖区派出所和公安局，共同建立在校学生的安全预警制度，为孩子营造平安和谐的社区环境。

（4）组织一系列专题培训。制订培训方案，面向全体教职工和家长开展一系列心理危机识别专题培训，做到早预防、早发现、早干预，扎实开展全员心育，提高全体教职工及家长心理危机事件防范水平和处置能力。

2. 开展心理健康·生涯教育主题月活动

（1）培训。心理健康·生涯规划课代表、朋辈心理辅导员以及家长培训各一次。

（2）心理剧展演。编写心理健康·生涯教育主题剧本，心理健康·生涯教育主题优秀剧本展览，心理健康·生涯教育主题心理剧展演。

（3）宣传。拍摄州民中第五届5·25心理文化节抖音，拍摄心理剧展演，后期报道推送微信公众号。

（4）举办道德讲堂——家长学校心理健康讲座专题。

（5）心理健康·生涯教育主题心理剧本、展演评比发奖。

（6）引导农村学校花垣民乐中学开展心理健康生涯规划教育实践。

（七）活动安排

1. 活动的组织与宣传

（1）副校长向前东统筹协调，通知关工委，联系年级组每班通知家长10人，联系专家。

（2）心理专职教师舒暖、左田清组织启动仪式、专题活动，组织学生编写心理剧本、布展、展演，主持讲座、介绍心理剧背景、点评，拍摄抖音宣传，后期报道推送微信公众号。同时，组织家长签到，衔接家长发言，学生作品进行过塑，统一保存。

（3）团委副书记雷雪媛衔接年级组、班主任，安排座次。

2. 启动仪式

时间：2019年5月6日13：00—14：00

地点：C104

内容：茶话会；心理辅导中心参观、团体辅导；情景剧排练；录制5·25宣传抖音

3. 道德讲堂——家长学校心理健康讲座专题议程

签到时间：2019年5月11日8：20—8：30在报告厅签到

议程安排：

8：20—8：30签到、暖场音乐，左田清老师开场，田苗苗主持

8：30—8：45向前东副校长发言——诵经典

8：45—8：50播放《我们有话说》心理文化节宣传抖音——看短片

8：50—9：00舒暖老师、1805班龙秦辉介绍心理剧背景——听讲课

9：00—9：30学生展演《小A的一生》——演短剧

9：30—9：50校关工委执行主任田祖国、专职教师舒暖专家点评——做点评

9：50—10：00家长发言——谈感想

10：00—10：05《小小少年》——唱歌曲

10：05—10：10向前东副校长、谢晶科长向优秀家长及学生赠书——送吉祥

10：10—10：15颁奖、合影；领导、专家与参会家长合影

会场组织分工：

1. 5月11日签到管理，地点报告厅，时间8：00，场地布置、签到台、咨询台布置，负责人：舒暖、左田清、王姚。8：20—8：30家长签到入场。

2. 学校领导发言稿，宣传片、展板、宣传海报制作，负责人：向前东、舒暖、雷雪媛、左田清。

3. 活动参与对象通知，领导、主持人邀请，负责人：向前东、舒暖、雷雪媛。

4. 礼仪引领、座次安排，负责人：雷雪媛。

5. 主持人：左田清、田苗苗。

6. 字幕横幅，负责人：舒暖、王姚。

7. 现场摄像拍照、宣传报道，负责人：雷雪媛、左田清、王姚。

（八）经费预算

略

六、湘西州中小学心理文化节系列活动成功举办——湘西州教体局官网

当前，全国上下，全省各地越来越重视心理健康教育。近日以来，湖南省教育厅发布了加强开学后中小学生心理疏导工作的通知，湖南省教育学会各个心育专委会纷纷发布文件，征集今年"5·25"中小学心理健康教育活动月暨特

色主题活动案例，要求加强心理健康教育。5月25日是全国大学生心理健康日。"5·25"的谐音为"我爱我"，其核心内容是：关爱自我、了解自我、接纳自己，关注自己的心理健康和心灵成长，提高自身心理素质，进而爱别人、爱社会。为进一步推进青少年心理健康教育，全面提高湘西州中小学学生心理健康水平，湘西州各中小学积极响应湖南省教育厅号召，在湘西州中小学心理健康教育专家指导委员会指导下，5月先后组织了数十场丰富多彩的心理文化活动。心理文化活动得到了州委宣传部、州教体局和各中小学领导的高度重视和湘西州未成年人心理辅导站志愿者团队的大力支持，在各位心理教师积极参与辛勤付出下，活动圆满成功。

5月10日至5月25日，湘西州民中成功举办了第六届心理文化节系列活动。本届心理健康文化节，以"青春由磨砺而出彩"为主题，通过线上线下同频共振的心理健康教育活动，让参与者在感恩和"我爱你""我爱我"的氛围中，体会到成长的磨难将使人生更美丽。5月10日母亲节，州民中心理专职教师舒暖和湘西高职院心理专职教师徐海燕、易明以及溶江中学心理专职教师周立林4名志愿者，一同为高二年级1811班进行了团体辅导活动，获得老师、学生和家长纷纷点赞。

5月20日，州民中心理辅导中心在家长微信群推送中国教育发展战略学会心理教育专业委员会常务副理事长陈虹教授的网络录播课。同时，学校心理老师针对怎样帮助家长陪伴高三学生、消除学生考试焦虑等方面，进行了专业的线上指导。

5月25日，州民中校园广场举办了第六届心理文化节心理魔法壶画作展。湘西州中小学心理健康专家指导委员会顾问李想，学校党委委员、副校长向前东亲临现场指导工作。疫情背景下，学校心理辅导中心针对心理教育的体验性和辅导要求的特殊性，保持安全距离，采用适宜单独作画，便于自我觉察的方式，帮助参与者达成较为理想的身心状态。此次画作展共展出八个展架，展出的都是高一同学们的心理魔法壶画作。舒暖、向平等老师为观看画作展的师生详细介绍了这种可以监测我们抗挫力的绘画分析技术。现场还专门设置了心理咨询点，左田清和溶江中学周立林、肖倩等心理咨询师有序为有需求的同学提供现场心理咨询服务，及时疏导学生在学习、生活中遇到的各种心理问题。

湘西州民族中学作为国家心理健康教育特色校，为了进一步引领湘西州中小学深入开展心理健康教育活动，在州教体局李想策划下，在州民中舒暖具体指导下，5月28日在州民族中学湘西经开区校区成功举办湘西州未成年人心理辅导站志愿者团队首次线下专业研讨会、州溶江中学首届心理文化节、州溶江中学周立林青蓝工程汇报活动。此次活动，是湘西州未成年人心理辅导站志愿者团队线上心理援助转为线下心理帮扶的延续，是舒暖、周立林师徒和周立林、肖倩师徒青蓝工程传帮带的工作汇报，是湘西州民族中学营造形式多样、健康向上、格调高雅的校园文化氛围的具体体现。

州委宣传部公民道德建设科科长夏霞、州委宣传部宣传教育科科长邓振军，州教体局中小学心理健康教育专家指导委员会顾问李想、州溶江中学校长黄刚以及副书记杨安胜和湘西州未成年人心理辅导站8名志愿者以及全体学生全程参加了活动。

同时，湘西州特殊学校、龙山县高级中学、泸溪县第一中学、吉大师院湘西经开区附小、保靖县岳阳小学等学校开展了形式多样的心理健康教育活动。龙山县高级中学梁强，组织部分同学在户外开展了心理拓展活动，保靖县岳阳小学尚云为学校老师和工作室的成员，组织了"我们是相亲相爱的一家人"团体辅导。吉大师院附小和泸溪县第一中学等学校组织学生画心理画、制作心理健康手抄报，让学生用画表达自我、关注自我，用手抄报的形式学习心理健康知识、促进自我成长。

鲜花盛开的5月，在州委宣传部和州教体局领导的高度重视下，湘西州先后有7所中小学，面向学生、家长和老师，开展了各种符合全州学情的心理文化活动。各校专兼职心理老师，从5月特殊的时间节点切入，组织了线上线下同频共振的心理健康教育活动，惠及学生数万人，惠及家长近万名，惠及教师数百名，这是湘西州中小学在主管局指导下首次推进的心理健康教育系列活动。丰富多彩的活动，提升了在校学生的心理素质和心理调适能力，营造了别样的校园文化氛围，极大地丰富了校园文明建设的内容。同时，也让湘西心育人紧密团结起来，共同投身到文化育人的心育工作中，为湘西学子奠定幸福人生贡献力量。

七、2021年湘西州民中"第七届心理文化节"活动方案

（一）活动目的

为贯彻落实中共湖南省委办公厅湖南省人民政府办公厅《关于加强新时代学生心理健康教育的意见》（湘办发〔2020〕12号）精神，深入推进学校中小学心理健康教育，促进学生身心健康发展，依据湘西州教育和体育局关于开展2021年湘西州中小学"心理健康月"活动的通知，经研究，定于2021年5月开展湘西州民族中学"第七届心理文化节"活动，现制定方案如下。

（二）总体要求

坚持以习近平新时代中国特色社会主义思想为指导，落实立德树人根本任务，深入贯彻《关于加强新时代学生心理健康教育的意见》精神，广泛宣传普及心理健康知识，营造家校共育的良好氛围，提升学生自助互助意识与能力，培养师生理性平和、自尊自信、积极向上的心理品质，促进广大中小学生身心健康和人格发展。

（三）活动主题

关注心理健康，促进自我成长

（四）活动时间

2021年5月

（五）活动要求

（1）开展"心理健康月"活动，学校心理辅导中心要做到"四有"：有结合学情和区域特点制定的活动方案；有必要的活动保障；有清晰的活动目标；有务求实效的活动过程。

（2）充分发挥家长学校的教育力量，学校办公室、家长委员会要运用报刊、门户网站、微信、微博等媒介进行立体宣传，增强活动的知晓度和参与度，彰显家、校、社、政的教育合力。

（3）聚焦活动主题，结合实际，组织学生、教师和家长重点开展"四个一"活动，即做好一次宣传活动；开展一项调查研究；举办一系列专题讲座；组织一批专项活动。

（4）做好活动成果的分享与交流，及时总结经验，凝练活动特色，活动案例选报州教体局。

（六）活动安排

活动具体安排表

时间	内容	负责人
2021年5月13日	第七届心理文化节启动仪式	向前东
	从"心"启航，放飞理想 签名墙	毕文安、舒暖
	许愿树	黄捷、舒暖
	高三考前心理减压讲座	王姚、彭茂春
	湘西州部分心理骨干教师参会，工作餐评课；制作短视频、美篇	舒暖、戚丹
	同步宣传	胡建、王姚
2021年4月30日至5月18日	州教体局统一安排县市送教	朱永久
	州教体局统一安排调研	李想
2021年5月22日至25日	家长学校活动	钱复荣
	高二暖场手语舞	田萍萍
	校长论坛	彭学军
	课堂教学：体验心理活动课	彭永凤
	家长学校校本教材	舒暖、张欢
	高一学生绘制曼陀罗	罗升、易明、周立林
	布展：高一学生曼陀罗	左田清、张恒
	同步宣传	胡建、杨帆蓬
2021年5月26日至30日	活动案例选报州教体局	舒暖、左田清

分管副校长主抓，安排部署活动，申请活动经费，联系参会领导、专家。学校办公室、学生科、校团委、年级组等各部门紧密配合，学校办公室、家长委员会、心理辅导中心做好同步宣传，校团委、高三年级组落实启动仪式和高三考前减压讲座，音乐教研组、高二年级组排练手语舞，学生科组织学生、班主任和家长参加家长学校活动，学生科、高一年级组组织学生绘制曼陀罗，心理辅导中心做好组织策划，许愿树、心理漫画展示，活动积极分子评优、案例选报以及州教体局统一安排的送教、调研等相关活动。

（七）经费预算

略

八、湘西州开展"中小学党建+心理健康教育+家校共育"活动——红网时刻

红网时刻湘西5月25日讯（通讯员舒暖）5月24日上午，湘西州教体局在湘西州溶江中学组织开展"中小学党建+心理健康教育+家校共育"主题活动。湘西州关工委、州妇联、州检察院未成年人办公室、团州委、8县市教体局、党建办、关工委、基教股负责人以及相关学校负责人、心理健康教师和部分学生、家长共300余人参加。

活动采取线上直播现场观看相结合的形式，分两个阶段进行。首先是参观学习阶段，与会者参观了州溶江中学党支部活动室和智能化建设的心灵驿站，随后观看了微视频，聆听了两所学校的经验介绍以及吉首大学心理学教授孟娟带来的"携手共进用心护航"主题讲座。其间，为2020年获得湖南省心理健康教育特色学校的5所中小学校进行了授牌，并为湘西州溶江中学颁发了"湘西自治州家长学校建设实验基地"牌。

第二阶段分四个分会场进行。县市党建办负责人到湘西州幼儿园开展中小学党建工作研讨，其余嘉宾兴致勃勃地观摩了面向家长和孩子的心理素质拓展活动。会后家长纷纷表示，在与孩子沟通方面深受启发，心理教师纷纷称赞组织者立意高远，名师的引领专业规范。活动彰显了党建引领心理健康教育和家校共育的办学理念，在家、校、社、政齐心聚力办教育方面迈出了一大步。

州人大常委会原副主任、州关工委执行副主任肖国良对活动给予了肯定，他要求，一是认识要有高度，二是工作要有加速度，三是落实要有强力度。学校是关工委工作的主阵地和主战场，关心下一代工作是我们共同的责任、共同的事业。

州教体局党组书记、局长田勇指出，要牢记为党育人、为国育才的使命。党建工作是中小学校办学治校的"定海神针"，全州各中小学校要进一步加强党对教育工作的全面领导，积极创建中小学校党建示范校，深入开展中小学心理健康教育工作，共同构建家校共育的良好格局，切实把党的思想政治组织优势转化为教育改革发展优势。"党建引领教育高质量发展"，以党建为抓手，

以学校教育家庭教育为两翼，心理健康教育与五育并举，跑出湘西教育跨越式发展的"加速度"，培养新时代社会主义建设者和接班人。

"中小学党建+心理健康教育+家校共育"主题活动

九、2022湘西州民族中学"第八届5·25心理文化节"活动方案

为贯彻落实教育部《中小学心理健康教育指导纲要（2012年修订）》、湖南省委、省政府办公厅《关于加强新时代学生心理健康教育的意见》和湘西州委教育工作领导小组关于《学习推广"衡南经验"加强新时代学生心理健康教育的实施意见》的文件精神，积极应对学校心理健康教育的新形势，培养学生积极的心理品质，结合工作实际，制定本方案。

（一）活动目的

为迎接一年一度心理文化节，学校高度重视心理健康教育工作的开展，在分管领导副校长向志华等领导的指导下，心理辅导中心以"向阳而行 绽放芳华"为主题，举办团体辅导、危机事件干预、防性侵专项活动、生涯选科项目式学习等活动，力图通过活动促进学生、老师面对面、心贴心地交流，及时开展心理危机事件的识别与干预工作，为学生的身心健康成长创造良好的环境。

（二）活动准备

1. 方案策划：州民中心理辅导中心

2. 活动材料准备：团委，女生德育工作组，心理辅导中心

3. 衔接主讲：副校长葛红梅

4. 通知落实：副校长向志华、葛红梅，教务科、学生科、年级组及班主任

5. 摄像宣传：办公室、女生德育工作组、心理辅导中心

（三）活动主题

向阳而行　绽放芳华

（四）活动时间

2022年4—5月

（五）活动内容

1. 团体辅导

（1）高危学生班级团辅

主题：生命之歌

主讲：左田清

地点：2110班

（2）班主任团体辅导技能培训

主题：人际交往爱的表达

主讲：舒暖

地点：心灵驿站

（3）对高三有需求班级开展考前减压辅导

2. 心理危机事件干预

对有5月疫情旅居史的师生，根据实际情况开展线下或者线上干预活动

3. 女生自我防护专题讲座

时间：2022年4月28日

地点：多功能报告厅与大阶梯教室

参会人员：高一年级全体女生、女生德育工作组老师、部分领导及学生科工作人员

主持人：黄捷

主讲人：心理学教授孟娟

活动流程：班主任通知学生到会场集合；主持人宣布讲座开始；孟娟教授讲座；副校长葛红梅总结

4. 生涯选科项目式学习

（1）学科分组学生开展项目式学习。

（2）学生呈现项目式学习成果。

（3）教师凝练成果，微视等多种形式转发。

（六）经费预算

略

十、2022湘西州民中"第八届5·25心理文化节"活动总结

为贯彻落实教育部《中小学心理健康教育指导纲要（2012年修订）》、湖南省委、省政府办公厅《关于加强新时代学生心理健康教育的意见》和湘西州委教育工作领导小组关于《学习推广"衡南经验"加强新时代学生心理健康教育的实施意见》以及州教体局《关于开展2022年湘西州中小学"心理健康月"活动的通知》等文件精神，学校高度重视心理健康教育工作，在分管领导向志华副校长以及分管学生工作的葛红梅副校长指导下，心理辅导中心圆满举办了2022州民中第八届5·25心理文化节。

主要活动内容

活动内容	执教者	活动主题	参与者
团体辅导	舒暖	考前减压	高三及考前焦虑学生
	舒暖	爱的表达	部分班主任
	左田清	生命之歌	21××班
个别辅导	舒暖、左田清	咨询辅导	有需求的师生
专题讲座	孟娟	女生自我防护	女生、德育小组教师
视频展示	舒暖、左田清	生涯选科项目式学习	高一、高二
送教辐射	舒暖	班主任团体辅导技能培训	吉首市芙蓉学校
	舒暖、左田清、谭捷	乡村教师压力管理与健康促进	花垣县第三中学
	舒暖	5月研修及5·25活动指导	舒暖名师工作室成员
家庭教育	舒暖、舒洲、钱复荣	家庭教育指导	高三等家长
旗下讲话	彭学军	拥抱火红的青春	全校师生

生涯规划与心理健康密不可分，高中生的生涯教育，应该以全球化的视野，从世界中的中国的当下与未来的角度，去思考学生的生涯规划和设计学校的生涯规划教育。力图通过生涯选科项目式学习等活动，引导学生厘清自己的真正兴趣、能力特长，促进学生觉醒，对个人发展进行科学的选择和更落实的管理。培养学生积极的心理品质，让学生具备科学研判和分析新行业、新职业

的敏锐、智慧和能力，具备应对世界和本土机遇与挑战的信心。

充分发挥国家心理健康教育特色校的引领示范作用，依托舒暖名师工作室深入开展"温暖你我向阳而行"线上研修活动，对七县一市一区开展5·25活动进行具体指导，送教下乡、送教到校，把工作室内涵建设与心理健康教育活动做实、做强，参与学校关工委、团州委相关工作，把学校的优势品牌——心理健康教育做亮做响。

州民中心理文化节已经举办了八届，组织者呈现了丰富多彩的活动。从首届绘制心理海报，到心理漫画、生涯彩虹图、情景剧展演，房树人、心理魔法壶，亲子关系抖音，心愿树，去年的党建+心育+家庭教育，今年的直播小课堂和点亮2022的活动，无不充满着心理老师灵动的思维，创新的精神，教育的情怀。我们做到了一年一个主题，每个5月都为学生提供一次不一样的体验。当他们迈出校园，生命中或深或浅地留下一些5月的痕迹，这就是心理老师最大的收获。我们线上线下同频共振开展家庭教育，组建了社会优质力量构成的家长学校兼职队伍，助力州民中成为湘西州优秀家长学校。我们为有需求的教师提供心理服务和培训，参加国培、省培以及下县进校送教，让心理老师犹如种子深植在湘西的大地。我们助力关工委、助力团委、助力民政妇联、助力有需求的企事业单位，开展心理帮扶、危机干预、压力管理健康促进等系列活动，尽力营造心育社会氛围。

新蓝图落笔恢宏，新征程催人奋进。为学生的身心健康成长创造良好的环境，形成符合时代特征、具有时代气息，心理健康助力教育高质量发展的品牌，是我们不懈的追求。我们将以更专业、更多元的方式，持续用心用情为湘西学子的身心健康成长护航！

"青春之心灵 青春之少年"

——2021年湘西州民族中学世界精神卫生周系列活动

一、2021年湘西州民族中学世界精神卫生周系列活动方案

（一）指导思想

以习近平新时代中国特色社会主义思想为指导，全面贯彻党的教育方针，以立德树人为根本，围绕凝聚人心、完善人格、开发人力、培育人才、造福人民的工作目标，为更好地贯彻《教育部办公厅关于加强学生心理健康管理工作的通知》（教思政厅函〔2021〕10号）、《卫生部办公厅关于精神卫生宣传活动的通知》等文件精神，加强源头管理，增强校医结合，普及精神卫生知识，保护精神健康，促进学生心理健康和全面素质发展，学校特举办世界精神卫生周系列活动。

（二）活动目标

（1）健全领导小组，有机构，有组织，明确职责，分工负责。

（2）10月10日是世界精神卫生日，紧扣2021年我国的主题"青春之心灵 青春之少年"，充分发挥体育、美育、劳动教育以及校园文化的重要作用，全方位促进学生心理健康发展。

（3）加强心理健康教育过程管理，做好心理健康测评工作。

（4）增强校医结合，争取专业机构协作支持。

（5）加大宣传力度，做好相关资料的整理和归档。

（三）具体措施

1. 提高认识，健全组织

成立学校领导小组，明确职责，分工合作，保证活动有系统、有计划、有

183

目的地进行。州民中世界精神卫生周活动领导小组具体如下：

组长：校长

副组长：分管副校长

成员：办公室主任，学生科科长，高一、高二年级主任

2. 加强管理，提高效果

（1）完善活动方案设计。葛红梅副校长制定征求意见稿，学校主要领导审定方案，确保活动顺利进行。

（2）活动内容落实到人。

10月10日18：30精神卫生讲座，学校聘请名医名师担任心理辅导服务教员、顾问，提供现场咨询，提高心理服务专业理论水平。副校长葛红梅衔接专家，学生科组织学生，年级组通知班主任。

10月11日周一升旗，国旗下讲话，年级组落实学生。

10月10日至10月18日心理辅导中心做好心理健康测评工作；制作世界精神卫生周海报；收集世界精神卫生日宣传短视频，在讲座会场播放并落实在家长微信群宣讲。

副校长向前东联系办公室，负责会场布置、电子会标，落实活动的宣传推广。

（四）活动主题

"青春之心灵　青春之少年"

（五）活动对象

高一、高二年级，班主任及学生

（六）活动时间

2021年10月10日至10月18日

（七）活动地点

多功能报告厅

（八）主持人

黄捷

二、湘西州民族中学2021年世界精神卫生日主题讲座"青春之心灵 青春之少年"活动议程

（一）活动时间

2021年10月10日18：30—20：00

（二）活动地点

知正楼报告厅

（三）参会人员

彭学军，向前东，葛红梅，谢晶，钱复荣，罗文国，王姚、高一、高二、高三年级组主任，各班主任

湘西高职院心理教师徐海燕、易明，州民中心理辅导中心教师舒暖、左田清，州溶江中学心理老师周立林、肖倩、张欢，吉首市教师发展中心彭永凤

（四）活动流程

18：30：世界精神卫生日宣传短视频播放

18：35：主持人黄捷介绍与会领导和嘉宾

18：40：彭学军校长讲话

18：45：向前东副校长宣布州民中心理辅导名医名师受聘名单（舒暖准备名单，办公室负责聘书）

18：50：葛红梅副校长率领与会人员宣读精神卫生宣传口号（准备多媒体）

18：55：湘西州荣复医院主治医师程正主任做专题讲座（葛红梅准备）

19：35：心理专家分6个小组现场答疑解惑，提供现场心理卫生服务（内容：网络成瘾、强迫障碍、抑郁障碍、睡眠障碍、焦虑障碍等）

19：55：主持人宣布会议结束

（五）活动准备

1.方案策划：葛红梅、舒暖、黄捷

2.视频制作：舒暖、彭铸

3.后勤保障：向前东、谢晶（专家讲课费、茶、水）

4.会场布置：陶勇（电子显示屏）、石柱（负责各班级教室多媒体的直播收看），龙秋凤、龙婷、彭铸、团委志愿者（名签粘贴、引领入座）

5.活动通知：办公室、学生科、教务科、年级组

6.宣传报道：向前东、办公室、校团委、学生会

7.合影留念：谢晶（在讲座之前组织完成）

（六）精神卫生宣传口号

10月10日，世界精神卫生日，青春之心灵　青春之少年

精神卫生精神健康

医教结合，加强心理卫生服务

校医携手，护佑心理健康

聆听心灵声音，放飞青春梦想

从"心"出发，心育有我

"以青春之我，创建青春之家庭，青春之国家，青春之民族，青春之人类，青春之地球，青春之宇宙，资以乐其无涯之生。"

三、州民中世界精神卫生周活动总结

（一）世界精神卫生日主题活动

世界精神卫生日主题活动

为深入贯彻落实习近平总书记在全国卫生与健康大会上的重要讲话精神，扎实推动《健康中国行动——儿童青少年心理健康行动方案（2019—2022年）》，有效提升学生心理调适能力，培养学生理性平和的健康心态，10月10日晚，湘西州民中邀请州教体局，州荣复医院等相关单位10位心理健康指导教

师走进校园，围绕"青春之心灵　青春之少年"主题，为学校3000余名学子送上心理健康"大礼包"。校长彭学军等学校领导及相关科室负责人，学校关工委执行主任田祖国，家长委员会代表参加此次活动。活动由学生科黄捷老师主持。

　　活动分七个议程。首先是热身活动，湘西高职院易明老师带领学生玩手指操游戏拉开帷幕。随后州民中校长彭学军致辞。他强调，持续加强心理健康教育是培养学生健康身心和健全人格，建设高质量教育体系和新时期教育改革的需要，开展好心理健康教育具有十分重要的现实意义。学校将坚持以省委副书记乌兰在全省中小学心理健康教育工作现场推进会上的重要讲话精神为指导，认真学习借鉴"衡南经验"，进一步完善心理健康教育体系，让学生健康快乐成长。州民中党委委员、副校长向前东宣读了心理服务指导教师受聘名单，与会领导为受聘指导教师现场颁发了聘任证书。全体与会人员在校团委副书记王姚的带领下集体宣读精神卫生宣传口号，将活动推向了高潮。

　　"论青少年的精神卫生健康"主题讲座由湘西州荣复医院主治医师、中级心理治疗师程正主讲，讲座紧扣高中学生学习生活实际，涵盖了青少年情绪的特点、情绪和个人态度的关系、情绪调控的方法、宣泄时需要注意事项等内容，为学生们的心理健康成长提供了有效的帮助。之后心理教师们分成六个小组，围绕网络成瘾、强迫障碍、抑郁障碍、睡眠障碍、焦虑障碍等内容对学生进行现场答疑解惑，学生们积极参与，热情高涨。全体与会人员共同观看了世界精神卫生日宣传视频。

心理老师现场答疑

　　州民中党委委员、副校长葛红梅在总结发言中强调：学校将以此次活动为契机，坚持问题导向，继续在打造心理育人工作队伍、做好心理健康教育教学、开展宣传与心理咨询活动、加强心理危机预防与在干预建设上下功夫，科学规范开展心理健康教育，切实为学生的健康成长保驾护航。

州民中党委委员、副校长葛红梅总结发言

（二）世界精神卫生宣传活动

"青春之心灵　青春之少年"，健康的心灵是青少年成长的基石。此次世界精神卫生日，州民中认真举办心理健康知识讲座，设置心理知识宣传专栏、利用LED电子屏滚动心理健康宣传标语、制作短视频线上宣传等多种方式让学生畅享心理健康"大礼包"，帮助学生掌握更多心理健康知识和技能，为民中学子的健康成长撑起一片天空。

"青春之心灵　青春之少年"活动

2022年推进湘西州深入开展"5·25"活动

一、案例概要

为落实立德树人根本任务，促进学生身心健康全面发展，教育部和湖南省教育厅连续发文，加强对中小学生"五项管理""双减""心理健康活动月"等工作进行部署。州民中依托舒暖名师工作室，"家校社"共同配合，加强人文关怀和心理疏导，促进心理健康教育活动落地生效。

以提升学生、家长心理素养，提升教师专业能力为宗旨，在信息化时代背景下，通过创设项目式学习（project based learning）情景，综合运用个体辅导、团体辅导、专项活动等形式，线上线下推进心育与学科融合，让学生主动探索，领会更深刻的知识和技能，让老师创新课程，成为教学相长的受益者，让家长理性陪伴，提升家庭教育指导能力。

形成三项主要成果：

（1）推进项目式学习。高一信息技术与心理教育深度融合，高二生涯选科课堂直播。进行各年级高危学生、班主任团体辅导，开展心理教师培训。

（2）家、校、社合育。组织高三考前减压活动，举办高中女生自我防护专题讲座。参加湘西共青团为高考学子线上送"备考宝典"活动，以及关工委、家长学校工作。

（3）成果丰硕。率领工作室98名正式成员和辐射成员，建设8个工作站，一个基地校，边研习边实施心理健康月活动，活动各具特色，影响辐射广，社会反响好。新湖南等刊发通讯10余篇。

二、主要做法

州民中加强制度管理。在落实"五项管理"的实践中，坚持问题导向，正视管理短板，从"心理"视角入手，深刻反思学校心育中存在的问题，以此建立起《湘西州民族中学心理健康教育工作制度》等17个制度或办法，形成了"育人"先"育心"的长效机制。

依托名师工作室平台，以课堂为主阵地，聚焦创新，加强心理健康教育与信息技术、学科教学的深度融合。以活动为载体，聚焦主题，示范辐射。以培训师资为抓手，聚焦成长，整合学校、家庭、社会资源，活动联办、资源联用、协调发展，惠及更多的学生、教师、家长。

（一）聚焦创新，举办州民中第八届5·25心理文化节

1. 创新主题

从州民中首届心理文化节绘制心理海报，到心理漫画，生涯彩虹图，情景剧展演，职场人士进校园，房树人、心理魔法壶，亲子关系抖音，心愿树，到2021年的党建+心育+家庭教育，做到了一年一个主题，每个5月都为学生提供一次不一样的体验。2022年，学校以爱为主线，以"理性教育有效陪伴"为主题开展了系列活动。"5·25"谐音我爱我，由我拓展为我们，而爱自己，是爱一切的开始。针对每个年级学生不同的需求，提供理性的教育与服务。高一点亮2022朋友圈，助孩子们爱生活；高二生涯选科项目式学习直播小课堂；高三减压活动，助学生们爱学业。举办高中女生自我防护知识专题讲座，助女生爱自己。团体辅导——爱的表达，帮助班主任、心理教师和家长学习如何更好地表达爱。

2. 创新课堂

开展项目式学习，从生涯规划的角度设计选科项目式学习直播课堂，按学科分组，依靠团队力量理清自己真正的兴趣，激发了学生的潜能。课堂直播呈现学习成果，给学生创设了展示的机会，许多学生自制精美课件，将物化生实验搬上讲台，把中英文情景剧等带进了教室。在课堂里，漫步历史博物馆、世界大好河山，可聆听四象生八卦、文化哲学与法律，能欣赏丝弦和舞步的曼妙，学生们精

湘西州民中学生在校园广场观看短视频和
5·25宣传展架

心准备都有出色表现。按高中9门科目，凝练成短视频，在校园广场滚动播放，有趣好玩的画面，引发了学生们的共情，收获了成就感。用微视、抖音等多种形式转发，让社会各界人士了解、关注心理生涯教育，扩大了影响。

3. 创新高度

校长彭学军亲自领衔高一心理课授课，国旗下讲话进行考前心理疏导，撰写美篇指导家长有效陪伴。高三年级副主任舒洲在家长微信群推文《为什么高考要比平时考得好》，学生科科长钱复荣推文《高考结束后，一位父亲的深夜自述》，心理名师舒暖推文《父母在孩子一生中扮演的四种角色》等文章多篇，5·15国际家庭日分享"爱家"系列专家直播等，提升家庭教育指导能力。线下通过开设家庭教育讲座、举办校园开放日等家校合作活动，携手校关工委、校团委多渠道架设家校沟通桥梁，在加强思政建设、深化关爱行动、营造成长环境等方面，取得良好效果，探索"双减"背景下的家校合作新样态，家庭、学校教育"双轮驱动"的做法，得到州关工委、团州委肯定。

（二）聚焦成长，充分发挥舒暖名师工作室引领作用

1. 教师成长

2022年4月25日湘西州"武陵人才支持计划"首个心理健康首席名师工作室开班，首席名师舒暖带领学员们从项目式学习研讨、课例点评、经验分享等方面进行研修。吉首大学心理学教授孟娟等专家亲自示范授课。活动通过线上线下同步进行，除40余名工作室正式成员参加现场活动外，还有58名成员通过观看直播方式参加在线研修，还辐射了吉首市彭永凤名师工作室、保靖县尚云名师工作室等相关成员共同学习成长。其中女性副校长10名，专职心理教师54名，覆盖了全州七县一市一区中小学、幼儿园，包括14所农村学校，8所民办学校。培训中部署了下一步的工作任务，主要是线上研修和线下组织5·25心理健康月活动。

2. 人尽其才

设置学校心育八个方面的工作内容，指导正式成员根据自己擅长和喜欢的领域认领任务，推选小组长。参考县市地域以及成员意愿组建8个工作站1个基地校，通过各小组辐射本区域，开展线上线下"温暖你我向阳而行"的研习，并进行每站一周线上轮值。按微课组、心理测评组、活动设计组、个体咨询组、心育讲座组、团体辅导组、课程设计组、素质拓展组的顺序，从5月第一周

开始到6月底在微信群轮值，成员做到一天一分享，一周一总结。内容包括：分享一份方案（"5·25"或者项目活动）、呈现一堂课（课件和教学设计）、阅读一本书（分享5分钟以上音频）、组织一次研修（各工作站和辐射成员一起参加）、完成一个总结（美篇、视频）等。首席做到一次研修一方案，一组活动一次指导，一个阶段一份总结。

3. 资源联用，共同成长

一是加强资源分享。建舒暖名师工作室正式成员和辐射成员微信群，注册工作室微信公众号，建设工作室网络平台，推荐湘西州中小学"心理健康月"供选活动与主题，分享成员校"5·25"活动方案、课程设计、读书音频、活动视频以及美篇总结、宣传报道等。同时转发家长群、自媒体、官方媒体、报刊杂志等多种形式推广。二是发挥多边优势。协调共青团、关工委、家庭教育委员会、名师工作室等社会团体，共同开展活动。生涯规划中，选择失误，代价沉重，每年因专业和职业选择失误而引发的大学生退学复读，毕业即失业等现象屡见不鲜。家长教育是心理生涯教育的重要组成部分。提升家长教育指导能力，为孩子提供科学决策的理性参考。

（三）聚焦5月，促进各校形成心理健康教育活动特色

聚焦心理健康月，为各工作室站所在县市区各中小学提供供选活动与主题，到成员校送教，到基地校进行5·25心理文化节活动现场指导。

1. 以爱为主线设计活动

凤凰小组组长张波带领六位成员以凤凰县箭道坪小学为试点，开展了"心育五月拥抱阳光"系列活动，组织开展了心悦自我启动仪式，保护自我专题讲座，幸福自我主题活动。凤凰县文昌阁小学开展了心理健康护成长"三个一"活动。龙山县皇仓中学、华鑫学校"爱心守护阳光同行"，泸溪县一中开展"爱自己"项目式学习，吉大师院附小关爱自我从"心"开始，吉首谷韵民族小学进行了"花开五月我心向阳"等系列活动。

2022年5月16日，凤凰县箭道坪小学沱江校区举行"心育五月拥抱阳光"心理健康月启动仪式，湘西州舒暖名师工作室骨干成员参加了此次活动。

"心育五月拥抱阳光"系列活动

2. 抓特殊节点组织活动

保靖小组在尚云名师工作室"5·15"深入社区开展家庭教育。吉首市彭永凤名师工作室"5·20"吉首市一中特别关爱"入心"来，吉首市铁路学校"5·25——心之所向"开展五个一活动。

3. 营造心理文化氛围，彰显特色

吉首市芙蓉学校提升班主任心育能力，龙山一小"阳光心态快乐成长"三部曲，花垣县第三中学"情满三中爱镶校园"，溶江中学"光影育人温暖守护"，州民中"立德树人心育花开"第八届心理文化节。

"提升班主任心育能力"活动（一）

5月19日，吉首市芙蓉学校第一届心理健康节班主任心育胜任力提升培训班，邀请湘西州民族中学教育心理学高级教师舒暖"传经送宝"。

5月23日，舒暖率名师工作室部分成员参加花垣县第三中学首届心理文化节活动，并为全体教师做减压团体辅导。花垣县教体局、边城镇党委政府、花垣县妇联、团县委、县文旅局、边城镇派出所、卫生院、农商行以及花垣县第三中学和家委会代表参加座谈，共商心理健康教育助力农村学校发展大计。

心理健康月活动中，工作室百余名教师，纷纷开展主题各异、形式多样的活动。共形成数万文字记录，抖音、微视视频若干，美篇十五个，新闻稿件十余篇，其中新湖南通讯稿五篇，红网时刻，吉首、花垣、凤凰、龙山融媒通讯稿多篇，州民中微信公众号宣传一篇，舒暖名师工作室微信公众号宣传五篇，湘西团州委微信公众号宣传一篇。活动辐射面广，社会反响好。

"提升班主任心育能力"活动（二）

三、效果启示

（1）"心理健康月"活动，学校应做到"四有"：有结合学情和区域特点制定的活动方案；有必要的活动保障；有清晰的活动目标；有务求实效的活动过程。

（2）聚焦主题，确保活动实施。分管教学副校长主抓，分管财务副校长提供保障，校团委、年级组、学生科紧密配合，舒暖名师工作室组织落实，重点开展学生、教师和家长"四个一"活动，即建成一个平台；开展一场项目式学习；带动一支教师队伍；组织一批专项活动。

（3）进行立体宣传，学校办公室、家长委员会、名师工作室运用报刊、门户网站、微信、抖音等媒介增强活动的知晓度和参与度，彰显家、校、社、政的教育合力。

教书育人，从"心"开始，立德树人，育心为本。心理健康教育工作是一项利教、助学、益社会的奠基工程，州民中以促进学生身心健康成长为己任，聚焦专业、创新规划、深度融合，实现活动联办、资源联用、协调发展，促进学生、教师、家长成长，推进全州中小学心理健康教育工作普及化。

今后，加强舒暖名师工作室内涵建设，形成符合时代特征、具有时代气息，助力乡村振兴的心理健康教育工作品牌，把关爱帮扶活动做实、做强，把湘西州中小学心理教育品牌做亮、做响。造福于湘西州每一个孩子，为孩子的终身成长奠基。

培根铸魂、放飞梦想

一、国旗下讲话

各位领导，各位老师，同学们：

早上好！

我是学校心理访谈室的老师——舒暖，今天能够在国旗下表达心声，抒发心情，我感到非常非常的荣幸，更多的是感动。

今年9月，承蒙学校厚爱，使我有幸加入州民中这个大家庭，成为心理访谈室的老师。很多同事和朋友，对于我放弃二十多年的职业教育工作基础，投身工作性质截然不同的基础教育，深表不解。但对于我来说，我又是那么义无反顾。究其原因，主要是三个方面：

第一，学校重视。州民中作为省级示范性高级中学，为了更好地教书育人，学校领导高度重视心理健康教育，专门把我作为这方面的人才引进，为的是让所有学生身心和谐、健康发展。在这里，我要深深感谢学校领导，给了我这个难得的机会和宽广的平台，让我能够用己所学，尽己所能，传授一些知识，影响一些同学，引领他们的心理健康成长，使他们人格健全、个性良好，敢于担当责任，勇于面对现实，成为对社会、对民族的有用之才。

第二，责任所在。我作为州教育心理学学科带头人，自认为有责任在深入广泛开展这项工作中，尽自己绵薄之力，为全州开展心理健康教育工作树立标杆；作为湖南省学校心理教育专业委员会理事，自认为有责任引领全州的心理健康教育工作，向全省发达地区及先进单位看齐。

第三，感恩母校。实际上，这是最为重要的原因，因为州民中是我的母校，曾经教育了我六年，是母校给了我知识、才干、能力和信心。父母赐给我肉体，而母校塑造了我的灵魂。因此，我对母校，就像女儿眷恋母亲一样，满怀着无以言表的深情。

州民中，我的母校，这所有着七十多年悠久历史的湘西名校，建校以来，人才辈出，母校学子的身影广布大江南北，驰骋各行各业。从政者，在各地造福一方；科学家，在科技领域硕果累累；文艺家，在各自的舞台上争奇斗艳。中组部副部长欧阳淞、中国科学院院士肖纪美、著名导演吴天忍，就是母校学子中的佼佼者，更是母校学子中的杰出代表。当时，他们以母校为荣；现在，母校以他们为荣！

中华民族崇尚滴水之恩，当涌泉相报。流传千古的孟宗感恩母亲哭竹，庚黔感恩父亲尝秽，让我们学会了感恩，学会了担当，学会了忠孝节义。

我该怎么感谢您——我的母校？！

此时此刻，站在国旗下，站在校园里，我想说，虽然我很平凡，也很普通，但能回到母校工作，既是无比荣耀，更多的却是责任重大。我唯有尽职尽责做好自己的本职工作，在平凡的岗位上努力做出不平凡的业绩，以此回报母校，为母校增光添彩！

我想说，我就是一棵小草，愿意为母校增添一些新绿；我就是一缕轻风，愿意为母校增添一些清新；我就是一米阳光，愿意为母校增添一些温暖。老师们，同学们，学校就像一个大家庭，你爱她就要承担责任，感恩她就要付出行动。值此全省校长年会，即将在学校召开之际，让我们满怀信心和激情，怀着感恩之心、敬畏之心，在各自的工作、学习岗位上，各司其职，各负其责，以文明的言行、规范的举止、良好的形象、优异的成绩，尽展州民中的风采！

二、拒绝暴力话安全

安全是一个古老的话题，没有安全，家庭会失去欢乐；没有安全，国家就失去稳定。校园安全，关系到同学们能否健康成长，能否顺利完成学业，也关系到老师能否在一个安全的环境中教书育人。校园暴力不仅危及学生安全，影响正常学习，更为严重的是会极大地伤害学生的心灵，让部分孩子产生恐惧、悲观、厌学情绪，在他们一生的成长中投下挥不去的心理阴影。

校园暴力，不仅危害学生，对家庭和学校也都有害无益。2012年当地时间4月2日，美国加州奥依克斯大学发生校园枪击事件，一名韩裔男性学生持枪在教室开枪造成7人死亡，3人受伤。近年来，我国的校园暴力事件也接连不断，严重地影响了学校、家庭的稳定。逝者以他们的鲜活而短暂的生命向我们提出警示："安全无小事，警钟需长鸣。"一年前，学校高一学生因打篮球而发生矛盾，最终导致一个学生拿刀捅伤了另一个学生。在这个案例中，他们谁都不是赢家，都为此付出了惨痛的代价。本学期，学校的高二和高三学生在踢足球时，因为一点小争执而出手打人，幸好被老师及时发现并制止，才使事情没有发展到不可收拾的地步。

暴力行为的发生，除了与社会不良影响、家庭教育的缺陷、学校教育方法不当有很大关系外，也与学生的心理健康水平低下和法治意识欠缺有密切的关系，这已成为社会的共识，有关方面已经行动起来。

《费城问询报》5名记者，花了一年时间持续采访报道美国费城地区学校暴力事件，在连续报道若干轰动世界的校园安全事件后，引起广泛关注。报道同时促进了一系列关于学校安全措施的教育改革，美国总结了很多经验和教训，为帮助学校进一步做好安全工作，美国"全国学校心理学家协会"专门发布手册——《加强学校安全，给学校管理者的建议》。

我国早在1996年，由国家有关部门发出通知，决定建立"安全教育日"制度，将每年3月最后一周的星期一确定为全国中小学生"安全教育日"，积极开展系列活动，进一步提高全体师生的安全防范意识和应急避险能力，杜绝校园暴力，遏制和减少校园安全事故的发生。公安部2005年6月16日正式向社会公布8条措施，加大对校园暴力的打击力度，以维护学校和幼儿园及周边良好的治安秩序，保障师生人身、财产安全。

今年全国中小学生安全教育日的主题是"普及安全知识，提高避险能力"。2012年3月26日，州民中全体班主任和相关部门责任人相聚大阶梯会议厅，拉开了湘西州民中全国第17个中小学生安全教育日活动的序幕。学校把4月确定为"法制安全与行为规范"主题教育月，旨在为学生创造健康安全的成长环境，保证设施安全、交通安全、消防安全、教育教学活动安全，让家长放心、社会放心，实现"三个提升"的工作目标。第一，加强安全教育，向师生们传授安全常识、自救经验，同时，由同学们将安全意识传递给每个家庭，以此提升师生、家长的安全素养。第二，认真排查、彻底整治，全面提升校园安全隐患排查整理水平。第三，创建平安校园，提升安全管理水平。

频频发生的校园暴力事件，给家长、社会和广大师生带来很大担忧，即便有时他们并不是事件的直接目击者，现代传媒报道的迅猛与广泛也最大限度地使人们直面种种丧失理智的暴力，无论是成年人还是学生，人们都很难理解为什么会发生这些事件，更重要的是，怎样做才能预防这些暴力事件的发生。

美国"全国学校心理学家协会"心理学专家在《加强学校安全，给学校管理者的建议》手册中强调：①加强学校的安全性，提高师生和家长的心理安全感。②强调学校采取的暴力预防措施：一方面需要提供硬性的校园安保措施，同时，需要为学生营造一个正常、健康和充满关爱的校园环境。在这样的氛围下，成年人和学生相互尊重，相互信任，所有学生都感受到心手相连，明确学校对他们的要求，并获得他们所需要的行为与心理健康支持。③让学生确信，尽管总是有学校暴力事件发生的可能（possibility），但一所学校发生严重暴力事件的可能性（probability）是非常低的。④家庭与学校之间的通畅交流对于学生的安全和幸福是至关重要的。如果家长对学校的安全政策或自己孩子的安全有任何担心或问题，务必让学校知道。⑤让学生尽早从悲剧事件中恢复过来的最佳方法之一，就是让学生重回他们的日常作息，还应该为那些需要持续支持与指导的学生提供咨询和心理服务。学校要尊重受事件影响的学生及其家庭的价值观、传统、信仰和习俗。

悲剧事件一旦发生，影响甚为深远，学生往往需要教师、家长的帮助，才能从创伤性事件中恢复。首先，为家长（和教师）提供跟学生谈论暴力事件的指导，可以使学生获得更多的心理支持。鼓励家长跟子女敞开心扉进行讨论，不隐瞒自己对事件的感受，并认可孩子们的感受，他们应该强调学校、家庭和学生可以采取的确保安全的措施。家长（和教师）应该密切关注孩子可能出现的情绪和行为变化，如焦虑、睡眠问题、行为过激、在学校或学习上出现的问题等。提醒家长和教师关注媒体对事件的报道，以及媒体评述事件的客观性。

其次，根据事件对个体影响的程度，采取分类进行团体辅导的方法可取得较好的效果。针对受悲剧事件影响较轻的学生，要尽快恢复他们的正常作息，这有助于人的心绪平静，有助于人获得安定感，对于维持有效的学习环境非常重要。保持日常作息，做喜欢做的事情，有助于保持良好心态，而不去担忧事件的发生。对不能够很快调整回到日常作息中的学生，由专业人士采用"突发事件应激会谈"（CISD）法进行心理疏导与干预，并为他们提供持续的心理支持与辅导。同时须注意的是，并不是每个人都能通过对话来释放强烈情感，有的孩子和成年人可能需要通过艺术、诗歌或其他活动来释放情感，因而组织恰当的活动，有助于个体尽快走出悲剧的阴影。

拒绝校园暴力，需要上至师长下至同学和谐相处，共同努力将校园建设成为全校师生和谐的家园；根治校园暴力，需要你我他都怀有一份关心、一份包容，需要全社会共同关注，为孩子们的成长营建安全的港湾！

三、生涯规划，放飞梦想

2018年10月20日上午，湘西州民中心灵驿站在学校多功能报告厅，为高一学生和家长顺利举办了"助力高考——新高考下的学业规划"主题讲座。学校副校长向志华，学校学生科科长聂阳，高一年级主任毕文安，高一年级组长贺毓嵩、杨安胜，学校心理专职教师舒暖，公益讲座全体工作人员，高一年级部分学生以及家长等500余人参加活动。

首先，副校长向志华介绍了新高考的政策方针，从"学会把握高考改革方向""把握国家选才标准""早做学生生涯规划""关注特殊类招生"四个方面给出了建议。随后的主题讲座内容主要包括以下五个方面：1. 名校升学自招政策解析。2. 如何实现综合素养的全面发展。3. 申请自主招生和综合评价应该注意的问题。4. 如何帮孩子做好人生规划。5. 家长如何规避报考风险。最后，公益团队为现场的学生及家长，就新高考的政策方针进行答疑解惑。

全体与会人员认真地聆听了会议精神，学生家长意犹未尽，与公益团队老师们交流颇深。学生纷纷表示将努力提升自身全方位的素养，为三年后的高考乃至一生努力奋战。

本次讲座，得到学校高度重视，得到了家长委员会、高一年级组的大力支持，贯彻落实了学校"培训、讲座、活动、开放"的办学八字方针，践行了校团委"规划现在，成就未来"系列活动精神，让学生对新高考的要求和政策方针有了一个初步认知，为家长指导学生规划新的发展有了一个努力方向。相信通过学校、家庭和社会的不断联动，学生们都能放飞梦想，拥有更好的未来。

春华秋实满园香系列教育活动

一、部分宣传展板

心理健康家教园地

湘西州民族中学心理访谈室 主办

湘西州民族中学心理健康知识宣传专刊

湘西州民族中学学生科心理访谈室

开展"351"心理救助 推进教育精准扶贫

湘西州民族中学心理健康知识宣传专刊

梦想随文化启航 心育伴青春芬芳

创心育特色 扬民中风采

展板呈现

二、文艺演出

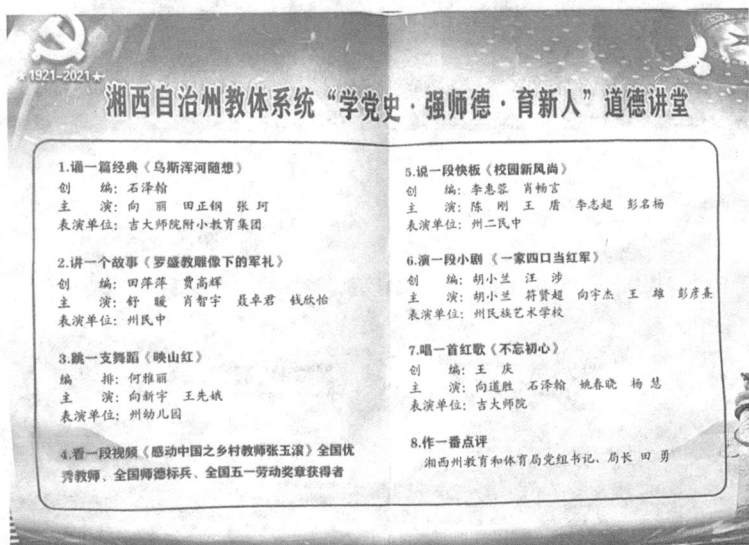

文艺演出剪影

三、报刊媒体

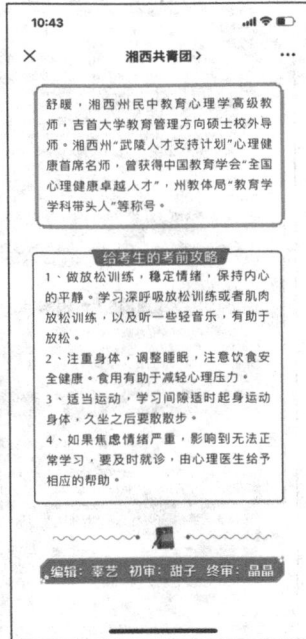

2019年5月29日 星期三　12　科教新报　关注
电话:0731-84326428　E-mail:kjxb001@126.com
编辑:彭静　版式:姚慧　校对:杨凝飞

高中生涯规划教育观察·下篇

湖南三所高中的探索路径

本报记者 彭静

如何引导学生选科填报志愿,有哪些开展生涯规划教育？怎么化解生涯规划教育中遇到的难题？有没有可以借鉴的方法与经验？

为解开许多学校和老师关心的这些问题,记者近日来深入到长沙市第一中学(以下简称长沙市一中)、湖南师范大学附属中学(以下简称湖南师大附中)、湘西土家族苗族自治州民族中学(以下简称湘西州民族中学)采访调研。记者发现,这三所学校在先行先试的过程中,大胆探索和科学实践,摸索出了一套套生涯规划教育的新路径。

郭亚 摄

A 搭建生涯探索实践活动

"妈妈希望我选择排名靠前的大学和理科专业,但是我拒绝了。我具有语言类天赋,我要选择最适合自己的大学和专业,我必须对自己的人生负责。"在长沙市一中,一名高一级的许生告诉记者,湖南高考方案出台后,面对着选科,她父母给他们了自己目前各科的学业成绩和历次生涯规划测评的大数据,以及自己内心的想法。最终,她说服父母改成选择自己心仪的专业。

事实上,长沙市一中早在2008年就在心理课中开设生涯规划教育板块。为了迎接新高考,长沙市一中又在2014年开展的主动探索和实践生涯规划教育课程。

"我们发现仅仅在有限的课时内讲生涯规划教育还不够,于是我们利用课外作业搭建生涯探索实践活动。"长沙市一中校长助理、学生处主任彭健表示,"利用寒暑假作业,组织学生自主进行生涯微调研、职场人士访谈、大学及专业调查,帮助将来的职业规划书等作业内容。"通过丰富多彩的活动作业,指导学生内观自我,外观世界,培养进行生涯规划、决策和实践的基本能力。

与此同时,长沙市一中2017年引进网络版生涯测评软件,学校依据自身情况,参与软件测评。生涯测评软件主要是对能力倾向、专业职业意向、性格评估等生涯测评。在学生生涯测评完成后,系统格根据测评结果给学生推荐学职信息,学生选择专业后,系统还会记录全国开设有该专业的学校按分数排布推送给学生,让学生根据这个专业分数段对应进入省内外学校的校友资源,每年寒暑假期间都举行毕业高校宣讲活动并形成传统。

"我们要求所有学生从高一开始做生涯测评。有些学生在高一时,不是很重视测试,但这些学生到高三填报志愿时,都会来找我们咨询测评结果以供参考。"彭健透露,"学业和中学规划也是高中生涯规划的重要内容。为了对接高校,长沙市一中充分调动分布在海内外各高校的校友资源,每年寒假期间都举行毕业高校宣讲活动并形成传统。"

C 让学生编演"生涯剧本"

湘西州民族中学生涯规划教育起步于2017年,虽然时间不长,但走出了自己的"模式"。该校心理健康教育舒暖告诉记者,2019年,学校编辑出版了校本教材《高中学生生涯规划导与学》,将生涯教育课融入了心理课,并成为高一级每周一个课时。

与很多学校一样,湘西州民族中学也存在师资力量不足的问题。"我校以心理健康教师、教材室,成立了生涯教育的教研组,而这个教研组就是推行生涯规划教育的主力军。"舒暖介绍,在生涯规划理论知识的指导上,学校校长善意以心理学角度,向学生解析生活中的生涯现象、问题。"我们主要是让学生在自己上讲台的故事、回顾过去、立观现在、展望未来,让学生对人的一生的发展规划进行观察了解,编写出'我的生涯情景剧本'。"剧本出来后,学生以小组为单位,共同表演出情景剧。

在这个编写剧本、演出剧本的过程中,学生们会主动认知自我,走入社会,认知职业。"学习能力、观察能力、应变能力、人际交往能力都会得到很大提升。"舒暖介绍。

相较来说,湘西州民族中学的社会资源、家庭资源并不具优势。"但这并不影响学校做生涯规划教育的实践探索课程。"舒暖老师认为,大部分的人终格都会走上普通的岗位,成为普通人。"我们几乎在普通岗位上的家长走进课堂,在拉近了家长与学生、学校的关系的同时,还让家长现身说法——普通人的生活也是幸福人生。"

在结合学校家实际情况的实践课堂上,很多学生都接受鼓舞和感动;1704班陈妈妈讲述了自己做了几年打工后后,因到家乡种菜,学茶技,成为了家里手后带动大家致富的故事,1707班李政同爸爸介绍了自己的职业情况,讲述了自己的职业经历——如何毕业,明确生涯规划,坚持学习,参加公务员招考进入乡政府工作,不断参加招考,先后进入县委办、州委办工作······

B 推行"成长导师制"

高考综合改革带来了升学模式的变化,湖南师大附中在全省率先推行"成长导师制"。

在湖南师大附中,每个学生都有一位"导师"。"成长导师制"是一种成长导师与学生同学习、共成长的全新制度。它为学生三年高中生活提供了全程、全方位、个性化指导,为每一个学生在最适合自己的服务成长跑道上提供了初次的保障。"湖南师大附中学生处副主任袁建光说:"将七八名学生组成一个小组,每一名老师认领一个小组,成为这个组的成长导师,师生是双向选择关系。"

"成长导师更像学生的好朋友,而良好的师生关系,让学生逐渐蜕变成健康、有梦想的人。"李志艳是湖南师大附中心理教研组长,她的办公室是学生经常光顾

的"好地方"。她说,"成长导师既熟悉生涯规划指导,也能为学生进行心理疏导,无论是学习生活,还是心理调适、课外活动,成长导师都将深度参与其中。"

袁建光表示,成长导师全部由校内优秀教师担任,帮助学生树立长、短期学习目标和生涯规划。截至目前,该校通过举行"生涯规划师认证培训",已经有120余名教师拿到"生涯规划师"证书。

2019年5月,湖南师大附中举办了第四届"对话职场·预见未来"活动。活动中,走上讲台的人有两个"身份"——学生家长和职场精英,他们将陪孩子分享职业选择,讲述职场奋斗的故事,而参与活动的学生根据自己的喜好和兴趣进任何一个教室聆听,绘就自己的职业梦想。

李志艳表示,"对话职场·预见未来"活动的目标就是情感连接,链接家长资源,精心对接学生需求,打开外部世界,最后让学生进行生涯规划反馈,达到提升的效果。

一直以来,湖南师大附中的生涯规划教育既有"向内求证"又有"向外拓展",以学校为本位,联动家庭、企业、社会,打造更多的资源资源,为学生们提供形式更加多样、内容更加丰富的生涯规划教育,助力学生们在不久的将来成为各行各业的精英。利用寒暑假,学校组织学生走向社会,进行"三体验"活动。"高一年级进行军营生活体验,高二年级进行农村生活体验,高三年级进行企业生活体验。时间都是一周。"袁建光说。

专家建议

破解高中生涯规划教育难点

高考研究专家、原湖南省教育学会家庭教育分会秘书长 蔡晓辉

第一,把生涯教育放在寒暑假小学期。建议学校在整个高中阶段的正常教学安排之外,每个学年都结束后的小学期,每个小学期为期3至7天左右,共开设6个小学期,分时间、分阶段,分内容在小学期中开设生涯规划课程。这样不打乱原有的教学安排,又满足了学生生涯规划学习时时间的要求。建议家长3天以上,学生5天以上,以生涯体验为主,这样能从一定程度上解决学生生涯认知困境,再配合专家等方面的建议,也能起到很好的效果。

第二,提供选修课程、组织兴趣小组。在生涯辅导非充足的学校可以组织选修课程,聘请社会上有经验的专业人士充盈或,不定期到校对学生,把职业生涯规划的几个方面剖析开来,邀请不同方面的专业人士开讲座,定期聘请校友未来给孩子,重点探讨,在探讨中让学生建立起生涯规划的知识和方法来。

生涯规划是一个探索的过程,需要让学生自己探索。家长充分放权,学生高度参与,学校有意识组织学生参与生涯规划

外兴趣活动,能从很大程度上解决学生的生涯认知困境,再配合专家的建议,也能起到很好的效果。

第三,科学决策,不宜盲选科。建议选择学群委以充身份和学生的人格特征、多元智能的前提下开展测评,同时考虑到学生的人格特征和学生多元智能的困境和兴趣点,没有组织测评的办法可以借助一些工具和软件系统来帮助判断和选择。目前市面上比较流行的有MBTI、霍兰德测评等,多元智能测评等软件,它们能够帮助家长和学生完善。

新高考的学科选择运委会考虑未来生选择与科学集组合院校来填报。新高考背景下,志愿填报是以专业组院校来填报,可以认选科开始,高中生的志愿委系的过程将影响着未来专业选择。因此选科必须考虑未来专业选择的需求。

报刊媒体报道

四、湖南宋祖英助学基金会州民中受助学生心理帮扶活动

心理帮扶活动

五、演讲活动

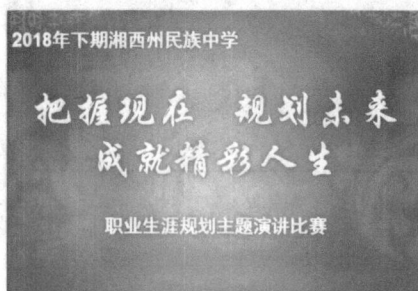

演讲活动集锦

六、社会服务

社会服务集锦

心理健康教育助力综合素质教育活动纪实

一、开班仪式

2022年6月29日，湘西州武陵人才支持计划舒暖心理健康工作室全体成员会聚一堂，开启了工作室第二次线下研修活动。湘西州教育和体育局教师科、国培办副主任符芳和州民中副校长向志华莅临指导。

线下研修活动

州教体局国培办副主任符芳，首先对老师们积极参与心理健康教育培训的好学精神表示肯定。同时，对工作室成员未来三年的学习规划提出殷切的期望，嘱咐大家学习身边的榜样，扎实研修，总结成果。最后，祝大家学有所获，推进心育工作，惠及湘西学子。

州民中副校长向志华，从介绍今年州民中的高考情况入手，强调了心理健康教育在学校建设和考前心理疏导中的重要作用。肯定了名师工作室在培养教师引领学科发展的意义，对州教体局将心理健康、英语、生物三个学科的名师工作室设在州民中表达了谢意。最后，预祝活动圆满成功。

首席名师舒暖在发言中表示，感谢符主任、向校对自己个人以及心理健康教育工作的肯定，感谢正式成员和辐射成员对工作室的支持和信任。期待用心育助力综合素质教育，引领一批情绪平和、心理素质高的老师，用平和的情绪，用专业的素养，用生命去影响生命用人格去影响人格。

高考硕果累累，研修丰富多彩。第二次研修活动由两个部分构成，首先回顾总结了线上线下研修活动的组织以及5·25心理健康月活动，安排了吴国红等六位老师做了分享。其次以艺术表达、素质养成为主线，设计了展示课、示范课、实操课、听评课，专题讲座、读书分享专项研修以及歌唱、朗诵、手语舞、T台秀等活动。老师们参与活动，疗愈自我，学有所用。

二、线上线下研修及"5·25"活动分享

活动分享

花垣县第三中学副校长吴国红，分享"情满三中爱镶校园"心理健康月活动方案

吉首团队带领着全体老师课前大声歌唱《孤勇者》。我们这群为了湘西州儿童心理健康努力奋斗的老师们，是一群勇而不"孤"的先行者！随后，州溶江中学专职心理教师周立林，带来了一堂无生教学示范课"曼陀罗绘制与解读"。周老师在讲解了曼陀罗绘画治疗概述、理论基础和基本流程之后，带领大家一起绘制曼陀罗，并分享感受。老师们纷纷表示，深深感受到了曼陀罗绘画带来的艺术疗愈。展示课中，梁强、田兴文、谭捷等多位老师，分别从生活、工作的压力，绘画过程中觉察到的心理变化等方面做了分享。

课后，首席名师舒暖老师说明了课程设计思路，阐述了曼陀罗绘画疗愈功效，以及曼陀罗绘画在学校心理学中的具体作用。它可以表达个体潜意识中压抑的情绪，能发挥学生的自主能动性。用艺术的表达方法，丰富了课堂活动辅导形式。积累的作品，注意保密，经学生同意可以制成画板，用于"5·25"宣传。老师们可以用项目式学习的方式组织课堂，挖掘学生潜能，促进自我成长，表达宣泄情绪，达成自我疗愈，学后值得推广。同时，对各个站点的分享给予了高度肯定。并指出，一个人的力量是渺小的，一个团队的力量是强大的，很多个团队聚集在一起，汇聚睿智的思维、全面的活动、丰富的经验，才能真正抱团取暖，让大家一起走得又快又远！

"资源联用，活动联办"，深深印在每一个老师的心中。

三、下午研修在龙山、花垣站的诗朗诵中拉开序幕

民间工艺大师、民族文化传承人关洁，带来了"草木扎染——民族文化传承与心理素质拓展"专题活动。我们在关大师指导下，经过扎、染、漂、晒，制成一条条扎染围巾。大家在感受美、表现美的过程中，每个人都收获了惊喜，体会到成功的自豪，民族文化的自信！

诗朗诵

染

漂

晒

"草木扎染——民族文化传承与心理素质拓展"专题活动

老师们自信满满的首场走秀！感谢王瑛老师悉心指导，亲自示范，手把手教学，让大家很快进入状态，几次训练之后，像模像样地来了一场T台秀！

人生第一次走T台

四、项目式学习读书分享会

以项目式学习小组为单位，分享5、6月读工作室赠书后的体会。

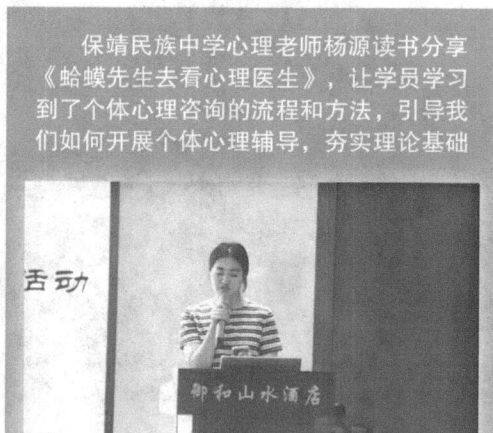

读书分享会

五、用生命去影响生命用人格去影响人格

阎平教授从澄清概念、讲解理念、明确目标以及心育实操等方面，帮助大家理清学校心理学的概念，树立积极心理学的理念，了解学校心理健康教育工作的主要内容，掌握日常工作的具体实施方法。我们将在学校心育工作中，运用积极心理学，面向全体学生开展发展性的心理健康教育工作，面向部分学生提前预防心理问题的发生，开展预防性的工作，对少数需要辅助心理咨询的学生提供心理辅导，培养孩子们积极主动的心理品质，帮助孩子们发现美好，感受美好！

与阎教授交流

阎教授在百忙之中来湘西"传经送宝"，老师们抓住难得的机会，向阎教授请教工作中遇到的问题。比如，有没有中小学心理健康教育课程标准？校园危机事件的处理？阎教授一一作答，现场互动交流热烈。

课后沙龙，阎老师为工作室的发展和凝练成果，做出了明确指示。核心成员茅塞顿开，下阶段将深入开展课题研究，以实证研究形式呈现成果。

舒暖老师代表个人和工作室，对阎教授的不吝赐教，表达了感谢，也恳请阎教授一如既往做好工作室的顾问，指导工作室专业、规范的发展。希望所有成员，在阎教授的指导下，能在未来的日子里帮助孩子们"满意地对待过去，幸福地感受现在，乐观地面对未来"。

六、6月30日下午：青春需设防

湖南师范大学附属中学专职心理教师袁春龙，送教湘西，为湘西土家族苗族自治州民族中学高一宏志班59名学生和工作室全体成员带来示范课"青春需

设防"。敏感而严肃的话题，不好讲，但确实讲得好！现场气氛非常热烈。

课后，听评课。大家一致认为，集体备课和听评课才能出精品课程。集众人的智慧，编写合适的案例，选择合适的老师施教，经过打磨之后，执教者才能采用最恰当的方法，生成精彩的课堂。

示范课"青春需设防"

研修活动力图达成心育助力综合素质教育目的，以诵、读、唱、舞、画等艺术表达形式的研习，促进心理教师综合素养提升。在积极心理学理念和实操指导下，用老师的素养浸润孩子的素养，用灵魂撼动灵魂，用生命影响生命，用人格健全人格！

湘西州优秀家长示范学校

——湘西州民族中学家长学校

一、办校时间及资质

湘西州民族中学是湖南省示范性高级中学，全国中小学心理健康教育特色学校、全国现代教育技术实验学校、全国基础教育外国语实验学校。学校始建于1936年，史称湖南屯区各县联立初级中学。1943年后先后更名为湖南省立第十三中学、湘西民族中学、吉首民族中学、吉首县第二中学。1978年改为湘西土家族苗族自治州民族中学，1980年被确定为湖南省重点中学，2004年成为第一批挂牌的湖南省示范性高级中学，2011年成为湘西州唯一一所省级高中样板校。

学校坚持以德立校、素质为重、突出特色、开拓创新的办学理念，先后被国务院、共青团中央、国家教育部、中央文明委、湖南省文明建设委员会授予全国民族团结进步先进单位、全国德育先进校、全国未成年人思想道德建设湖南省文明单位等荣誉称号。

二、组织保障

办人民满意的学校、办人民满意的教育是新时期党对教育工作的目标任务。培根铸魂、启智润心，是一项系统工程，家、校、社、政齐抓共管是人才培养的根本途径。

（一）州民中高度重视家长学校的建设

在州民族中学办学章程第二章机构设置及职责中明确指出，年级组负责组建年级家长委员会，组织召开学生家长会，向家长汇报学生思想学习情况，听取家长意见建议，做好家校联系沟通。第七章学生管理第59条学生家长的权利和义务中明确规定，家长充分享有我国《中华人民共和国民法通则》规定的监护人应享有的权利和义务，还享有参加学校举办的家长教育、家长学校接受教育、了解子女的表现等权利。

学校的学期工作计划和总结中都有家长学校的具体内容，学校领导班子每期至少研究一次家长学校的工作。2013年州民中副校长向前东分管家长学校工作以来，加强组织领导，做到6个落实。

1. 落实组织

健全组织机构，建立家长学校校务委员会、年级组委员会，主任遴选产生，由社会能力强的家长担任。充分发挥校长、委员等的领导、决策、管理作用，从客观上调控、管理家长学校，使教学活动组织化、系统化、规范化。

2. 落实教员

组建家长学校教师队伍，聘请校内教学及管理经验丰富的教师担任教员，聘请校外家庭教育方面的有关专家做教员、顾问。吉首大学孟娟教授、湘西州教育技术科学院院长宋泱以及学校专职心理教师、班主任等20余名专家学者教师都是州民中家长学校兼职教师，确保了家庭教育的专业性。

3. 落实教学内容

创建课程体系，明确课程结构和课程内容。根据课题的内容按照低、中、高三个阶段安排教学内容，做到有计划、有序列地科学推进。为家长和孩子健康幸福地生活工作，做情绪调适、人际关系和良好社会适应能力的培养；对接高考综合改革，开展势在必行的生涯规划教育指导；从学习心理学的角度，为家长指导学生学习提供科学的学习策略；从积极心理学的角度，为家长指导学生生活提供积极的生活策略。

4. 落实授课时间和方式

采取线下集中上课、座谈、邀请教子有方的家长交流经验以及线上分主题分享微课等灵活多样的方式。家长学校从高一年级开办，春季集中授课不少于2次；秋季集中授课不少于2次。在网上家长学校运用抖音、微课、美篇等推送科学育儿知识，线上课程每周一课，每期定时解难答疑。

5. 落实家庭走访活动

班主任摸排本班有不良行为倾向或有心理疾病的学生、留守学生、单亲家庭或失亲的特殊学生情况，联系"一对一"帮扶教师。

6. 落实活动场地

学校将大阶梯会议室作为家长学校专门活动场地，2018年4月正式挂牌启用。每次活动，学校关工委负责人田祖国率领阙老、杨老等老同志亲临现场。

家长学校揭牌仪式

（二）家长学校机构完善，管理规范

完善常规制度，如家长委员会例会制度、学员考勤制度、学员学习制度、家庭访问制度、信息反馈制度、学员考核评比制度，并在教学活动中加以落实，确保教学顺利进行。

首先，工作有计划、活动有方案，过程有记录、管理有考核，学习有心得、事后有总结，经验有推广、宣传有报道。其次，依托年级组、学生科落实好各个年级家长学校举办的时间、地点、教师、内容及措施等。活动经费的使用与管理，严格遵守学校财务管理制度。最后，做好家长学校的常规工作。力争使每一位学生家长每年有机会到校参加1—2次家长学校学习活动，参学率达96.5%，做好出勤与签到，确保出勤率，签到本均装订成册。每一届家长委员会成立，都为参加家长学校现场活动的家长，编订了家长学校学习资料，累计数十万字。每一次换届都是一次表彰大会，共表彰优秀学员50余名。每期集体备课2次以上，家长微信群的每一次线上课堂推文都有电子文档留存，共计100余篇。有自录微视3课，知识胶囊5课，转播微课20余次。积极开展家庭教育课题研究，有开题论证及立项申报书。

三、工作成效

（一）家长学校有特色，教育活动有创新

州民中家长学校形成了线上线下结合施教的模式，深度融合心理健康教育开展工作。"关爱心灵、塑造人格、发展个性"是州民中心理健康教育的目的和宗旨。2011年下期建立了心理辅导室，两次获得湖南省心理健康教育先进单位奖牌，被教育部认定并命名为全国中小学心理健康教育特色学校。建立了以心理健康教育教师为骨干，德育主任为主，班主任为辅，所有教职工为基础，家长社会为强大后备力量的心理健康教育工作体系，形成了有自己特色的心理健康教育体制，辐射带动全州心理健康教育向前迈进。

家长辅导活动

心灵驿站引领湘西州中小学心理健康发展，是湘西州中小学心理疏导学习和培训基地，也是全州未成年人及其监护人心理辅导站。2013年心灵驿站正式运转以来，为数以千计的家长提供了个体心理辅导服务。2020年疫情期间，心理驿站负责人舒暖率领"心抗疫·新康愈"团队39名志愿者，为州民中、州溶江中学以及全州中小学生家长，提供线上心理援助近万人次。每年"5·25"学校举办心理文化节系列活动，连续七届心理文化节一届比一届精彩。无论是生涯角色情景剧表演还是绘制生涯彩虹图，无论理解、沟通、支持团体辅导还是心理魔法壶画展，每一届都做到了家长和学生同台演绎。不仅提升了在校学生的心理素质和心理调适能力，营造了格调高雅的校园文化氛围，还通过校园教

学开放日、学生心理作品展、父母寄语等，为家长了解孩子、孩子理解家长搭建了交流的平台，沟通的桥梁。家长学校开设的校长论坛、职场人士进校园、家校对口交流等，展示了学校的教育教学管理和服务水平及学生的精神风貌。家长学校在进一步保障家长的教育知情权，促进家长参与学校管理和监督，疏通学校与社会的沟通渠道，主动接受社会的评价监督，争取社会的理解、支持和帮助等方面作用显著。

（二）家庭教育有成果，社会反响有好评

州民中为帮助贫困学子顺利完成学业，在中央文明办的关怀支持下，从2002年开始至今，共开办18个宏志班，招收宏志生550人。宏志生品学兼优、家庭贫困，学校家长学校指导外出打工的父母对孩子们正确施教，对家庭教育中父母缺位的孩子，挑起了补缺重任，多加关爱，确保学生健康成长，顺利成才。其中14人考入清华北大，536人考上二本以上院校，本科上线率100%。

战疫期间，"心抗疫·新康愈"团队39名志愿者，为湘西州未成年人及其监护人提供无偿心理援助，社会反响良好，全体成员获得湘西州文明办、湘西州教育和体育局、湖南宋祖英助学基金会联合通报表扬。接受新湖南等多家媒体采访，为高考学生和家长支招。

媒体报道

2020年州民中家长学校被评为湘西州优秀家长示范学校。

湘西州第一届高中心理健康教育教师
专业能力竞赛在学校举行

为了加强中小学心理健康教师队伍建设，培育和践行社会主义核心价值观，落实立德树人的根本任务。2019年9月16日，第一届全州高中心理健康教育教师专业能力赛课在学校诚毅楼举行。

湘西州教科院副院长黄沛华、湘西州教科院发展所副所长梁珍香、吉首市教师发展中心彭永凤等7位评委，州民族中学生涯教育教研组及各学校教研员出席竞赛活动。各县区及市直学校推选的7名优秀教师参加了本次竞赛。吉首大学100余名学生观摩此次竞赛。

湘西州第一届高中心理健康教育教师专业能力竞赛

　　黄沛华副院长主持了赛前见面会并作了动员发言。州民中教科室主任彭群作欢迎致辞，在致辞中他感谢州教体局对学校的信任，欢迎专家评委及各兄弟学校教师的到来，表示一定会做好此次竞赛服务工作。

　　见面会结束后，7位参赛老师分别完美呈现了自己精心准备的课程。泸溪一中杨铁石老师，通过具体案例的呈现，很好地培养了学生的角色意识；州民中左田清老师运用体验式教学，让孩子们学会体验自尊，悦纳自我。其他参赛老师们也各显身手，运用教育学、心理学等学科原理以及心理辅导技术，结合自己的实践经验，精心设计课堂教学活动，充分展示了湘西州心理健康教师群体的扎实专业素养和较高的实操水平。

　　赛课结束后，州民族中学舒暖老师作了点评。黄沛华副院长宣布比赛结果并作了赛事总结，对州民中承办本次比赛给予了高度评价。相信通过此次比赛，全州的心理健康教育、未成年思想道德建设工作将会取得更多、更丰硕的成绩。

湖南省中小学教师心育故事大赛点评

——以手书心，以言达意

尊敬的各位领导、老师们：

大家好！我是湘西州民族中学心理专职教师舒暖。

首先，我要表达的一个词"感谢"。感谢大会，给我这个机会与大家分享自己的观后感。感谢十七位选手的演讲，让我们聆听到精彩而又感人的心育故事。感谢活动的组织者，我们亲爱的贺主任！是您，带给我们大家这一场场精彩纷呈的盛会，从赛课到心理剧，从撰写我的心育故事到演讲比赛，让每一位参与者、每一位观摩者都收获满满。有您的带领，我觉得这是我们每一位心育人的幸福。我提议，让我们用热烈的掌声来感谢她的辛勤付出。

其次，我最想表达的就是感动。在这个演讲台上，有政务繁忙的学校校长，有专业精研的学科带头人，有专职心理老师，也有语文等其他学科任教的老师，甚至还有一位自诩"不懂心理咨询的语文老师教不好语文"的老师！无论您是长沙的汤校长还是邵东的刘校长，也无论您是长郡的朱老师还是衡阳的唐老师、岳阳的汪老师，今天，我被你们的一个个动人的故事感动着，我的眼眶里一次次浸满了泪水。我深深地知道，能够站在这个演讲台上，您有多么的不易。要做过多少实事才能提炼出这样精彩的文章？要有怎样的积淀才能文思潮涌、喷薄而出？要有多大的决心才会一次提交四篇文稿参评？要有多少感触，才会动笔万言，不写不畅，必要一吐为快？今天的心育故事演讲，于我而言，不啻于一次心灵的洗礼。

所以，我很感慨。感慨整个演讲蕴含的心育味道。

第一，感慨每个故事的名字都那么有心味。当我听到"你的感觉我懂"、"痛苦与快乐全部微笑面对"、做一个"有温度"的过客的时候，当我读到"遇见优等生的强迫烦恼，接纳自己的不完美"、想念"犀利哥"、"知心姐姐，我感觉好多了！"的时候，我为作者拟定的演讲题目而喜悦。这些题目都有别于一般的教育故事，避开了德育强调是非黑白、教育模式标准化等特征，体现了心理健康教育以个体的生命成长为旨归，以生命关怀为特征，最人性化的一面。作者们杜绝框定个体的个性发展，无论受教育者的年龄与学段，力图做到以人为本、从人出发，以学生为对象、从人性出发，给予他们生命的关怀。

第二，感慨故事的内容所渗透的心育理念。仔细品味，演讲者并不仅仅是在讲心育的故事，字里行间有心育理念、有心理咨询技术、有校园中可以运用心育工具。

（1）许多故事流露出心育理念。衡阳市第二十三中学唐明华"爱，从心开始"关注着每个学生个人的发展和需要，体现了心理健康教育理念。她说道："看来，我得想一个机智的方法既能让学生从这次考试中吸取教训，找到不足，并能让学生重拾学习语文的信心，有什么好办法呢？突然，我灵光一闪，不是说：'关爱，从心开始吗？'我何不以一招'以退为进'，用我的关爱代替我的斥责，让我的关爱直撼学生的心灵，使学生对这次的考试进行反思；用我的微笑代替我的严厉，让我的微笑抚平学生的挫折创伤，使学生能在这次的考试中站立起来，勇敢地面对挫折；让我的赞赏重树学生的自信，使学生更加喜欢学习语文！"

作为新时代的老师，唐老师放下了"严师出高徒"的观念，在教育中摒弃那些呆板的、无情的斥责，站在学生的角度，设身处地地为学生着想。用真心关爱着学生成长，用微笑鼓舞着学生前进，用赞赏激励着学生迈向成功！把和谐教育的思想与方法运用到教育教学的各个环节中，运用到师生关系、家庭与社会关系中去，为学生的心理健康成长创设和谐的心理环境和氛围，才能促进学生全面发展。

（2）许多故事的内容谈到了师生关系，阐述了真诚、澄清、积极关注等心理咨询技术在构建良好人际关系中的作用。比如长沙汤向红校长在运用积极语言，轻松转化"问题"学生中，从正向的角度，多正面引导，少负面评价，轻松、快乐地转化了学生。

湘潭刘家好老师在作品《转念之间》中描述道："我一直静静地陪着她，递纸巾给她，任她哭，听她倾诉。那一刻我非常庆幸，庆幸自己的转念一想，庆幸当时自己没有粗暴地在班上实施所谓的挫折教育，没有在大庭广众之下二次伤害孩子。"

这就是罗杰斯无条件积极关注的具体运用。咨询师对来访者表示无条件的温暖和接纳，使来访者觉得她是一个有价值的人，为疗愈这个孩子的创伤情结埋下了伏笔。故事还涉及了主动求助、沙盘游戏疗法等，来解决多子女家庭遇到的问题。

"一个都不能少"、把老师"关黑屋子"的小男孩等故事从不同的角度谈到了师生关系。

（3）许多故事谈到了校园中运用心育工具施教取得的良好效果。喻思堂老师讲述了体育考试中"心理暗示"的神奇力量。长郡中学李旺红在"心灵簿"——构建新型师生合作关系的桥梁中介绍了"心灵簿"，这个效果不错的心育工具。

第三，感慨心育故事的演讲，能有这样的专业范，我为每个演讲者点赞！

在地球上，人类是唯一能够用语言（也就是说话）进行交流的动物。演讲是一种异乎寻常的说话方式。

演讲稿需要层层递进、逻辑严密，闪现着精彩而富有哲理的语言。演讲者要从容、自信，有足够的气场，提倡"趾高气扬"；脸部表情要富有表现力，主张"眉目传情"；演讲时还要注意说话的轻重缓急和语言的抑扬顿挫，同时配合适当的手势，演讲稿才能有活的灵魂，演讲才能具有感染力。

长沙的汤校长做到了！

湘潭的刘老师做到了！

常德的王者兰做到了！

当然，每位演讲者风格各异，但大家都尽力去做了！

生活广阔，语言丰富。你们讲述的每一个故事，令人感慨，让人深思，使每一位聆听者振奋！谢谢你们的真知灼见，谢谢你们的每个精彩瞬间！作为心理工作者的普通一员，感谢你们以手书心、以言达意的故事，它们将伴随我们，有爱、有品格、有创造地一同温暖向前！

第五辑
广泛地培训送教

致力于引领湘西州、湖南省乃至全国中小学心理健康教育工作，被聘为专家，广泛进行国培、省培及区域内送教送培。2017—2021年连续五年为吉首大学国培项目送教"中学生心理健康教育"，省培和地州市送教做到了每月一讲，培训讲座100余次，受众近万人。创新教研，培养新师。指导培养吉首大学教育硕士徐海燕、罗云芸。青蓝工程中与周立林、左田清师徒结对。踏实做好班主任、全体教师以及全州心理教师的培养培训工作。抗疫期间，任"心抗疫·新康愈"志愿者团队队长，培训39名志愿者，坚守线上心理援助56天。作为湘西州武陵人才支持计划心理健康首席名师，组织工作室40名正式成员、58名辐射成员，培训研修，落实工作。示范、引领与辐射，取得了显著的实绩。

班主任心理健康教育培训

现代教育的发展要求教师不仅仅是"人类文化科学知识的传递者"，也应当是学生"个性的塑造者""心理健康的维护者"。班主任作为班级的管理者，掌握科学有效的方法把握学生的心理，将对促进学生的成长和整个班级的建设，起到非常关键的作用。为指导班主任从心理学角度调适自我和管理学生，特组织开展班主任心理健康教育专题培训。

一、指导思想

坚持以人为本，根据中小学教师的心理特点、职业要求和中小学生身心健康发展需要，在心理健康教育理论和方法的指导下，有效地开展培训，培养一支具有心理健康教育高素养的班主任队伍。

二、培训对象、时间、地点

拟定于2021年11月上旬，在学校知政楼报告厅对全体班主任开展培训。

三、培训目标

通过培训，使班主任在本职岗位能够自觉运用心理健康教育的专业知识、技能，正确判断学生心理问题并恰当处理，能够进行自我心理调节，具有自助能力。

四、培训内容

1.班主任压力管理与健康促进。
2.学生常见心理问题及识别。

3. 教师的情绪调适。

4. 师生人际沟通策略。

五、培训方式

本培训采取线上自学线下体验相结合的方式进行，由国培A350湘西州骨干心理教师培训班学员舒暖、袁理老师承担教学任务。

六、组织机构

学校成立心理健康教育培训领导小组，负责组织和督促培训工作。

组长：校长；副组长：分管教学副校长；成员：各科室负责人。

七、保障措施与责任分工

1. 组织保障

成立培训工作领导小组和工作小组。领导小组由校长彭学军担任组长，副校长张泽贤担任副组长，负责协调、安排、通知，落实培训对象、时间、地点。具体讲座和线上网课由心理培训主讲教师落实。

2. 制度保障

学校制订计划，拟定管理办法，确保落实到位。副校长葛红梅、心理教师舒暖负责拟订活动方案，副校长葛红梅协调场地、时间，安排宣传与通知。

3. 时间保障

根据学校工作特点，确定线上线下学习时间，确保完成培训任务。

《班主任团体辅导基本技能》工作坊培训

一、团体性质

封闭性、同质性、结构性、发展性团体

二、团体目标

1. 协助参加者理清工作中的问题。

2. 通过集思广益，探寻解决问题的方法、途径。

3. 体验、感受团体辅导的基本技能，尝试在工作中运用。

三、团体名称

你我同行

四、团体规模与对象

4组20—24人，州民中班主任

五、时间

80分钟

六、方式

活动、练习、集体讨论、团体内分享等

七、地点

能容纳全部参与者，且具备活动座椅的会议室

八、材料

每人一支水笔、若干气球、牙签、A4纸、便利贴

九、要求

1. 遵守团体的契约，暂停评价。

2. 以开放、坦诚的心态，积极参与所有活动。

3. 专注于团体过程，减少任何形式的干扰。

4. 尊重每一个成员的隐私权。

5. 手机关机或静音状态。

十、内容与流程

活动名称	目的	时间	流程
相识	了解团体的目标和进行方式	2分钟	全体成员围成圆坐下，领导者自我介绍。说明团体目标、进行方式及成员需遵守的团体规则：守时、保密、专注、坦诚、不指责、不批评
369蹲	热身，活跃气氛	3分钟	带领大家做"369蹲"游戏（先示范，后带领）
入心	分享经验，拉近成员之间的心理距离。全体完成再走下一个环节	5分钟	每位成员吹气球，吹得越大越有体验性，吹好并且扎紧的把气球举起来。把牙签放进吹起来的气球里面，气球不能爆。尝试成功的把气球举起来。 分享：你是怎么做到的？ 过渡：如何走入充满"气"的人们的心？
分组	同质在一组	10分钟	卡片分4组，每组6人
世界咖啡	分组，理清问题，探寻解决方法	15分钟	陈述时，组内其他人只倾听，不评价，不议论。每个人说一个本班学生的主要问题，组长记录。 脑力激荡：每组每人为每个问题找1个解决方法，写在便利贴上，小组讨论总结。 选代表分享：最重要问题的最优解决方法
演绎最优方法	觉察团体解决问题的优势	20分钟	预设尊重、中立、共情、倾听，各组演绎对辅导技术的理解

活动名称	目的	时间	流程
爱的表达	活动升华，帮助成员了解掌握查普曼爱的5种表达	15分钟	选出本组贡献最大的成员，接受奖励的成员随机打开惊喜盒子，领取属于他（她）的那一份"爱"。 肯定的言语——全场一起夸他（她）"你真棒" 肢体的接触——老师的一个拥抱 精心的礼物——老师亲手画的一幅油画棒画 服务的行动——享受老师的专属按摩 精心的时刻——和在场任意一位进行合影
总结分享	觉察团体的影响	5分钟	三个关键词概括今天的收获
团体辅导评估单	结束，反馈	5分钟	谢谢大家，今天的团体辅导到此结束，辛苦了

2022年4月12日，州民族中学班主任团体辅导技能培训

2021年11月12日，州民族中学班主任心理健康教育专题会议

湘西州民族中学全体教师
心理健康教育专题讲座

一、活动背景

2017年3月16日、17日、18日，北京师范大学原心理健康教育中心主任聂振伟教授应吉首大学孟娟教授、张家界航院梁定召副教授来湘送教。聂振伟教授系学校第一任校长向长清的儿媳，对民中有不一样的情结，与孟教授表达了送培进校的意愿。经请示主管领导，一致认为，首先对全校教师进行心理健康教育专题培训，是学校心理教育工作的需要。其次聂教授学识渊博，是心理学界的权威，能为州民中班主任及广大教师授课，机会实属难得。最后，作为第一任校长向长清的儿媳，到父辈奉献过的地方再献深情，对校史记载有非同一般的意义。因此，特举办"州民中全体教师心理健康教育专题讲座"，拟订如下活动方案：

二、活动目的

为了改变部分教师心理健康理念，调整班主任管理方式以及个人心理状态，特邀请北京师范大学原心理健康教育中心主任聂振伟教授举办专题讲座，希望能为广大教师朋友送去一份关爱，带来一份健康。

三、活动时间

2017年3月16日周四16：00—18：00

四、活动地点

湘西州民中大阶梯报告厅

五、主讲专家

聂振伟教授

六、活动流程

（一）前期准备

1. 宣传（网站宣传、学校通知、大屏幕欢迎词）

2. 布置会场（桌椅摆放、电子横幅、调配多媒体等）

（二）进校流程

1. 时间：2017年3月16日15：30

项目：参观校史展览馆（签名）

陪同：向前东副校长、舒暖

摄像：办公室

2. 时间：2017年3月16日16：00—18：00

项目：入场15：50播放民中80年校庆宣传片

开场：15：55向前东副校长主持，致开场词

讲座：16：00—17：30聂振伟教授进行讲座

互动：17：30—18：00欢送教授退场，讲座结束

陪同：向前东副校长

摄像：办公室

七、活动所需预算共计

略

送教湘西 情系心育

——聂振伟教授湘西州民族中学圆梦行

三月的山乡苗寨，春暖花开。

北京师范大学原心理咨询中心主任、北师大青年部副部长聂振伟教授应邀来吉首大学、湘西州民族中学送教。

时任州民族中学校长王斌高度重视此次活动，委派副校长向前东全权负责活动的策划、组织与协调。筹备会议中，王校长、向副校长等学校主要领导和心理辅导专职教师舒暖一致认为活动意义非凡。首先，对全校教师进行心理健康教育专题培训，是学校心理教育工作的需要，是全国心理特色示范校的要求。其次，聂教授学识渊博，是心理学界的权威，能为州民中班主任及广大教师授课，机会实属难得。最后，作为州民中（省立十三中）第一任校长向长清的儿媳，聂振伟教授到父辈奉献过青春的地方，为父圆梦，对校史记载有非同一般的意义。

经过精心准备，2017年3月16日下午，聂振伟教授在吉首大学孟娟教授等一行人陪同下，首先来到州民中校史馆。副校长向前东，教师舒暖、龙卫华、陈静全程接待。聂教授向州民中历届校首深深三鞠躬，兴致勃勃地参观了十个展厅，仔细观看了州民中80周年校庆宣传片，对民中多年来取得的办学成就赞不绝口，特别肯定了学校心理资助、物质资助双管齐下对贫困生成长的重要性，最后饱含深情地写下32个大字，对学校的发展寄予了厚望。

随后，在州民中大阶梯教室，聂教授为老师们举办了"培养阳光心态，铸造幸福人生——教师的自我成长"心理健康专题讲座。讲座由副校长向前东主持，副校长张泽贤率教职工200余名聆听了讲座。聂振伟教授深入细致的讲解，与教师们产生强烈共鸣，赢得阵阵掌声。老师们纷纷表示聂振伟教授的讲解有效地缓解了自己的心理压力，增强了作为教师的职业幸福感。盼望这样的学习机会再多一些。创造多种学习形式，引导全体教师不断提高心理素质，必将推动学校心理健康教育特色工作的持续发展，心育工作新的里程碑值得期待。

课后，聂振伟教授一行与部分参会领导及老师合影留念。

聂振伟教授一行与部分参会领导及老师合影

湘西州：立德树人　心育花开

2022年4月26日，湘西州"武陵人才支持计划"中小学心理健康舒暖名师工作室开班仪式暨第一次线下研修活动在吉首举行。州教体局党组成员、副局长、总督学刘修洪，州民中校长彭学军，州教体局教师科科长宋新宏，教师科符芳及工作室全体成员参加活动。

"武陵人才支持计划"中小学心理健康舒暖名师工作室开班仪式

开班仪式上，刘修洪指出，名师工作室是教育示范辐射之源，心理健康名师工作室的成立是加强学校心理健康教育教师队伍建设、推动队伍专业化发展的重要举措。他勉励全体成员在首席名师舒暖老师的带领下，做好调查研究，发现问题，分析问题，坚持学习，练好本领，夯实技能，为湘西学子身心健康发展保驾护航。

彭学军表示，州民中将积极发挥名师、骨干教师的专业引导、示范带动作用，积极开展学术研究、创新活动方式，为湘西州心理健康教育工作的整体提升积极助力。

开班仪式后，首席名师舒暖、吉首大学心理学教授孟娟、州教体局教师科符芳等专家进行示范授课。研修活动组织开展了两场讲座，进行经验分享、课例点评、项目式学习研讨等。活动通过线上线下同步进行，除40余名工作室正式成员参加现场活动外，还有58名成员通过观看直播方式参加在线研修。与众不同的课程设计，让大家在体验中增强了学识与能力，在活动中体会到相处的温暖、合作的力量，在思考中明确了下一步工作的目标和成长的方向。

工作室首席名师舒暖表示，教书育人，从"心"开始，立德树人，育心为本。心理健康教育工作是一项利教、助学、益社会的奠基工程，工作室将以促进学生身心健康成长为己任，科学规划、大力推动、有效实施、严格监管，让心理健康教育工作更加普及化，造福于湘西州每一个孩子，为孩子的终身成长奠基。

"武陵人才支持计划"中小学心理健康舒暖名师工作室线下研修活动

湘西州"武陵人才支持计划"心理健康首席名师工作室2022年研修活动

一、舒暖名师工作室2022第一次研修活动

（一）考察调研

调研内容：通过教育咨询确定研修内容，现场考察活动场地、食宿安排

时间：2022年3月31日至4月18日

人员：舒暖、谭捷、朱志鹏

地点：湘西州民族中学

（二）活动安排

1. 报到

地点：吉首御和山水酒店

时间：2022年4月25日

联系人：谭捷

2. 活动时间、地点、形式

时间：2022年4月26日至27日

吉首御和山水酒店会议室，线上线下同步进行

3. 参会人员

州教体局领导，湘西州民族中学相关领导，舒暖名师工作室核心、骨干成员参加线下活动，通过县市报名舒暖名师工作室的老师为辐射成员，参加线上活动。

4. 活动内容

研修时间		研修安排	授课专家/主持人	研修地点
4月25日	16:00	报到	谭捷、左田清、刘雪梅、龙丹芳	吉首御和山水酒店
	17:30	晚餐		
4月26日	7:00—8:30	早餐、与会人员签到	谭捷	
	8:30—8:40	领导致辞	彭学军	酒店会议室
	8:40—8:50	赠送书籍	舒暖	
	8:50—9:00	与会人员合影	左田清、张静	
	9:00—11:00	专家讲座:"名师工作室研修'五度'法则"	符芳	
	11:00—11:20	课间休息		
	11:20—12:00	经验交流:"人民德育网心理测评的体验"	朱志鹏/孟文静	
	12:00—14:20	午餐、中午休息		酒店
	14:20—14:30	课前活动		酒店会议室
	14:30—16:30	专家讲座:"心理健康活动辅导课设计与组织"	徐海燕/谭捷	
	16:30—16:40	课间休息		
	16:40—17:20	示范课:"团体辅导——爱的表达"	舒暖/谭捷	
	17:20—17:30	结课		
	17:30—18:30	晚餐		酒店餐厅
	18:30—19:30	项目式学习沙龙研讨	舒暖	
4月27日	7:00—8:00	早餐	孟文静	酒店会议室
	8:00—8:20	与会人员签到		
	8:20—8:30	课前活动		
	8:30—9:10	示范课:"女生如何防性侵"	谭捷/尚云	
	9:20—10:30	示范课看综合素养与心理健康教育的深度融合	孟娟/尚云	
	10:30—10:40	课间休息		
	10:40—12:00	项目式学习规划	舒暖	

续 表

研修时间		研修安排	授课专家/ 主持人	研修 地点
4月 27 日	12:30—14:30	午餐、中午休息		
	14:30—16:30	分组讨论小组计划及成员分工	舒暖/朱志鹏	
	16:30—17:00	活动总结	舒暖	

5. 活动流程

（1）与会人员签到

（2）主持人介绍嘉宾、参会人员，会议议程

（3）相关领导讲话

（4）赠书、赠送文化衫

（5）全体成员合影

（6）培训讲座

二、开展"温暖你我向阳而行"线上研修活动的通知

1. 活动主题

温暖你我向阳而行

2. 活动时间

2022年5月至6月

3. 活动对象

舒暖名师工作室正式成员和辐射成员

4. 活动内容

分享一份方案（"5·25"或者项目活动）；呈现一堂课（课件、教学设计）；阅读一本书（分享5分钟音频）；组织一次活动（各工作站与辐射成员一起参与）；完成一个总结（美篇、视频）。

5. 活动要求

（1）工作室按微课设计组、心理测评组、活动设计组、个体咨询组、心育讲座组、团体辅导组、课程设计组、素质拓展组顺序，从5月第一周开始在微信群轮值，一周五天确保每天有一项内容分享。

（2）5月20日召开全体成员线上研讨会。

（3）5月25日前以组为单位提交研修资料：个人三年规划、个人工作计划、学习笔记、本次研修"五个一"相关资料。

三、舒暖名师工作室2022第二次线下研修活动

（一）考察调研

调研内容：通过教育咨询确定研修内容，现场考察活动场地、食宿安排

时间：2022年6月21日

人员：舒暖、谭捷、朱志鹏

地点：湘西州民族中学

（二）研修活动

1. 报到

时间：2022年6月28日16：00—17：00

地点：吉首市御和山水酒店（吉首乾州小溪桥路八号）

联系人：谭捷（189×××××××）

2. 活动时间、地点

活动：2022年6月28日至30日

御和山水酒店、湘西州民族中学

3. 参会人员

湘西州教体局领导，湘西州民族中学相关领导，舒暖名师工作室核心、骨干成员参加线下活动，辐射成员参加线上活动。

4. 活动内容及安排

研修时间		研修安排	授课专家/主持人	研修地点
6月28日	16:00—17:00	报到	吴会平	
6月29日	8:00—8:30	与会人员签到 团建：诗朗诵	谭捷	
	8:30—9:00	领导致辞	符芳、向志华/谭捷	
	9:00—9:40	展示课：溶江中学"曼陀罗绘制与解读"	舒暖、周立林/谭捷	

续　表

研修时间		研修安排	授课专家/主持人	研修地点
6月29日	9:40—10:10	经验交流："花垣工作站线下研修活动组织与实施"	阳群/梁强	御和山水酒店会议室
	10:10—10:40	经验交流："龙山工作站线上研修活动组织与实施"	向艳霞/梁强	
	10:40—11:10	经验交流：泸溪一中"爱自己——项目式学习"	周小和/梁强	
	11:10—11:40	经验交流：州民中"短视频在心育中的运用"	左田清/梁强	
	12:30	午餐、午休		
	14:30—15:00	团建：合唱 经验交流：花垣三中"情满三中，爱镶校园"	吴国红/梁强	
	15:00—17:20	专题活动："民族文化传承与心理素质拓展"	关洁/梁强	
	17:20—18:00	活动成果展示	王瑛/梁强	
	18:00—20:30	晚餐、读书分享沙龙	舒暖	宾馆
6月30日	8:00—8:30	与会人员签到 团建：手语舞	孟文静	酒店会议室
	8:30—11:30	专题讲座："心理健康教育的理念与实操"	阎平/朱志鹏	
	11:30—12:00	结课	舒暖/朱志鹏	
	12:00—12:30	午餐		
	14:05—14:45	示范课："他我与自我"	袁春龙/孟文静	州民中知政楼报告厅
	15:00—17:00	小组听评课活动，培训总结	舒暖	
	17:00	晚餐、返程		

5. 活动流程

（1）与会人员签到

（2）主持人介绍嘉宾、参会人员，会议议程

（3）相关领导讲话

（4）全体成员合影

（5）培训讲座安排

（6）培训结束：颁发证书，首席总结讲话

（三）经费预算

略

国培计划（A350）湘西州心理健康
教育骨干教师培训

一、2021（A350）国培班开班

2021年10月18日，湘西州心理健康教育骨干教师2021（A350）国培班开班典礼在湖南师范大学教育科学学院102会议室举行。湖南师大教育科学学院党委书记汪植英、副院长丁道群亲临会议，院国培办主任杨铁林主持了开班仪式，汪植英对本次国培项目的开班表示热烈的祝贺，丁道群对培训方案进行了详细解读，梁强代表学员作了发言，随后全体与会人员合影留念。

湘西州教育和体育局高度重视中小学心理健康教育师资队伍建设，为深入贯彻《教育部办公厅关于加强学生心理健康管理工作的通知》（教思政厅函〔2021〕10号）和省委办公厅、省人民政府办公厅《关于加强新时代学生心理健康教育的意见》（湘办发〔2020〕12号）等文件精神，落实湖南省中小学心理健康教育工作现场推进会精神和乌兰副书记讲话要求，提高心理健康教育师资水平，提升教师心理服务能力，特别遴选了60名一线骨干教师，连续两年参加本项目培训。

领队舒暖强调了培训纪律，嘱咐大家务必不负州局重托，珍惜学习机会，不断提升专业素养，成长为优秀的心理健康教育工作者。老师们纷纷表示一定不懈努力，学以致用，为湘西州中小学的心理健康教育发展贡献力量。

二、学习心得

国家心理咨询师二、三级职业资格考试，自2003年开始至2018年5月全面结束。其间，培训学员无数。10多年过去了，感觉整体培训效果不佳，学员很少

能成长为大师。因为，要想真正意义上深刻地通过心理咨询去影响一个人，促进他的人格健康成长，对咨询师的全面素质、综合能力要求非常高。众所周知，心理老师不等同于心理咨询师，老师没有诊断和治疗权。这从某种意义上来说，心理老师开展心理健康教育与服务，要求有更为全面的素养和更高的综合能力。

在国培（A350）培训过程当中，深深感受到了理论学习对于心理老师开展工作的重要性。阎平教授说道设计每一堂心理辅导活动课，都要挖掘课程背后的理论依据，这样的课才会有灵魂。丁道群教授在"构建幸福校园：控制感与幸福教育"中强调，把握理论与政策，才能以当下国情为基础，提升教师校园幸福感，以重拾生命意义为中心，多方建立幸福感。王玉龙教授更是明确提出，学习心理学要回归本真，需认真研读四大经典理论，即精神分析理论，行为疗法，认知疗法，人本主义理论。四大理论之所以成为经典，是因为它们不断地被验证和证实。要成为一名合格的优秀的心理咨询师，需要悟透基础理论，用经典理论指导咨询技术，从而让技术发挥最大效益。

心理学科本身具有复杂性和分裂特质，据不完全统计现在被经常用到的心理辅导理论达400种以上。人性复杂，学科不够成熟，使得很少有真正通透所有不同流派心理学的老师。而心理学是一个必须要师傅领入门的学科，靠自觉和参加短程培训，永远无法真正入门，老师如果并不全懂心理学，势必造成学生也无法透彻理解心理学。很多心理咨询师看起来很勤奋，到处参加各种短程培训，听微课，学习自媒体上的各种心理文章，勤奋地做咨询，个体的、团体的，随机组合几位同人开展相互督导，但是忽略了经典理论的学习，未得到真正大师的指导，就会走错自我成长和学习的路径。

作为一名心理老师，在今后的工作中，不仅要时常温习四大经典理论，还要认真去学习东西方哲学，这是心理学的两个重大根源。还要去学习形式逻辑学，这是心理咨询作用的基本载体。还要通读全世界通用的大学心理学几十门课程，这是开展工作最基本的内功。要避免那些纷繁复杂，互相矛盾的知识让自己坠入无底深渊。要做一名有独立思辨能力，客观中立的心理教师。

三、阶段总结

今天，是我们2021国培计划（A350）湘西州心理健康教育骨干教师培训班阶段培训结束的日子。我们大家从初识到同学，新朋旧友一同学习、交流、研讨了7天，时间在弹指间悄然滑过，我作为领队和大家一起经历了一次蜕变与成长。

在这儿，我想和大家分享三句话。首先，感谢以丁道群教授为首席专家的导师们的悉心指导。湖南师范大学教育科学院教授丁道群、阎平、王玉龙深入浅出地理论讲解，向燕辉、卢谢峰手口相传的实操技术，中小学学校管理者罗莺莺、彭健的团体辅导实践，教学一线李燕妮、李志艳的经验分享，让我们收获满满。同时倍感幸运，感谢母校，让我时隔32年能够再次聆听当年班主任阎老师的教导。老师，你们是我们敬仰的榜样，你们谦逊的态度，严谨的习惯，广博的知识，骄人的成就，时刻鼓舞着我们，让每一位心育人充满了前行的力量。

其次，感谢班主任杨铁林、副班主任周炜、班主任助理王涵莎以及班委会提供的全心服务。从课程设置、组班报道，到破冰启航、开展培训，从食宿交通、参观游览，到防疫抗疫，全体学员深深感受到了你们用心用情做服务，用暖用爱做培训。

最后，感谢大家同行相知，相学甚欢。麓山巍巍有我们的足迹，湘水汤汤伴着我们的歌唱。忘不了师大餐厅的小聚，忘不了省博物馆的壮观。上课前一个个开心的互动，课堂上一次次精彩的分享，下课后一页页详细的反思，都凝结着个人的汗水和集体的智慧。每一组的美篇和简报都美轮美奂，每一次的主持和讲课都灵动生辉。我们的总结和小组汇报，更是精彩纷呈。

这次培训，我们深深感受到了理论学习对于心理老师开展工作的重要性。我们知道了正确打开心理学的自我成长和学习的路径。我们明白了心理老师开展心理健康教育与服务，要有更为全面的素养和更高的综合能力。力争做一名有独立思辨能力，客观中立的心理教师。我们将在未来工作中，引入培训所得到的新理念、新方法，带动湘西心理健康教育工作开启崭新的一页。

这次培训，我们开心而来，安心而学，乘兴而归。回校之后，我们必不负湘西州教育和体育局重托，深入贯彻《教育部办公厅关于加强学生心理健康管理工作的通知》（教思政厅函〔2021〕10号）和省委办公厅、省人民政府办公厅《关于加强新时代学生心理健康教育的意见》（湘办发〔2020〕12号）等文件精神，落实湖南省中小学心理健康教育工作现场推进会精神和乌兰副书记讲话要求，不断提升自身的专业素养，为学生提供更为专业的心理服务，为湘西州中小学的心理健康教育发展贡献力量。

附 录 ▶

附录1 为吉首大学国培项目送教

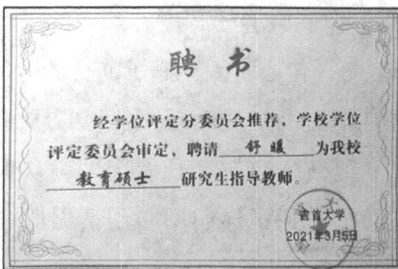

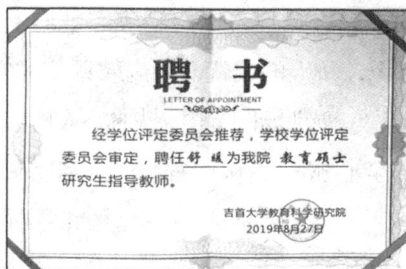

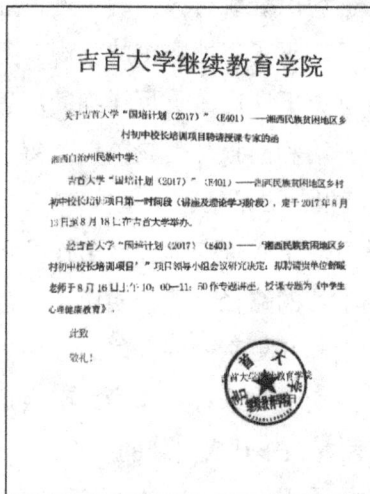

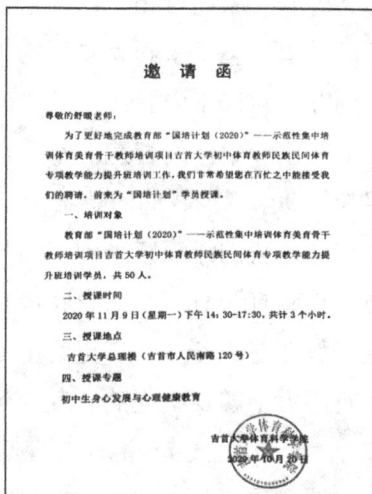

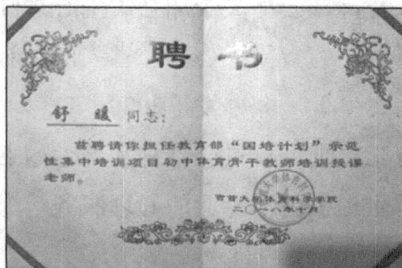

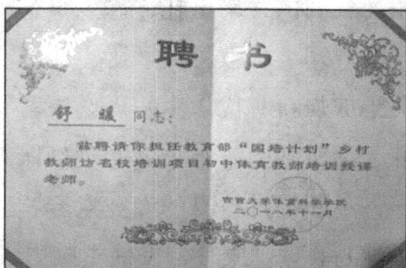

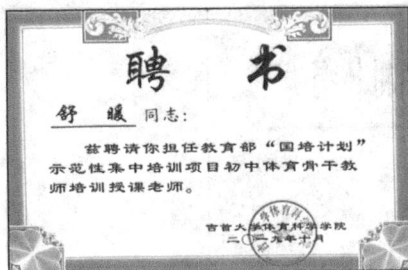

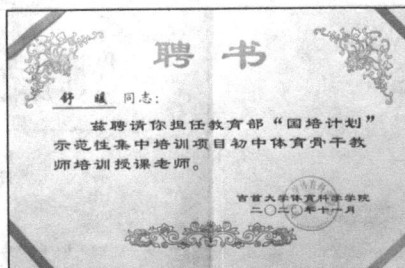

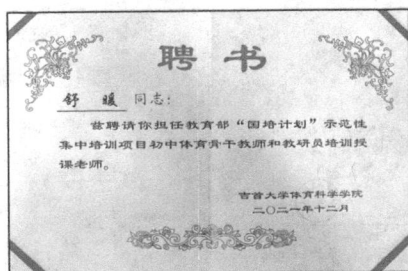

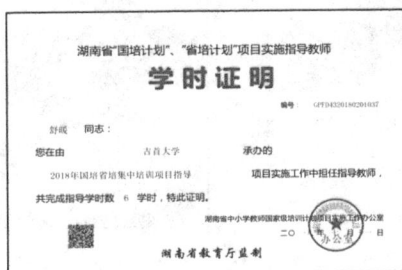

附录2 其他送教活动

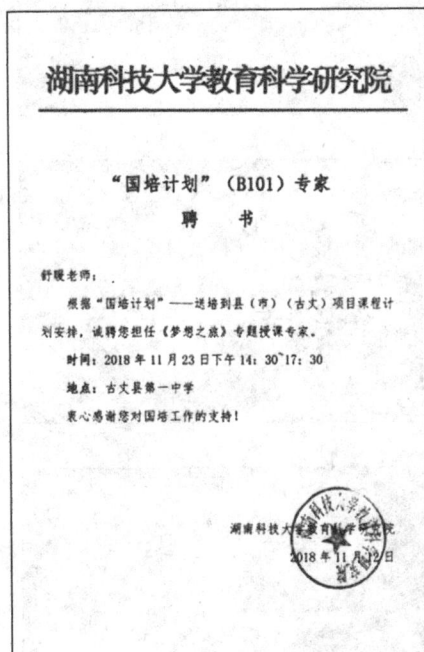

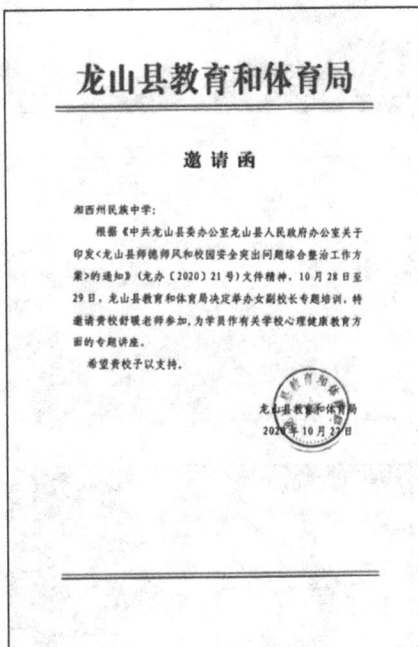

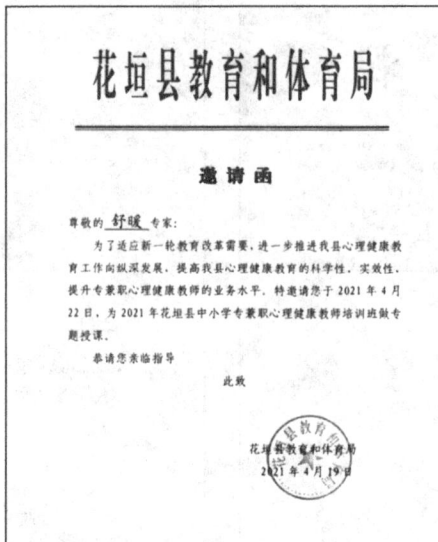

花垣县教育和体育局

邀请函

尊敬的 舒暖 专家：

为了适应新一轮教育改革需要，进一步推进我县心理健康教育工作向纵深发展，提高我县心理健康教育的科学性、实效性，提升专兼职心理健康教师的业务水平，特邀请您于2021年4月22日，为2021花垣县中小学专兼职心理健康教师培训班做专题授课。

恭请您来临指导

此致

花垣县教育和体育局
2021年4月19日

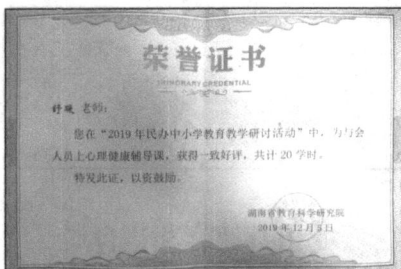

聘 书

兹聘请 **舒暖** 老师在"国培计划（2019）"湘西州幼儿园新入职教师规范化培训项目（D109）上作《幼儿园教师心理健康教育》的专题讲座。

中国教师研修网

二〇一九年九月

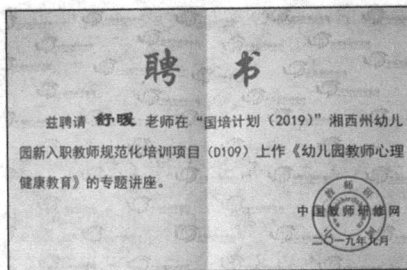

附录3　省、州心育工作

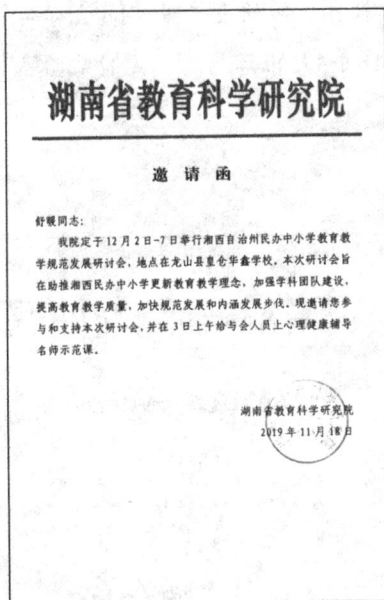

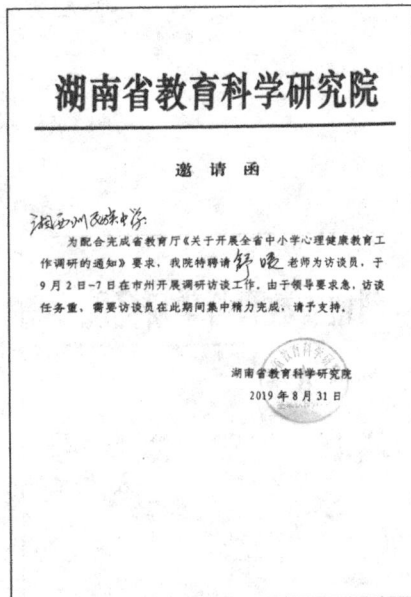

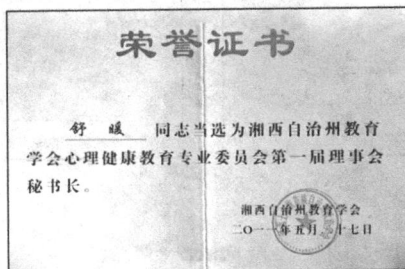

湖南省教育科学研究院

邀 请 函

舒暖同志：

我院定于12月2日~7日举行湘西自治州民办中小学教育教学规范发展研讨会，地点在龙山县皇仓华鑫学校。本次研讨会旨在助推湘西民办中小学更新教育教学理念，加强学科团队建设，提高教育教学质量，加快规范发展和内涵发展步伐。现邀请您参与和支持本次研讨会，并在3日上午给与会人员上心理健康辅导名师示范课。

湖南省教育科学研究院

2019年11月18日

湖南省教育科学研究院

邀 请 函

湘西州民族中学：

为配合完成省教育厅《关于开展全省中小学心理健康教育工作调研的通知》要求，我院特聘请 **舒暖** 老师为访谈员，于9月2日~7日在市州开展调研访谈工作。由于领导要求急，访谈任务重，需要访谈员在此期间集中精力完成，请予支持。

湖南省教育科学研究院

2019年8月31日

荣誉证书

舒暖 同志当选为湘西自治州教育学会心理健康教育专业委员会第一届理事会秘书长。

湘西自治州教育学会

二〇一一年五月二十七日

湖南省教育学会中小学心理健康教育教学研究专业委员会
邀请函

舒暖老师：

为促进普通高中学校生涯发展指导意识，提高生涯发展课堂教学水平，兹定于2018年4月20日赴湘潭县云龙实验学校、邵阳二中进行生涯发展指导工作调研和课堂教学指导，特邀请您作为专家参与，承担课堂教学指导任务。

湖南省教育学会

中小学心理健康教育教学研究专业委员会

2018年4月17日

湖南省教育科学研究院
通　知

舒暖老师：

为了满足中小学校开展心理健康教育教学工作需要，开发丰富课程资源，促进心理健康教育工作全面普及和深入开展，切实提高中小学生心理素养，经研究决定，拟召开心理健康教育教材编写工作会议，请你根据通知要求，按时与会。

一、会议时间和地点

会议时间：2017年4月10日（星期一）至2017年4月11日（星期二）；

报到时间：2017年4月10日（星期一）上午；

报到地点：军供大酒店。

二、其它事项

1.本次会议不收取会务费，食宿由会务组统一安排，住返差旅费回原单位报销；

2.联系人：湖南省教育科学研究院基础教育研究所课程与综合室　贺彩云　14789864315；0731-84402967。

湘西土家族苗族自治州教育和体育局

关于抽调舒暖等同志参加调研工作的函

吉首市、龙山县教体局，州民族中学：

因工作需要，现抽调州民族中学舒暖、吉首市教师发展中心彭木凤、吉首市四中张新华、龙山高级中学梁疆等四位同志到州教体局参加调研工作，时间从2021年3月11日下午至3月17日。

湘西自治州教育和体育局

2021年3月日

附录4 省级以上奖励

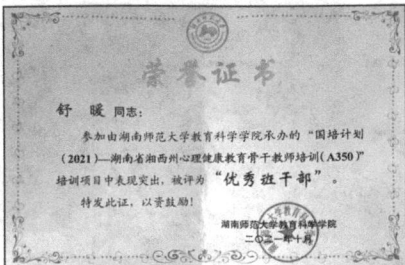

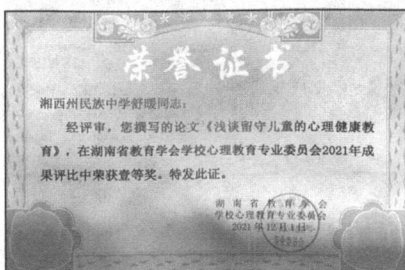

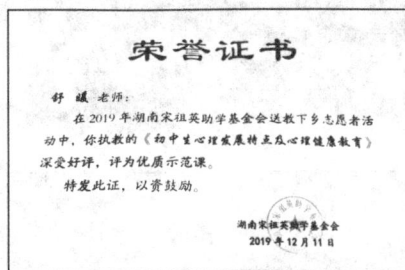

附录5　全州、全省乃至全国的实践成果

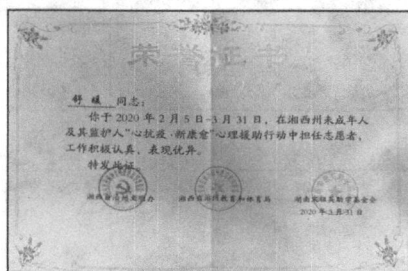

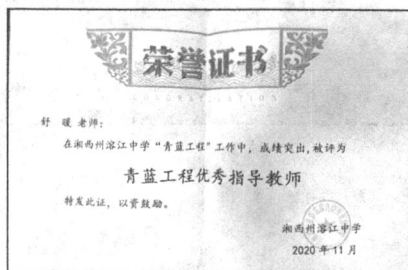

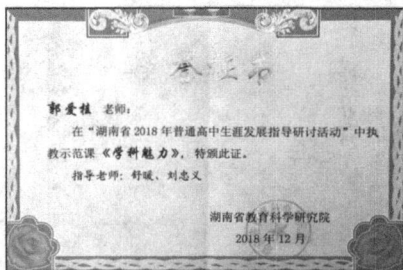

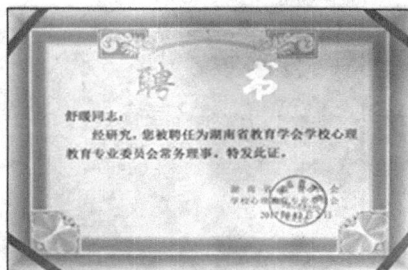

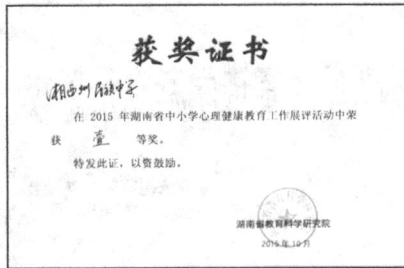

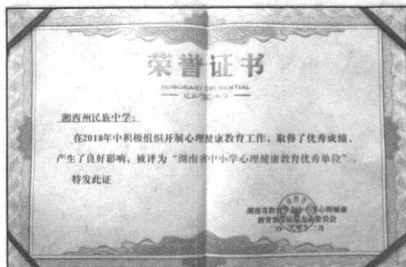

全国中小学心理健康教育

特色学校

中华人民共和国教育部

二〇一五年十月

心理教育进学励志示范校

湖南宋祖英助学基金会
二〇一九年十二月

省教育科学"十二五"规划课题
《贫困生心理疏导研究》

优秀实验基地

湖南省教育学会
学校心理教育专业委员会

理事单位

湖南省教育学会中小学心理健康教育教学研究专业委员会

常务理事单位